智慧园区

高质量发展
与标准化

《智慧园区高质量发展与标准化》编写组 编著

HIGH QUALITY DEVELOPMENT AND STANDARDIZATION OF **SMART PARK**

中国电力出版社
CHINA ELECTRIC POWER PRESS

图书在版编目（CIP）数据

智慧园区高质量发展与标准化 /《智慧园区高质量发展与标准化》编写组编著 . — 北京：中国电力出版社，2024.1

ISBN 978-7-5198-8342-3

Ⅰ . ①智… Ⅱ . ①智… Ⅲ . ①工业园区—经济发展—研究—中国 Ⅳ . ① F424

中国国家版本馆 CIP 数据核字（2023）第 226294 号

出版发行：中国电力出版社
地　　址：北京市东城区北京站西街 19 号（邮政编码 100005）
网　　址：http : //www.cepp.sgcc.com.cn
责任编辑：王晓蕾（010-63412610）
责任校对：黄　蓓　王海南
装帧设计：王红柳
责任印制：杨晓东

印　　刷：三河市航远印刷有限公司
版　　次：2024 年 1 月第一版
印　　次：2024 年 1 月北京第一次印刷
开　　本：787 毫米 ×1092 毫米　16 开本
印　　张：18.75
字　　数：322 千字
定　　价：128.00 元

编写组

主编：

王飞飞

副主编（按章节顺序）：

张 伟　张 雷　陈 应　刘 莎　张 群　彭国超

参编人员（按拼音顺序）：

陈冰凌　崔文昌　郭 飞　郭晓强　韩雯雯　何 城　洪宝璇　洪鹏达
胡 恺　黄家晖　黄 洋　蒋 磊　李茂春　李闻宇　李竹青　林 杰
林晓玲　刘洪舟　刘俊伟　刘伟丽　刘艳梅　龙志中　马 龙　彭革非
彭一琦　曲 葳　权亚强　沈钦义　史玉洁　邰鑫月　王 豁　王俊卿
王 磊　王明省　王真超　温士范　吴思远　谢加琪　邢 韵　杨 贤
杨 钰　叶 杨　尤玉宇　袁 纲　张淏楠　张红卫　张鸿辉　张慧敏
张家诚　张 骏　张刘引　张培月　张 婷　周明春　左汪敬

编写单位

主编单位：

北京清华同衡规划设计研究院有限公司

国际铜专业协会（美国）北京代表处

中建三局智能技术有限公司

中国电子标准化研究院

中山大学信息管理学院

同济大学

成都市标准化研究院

参编单位（按拼音顺序）：

北京建筑技术发展有限责任公司

北京玖典科技发展有限公司

北京万集科技股份有限公司

北京五一视界数字孪生科技股份有限公司

北京智芯微电子科技有限公司

成都秦川物联网科技股份有限公司

成都市智慧蓉城研究院有限公司

广东飞企互联科技股份有限公司

广东国地规划科技股份有限公司

广东美的暖通设备有限公司

广州凡拓数字创意科技股份有限公司

广州市城市规划勘测设计研究院

国网上海市电力公司浦东供电公司

杭州海康威视数字技术股份有限公司

湖北省标准化与质量研究院

华为技术有限公司

华信咨询设计研究院有限公司

建信金融科技有限责任公司（武汉事业群）

青岛城市大脑投资开发股份有限公司

山东新一代信息产业技术研究院有限公司

深圳大学

深圳市捷顺科技实业股份有限公司

深圳市特区建发科技园区发展有限公司

深圳市矽赫科技有限公司

曙光云计算集团有限公司

四川智能信息处理技术研究中心

泰瑞数创科技（北京）股份有限公司

特斯联科技集团有限公司

腾讯云计算（北京）有限责任公司

同望科技股份有限公司

新华三技术有限公司

英国谢菲尔德大学信息学院

智慧神州（北京）科技有限公司

中电科普天科技股份有限公司

中国生物多样性保护与绿色发展基金会

中建三局云服科技武汉有限公司

中交机电工程局有限公司

中通服咨询设计研究院有限公司

中移物联网有限公司

序一

　　园区不仅仅是一个地理空间范畴，更是一个经济范畴，作为我国城市发展的基本单元，有效地连接了个体、企业与城市。智慧园区是建设数字中国、赋能数字经济的重要支撑，是基础创新技术深入应用的重点领域，也是智慧城市建设的落脚点。自国务院印发《"十四五"数字经济发展规划》后，传统行业数字化转型，培育新产业、新业态、新模式已经成为大势所趋。作为经济高效和高质量发展的核心抓手，智慧园区在新形势和新需求下又一次引发业界高度关注，并迎来了高速发展浪潮。

　　为了响应园区更集约、更绿色和更高效的整体发展要求，智慧园区随着相关支撑技术的发展而不断丰富和演绎出新的方向和科技内涵，其关注点也逐渐转向对园区人、物、事与服务的资源整合、业务协同和企业合作。一方面，机器学习、元宇宙、BIM、3S 等数字技术，在园区企业安全生产监测、运行情况监测、服务便捷化、主动化、园区运营数据采集与分析等方面都开展了多维度应用，为园区的基础设施、规划、建设、投资和运营带来变革，支撑园区从多头分散走向高效集约，从粗放配置走向精细运营，从单一生产走向产业融合发展，从聚焦园区自身到园 – 城联动。另一方面，智慧园区建设也成为数字经济的重要载体，有力推动了物联感知、数字孪生和人工智能等创新技术的产业化，强大的技术溢出和扩散潜能强化了园区集聚高端要素的效应，促进了当地产业结构升级优化，提升了城市整体创新能力。

　　重塑园区的信息技术应用模式，使园区内各系统信息交互、信息共享、联动互动和独立共生，构建人与人和谐共生、园与城融合发展的智慧园区，促进经济社会高质量发展，是当下应积极探索实践的新方向。《智慧园区高质量发展与标准化》的编写恰逢其时，为新时代发展引领智慧园区指明了方向，为智慧园区技术实施以及标准化工作提供了重要技术依据和典型应用案例。本书的问世能够帮助智慧园区向一体化、生态化、定制化和可持续的转型发展，着力支撑"双碳"战略的有效实施，体系化推动区域经济协同建设，提升"以人为核心"新型城镇化的高质量发展。

中国科学院院士

2023 年 9 月 6 日

序二

当前以大数据、人工智能、云计算、区块链等为代表的新一代信息技术兴起，推动着我国城市进入高质量发展的新阶段，智慧城市建设是促进国民经济和社会发展、"加快数字发展、建设数字中国"的重要载体。智慧园区作为智慧城市发展的重要组成部分和基本单元，将直接影响着智慧城市发展水平，既是经济高效和高质量发展的核心抓手，也是未来城市发展的缩影和示范载体。

当前，园区大多处于由传统园区向智慧化过渡的阶段，在新技术与新需求的双重驱动下，为园区高质量的建设创造了条件。智慧园区从诞生发展到今天，已经不只是一个专业领域，而是一个新的发展行业。它涵盖了丰富的业务场景，这些场景在高科技迅猛发展的大背景下，还在不断有新的生成、发展和完善。智慧园区的建设是一个不断升级、动态的过程，具有向多元化、定制化、可持续发展的综合性智慧化空间载体演化的特质。在园区"智慧化"过程中，需要关注几个问题：首先，要避免盲人摸象式的探索，只见点不见面；其次，要打破系统碎片化形成的信息孤岛；最后，要通过统一的云化平台，进一步做到信息资源的协同共享和整合，从而实现真正的智慧化。

以此为背景，由中国电子标准化研究院、北京清华同衡规划设计研究院有限公司联合 40 余家行业优秀企业，共同组织编写了这本《智慧园区高质量发展与标准化》。本书围绕智慧园区发展背景与需求，创新性提出了"新三通一平"的新理念，提出了新时代下园区智慧化设施集约共享的建设模式以及数据收益的合理分配方式，为园区开发者、管理者、企业和用户提供了共性支撑能力。同时，本书构建了智慧园区标准化体系，可成为引导各类智慧园区规范建设的有效工具。此外，本书搜集梳理了全国最前沿、最具代表性的智慧园区建设案例，展示涵盖园区建设、智慧服务、园区管理等丰富的建设内容，以及探讨了智慧园区关键技术和创新点的落地情况。

总体而言，本书汇集了智慧园区发展最前沿、最具代表性的有关成果，为一直处在智慧化进程中的园区高质量发展方向和路径提出了新的思路，进而促进智慧园区及相关产业的进一步蓬勃发展。

中国工程院院士 高建华

前　言

数字化浪潮已触达世界的每个角落，数字经济正在成为重组全球要素资源、重塑全球经济结构、改变全球竞争格局的关键力量，智慧园区成为数字经济发展的重要核心载体。随着我国数字经济进程的加快，智慧园区建设大规模增加，单纯的信息化建设已经不能满足园区发展的需要，智慧园区进入全面提升效益的新发展阶段。随着传输能力和计算能力的增强，面向个人和园区的各种智慧应用快速发展，智慧园区相关产业生态正在发生变化。

智慧园区是城市科技、数字经济与社会生活进一步发展的产物，是工业化、城市化与信息化深度融合，是新型智慧城市的特色功能区块和重要组成部分，是强化和巩固竞争力、实现园区和城市经济高质量发展的有效举措。作为引导园区生产方式、生活方式变革的重要引擎和经济社会发展的重要力量，对智慧园区进行系统化、集约化的综合规划建设运营尤其重要。

本书吸纳规划学、经济学、计算机科学、通信科学与工程等领域的最新成果，最大限度地整合中国智慧园区发展的最新研究和实践成果，以"聚合资源、培育产业、服务城市"为出发点，对中国智慧园区进行前瞻性、全局性、系统性的思考，创新性地提出智慧园区"新三通一平"四项基本能力，即"通感知、通数据、通业务、统一平台"，这也是未来智慧园区实施建设的通用性、基础性方法论和发展方向。"新三通一平"的关键是集约共享的建设，核心是数据的收益合理分配，基本途径是物理空间与数字空间同步规划、同步建设。"新三通一平"的智慧园区建设实施策略是未来园区发展的前提条件，能够为园区开发者、管理者、企业和用户提供共性能力支撑，为园区市政设施、园区交通、园区环境、园区管理等各类场景提供对接保障。

本书按照"新三通一平"的理念，梳理出智慧园区五大关键支撑技术，构建了智慧园区标准化体系和"规划－投资－建设－运营"的实施体系，展望智慧园区未来发展趋势，并分享了 7 个智慧园区优秀案例。从结构上来看，本书主要包括智慧园区发展背景与需求、新理念与新策略、关键支撑技术、实施路径、标准化、发展趋势、优秀案例等 7 个部分，对我国智慧园区发展现状和未来发展趋势作了全面、深入的阐述，以期助力中国智慧园区的健康持续发展。

《智慧园区高质量发展与标准化》编写组

2023 年 5 月 1 日

目　　录

智慧园区
园区
高质量发展与标准化

第1章
智慧园区发展背景与需求

　　智慧园区是伴随着我国信息技术发展、科技创新进步和社会经济转型逐渐发展起来的，近年来在国家相关政策的扶持下，呈现出蓬勃发展的态势，具有较为广阔的前景。作为城市科技、数字经济与社会生活融合发展的产物，智慧园区相较于传统园区，具备智能感知与控制、高效敏捷互联互通、资源全面汇聚共享、业务多方协作、管理科学决策等特征。同时，经济社会发展也对园区的物联感知能力、数据融合能力、管理服务能力、产业运行能力等方面提出了新的需求。本章在梳理智慧园区发展背景和现状的基础上，总结提炼智慧园区内涵和定义，剖析信息技术对园区建设发展的影响，并从园区万物互联、管理运营、公众服务和产业转型等方面分析了园区目前的建设需求，最后通过国内外实践经验总结，为智慧园区发展方向和路径提出新的思路，进而促进智慧园区及其相关业态进一步创新发展。

1.1 智慧园区背景现状

1.1.1 智慧园区发展背景

园区是城市的基本空间单元，是重要的人口和产业集聚区。当今时代，在各行各业数字化转型的浪潮中，现代科技也对园区发展产生了深刻的影响，尤其是以云计算、人工智能、大数据、物联网、移动物联网（简称"云智大物移"）为代表的新一代信息技术成为我国园区创新发展的主要动力和重要支撑，园区的数字化、智慧化建设成为新的发展趋势。国务院印发的《"十四五"数字经济发展规划》中提出，"推动产业园区和产业集群数字化转型。引导产业园区加快数字基础设施建设，利用数字技术提升园区管理和服务能力。"智慧园区建设成为国家战略，标志着园区的智慧化正式进入快速发展的新阶段。利用新一代信息技术为园区及入驻企业提供数字化的管理、服务和运营手段，成为我国园区数字化转型和高质量发展的重要举措。

目前，对于智慧园区的定义业界尚无统一定论。在《中国智慧园区标准化白皮书（2019）》中，智慧园区"一般是由政府（企业与政府合作）规划的，供水、供电、供气、通信、道路、仓储及其他配套设施齐全、布局合理且能够满足从事某种特定行业生产和科学实验需要的建筑或建筑群，同时结合物联网、云计算、大数据、人工智能、5G 等新一代信息技术，具备互联互通、开放共享、协同运作、创新发展的新型园区发展模式，和园区建设、管理深入融合发展的产物"。王文利主编的《智慧园区实践》中，智慧园区是"以'园区+互联网'为理念，融入社交、移动、大数据和云计算，将产业集聚发展与城市生活居住的不同空间有机组合，形成社群价值关联、圈层资源共享、土地全时利用的功能复合型城市空间区域"。方东平主编的《智慧园区应用与发展》中，将智慧园区定义为"物理空间的园区通过综合应用移动、物联网、云计算、大数据、人工智能、5G 等新一代信息技术，使园区具备设备设施互联互通、数据资源开放共享、园区各方协同运作、园区产业创新发展的能力，实现对园区资源优化配置与集约化利用，园区全生命周期的数字化、在线化、智能化、精细化管理，提高园区运行效率，降低运营成本和环境污染，消除安全隐患，实现园区可持续发展的先进发展模式"。

本书吸收并综合上述观点，从智慧园区的建设和使用角度出发，认为智慧园区是整合新一代信息通信技术与各类资源，将智慧化手段渗透到园区规划、建设、管理、运营的各环节，使其具备敏捷信息采集、高速数据传输、高度集中计算、智能事务处理和无处不在的服务提供能力，以期实现园区的自我组织、自我运行、自我优化，从而提升园区产业集聚能力和企业经济竞争力，促进园区可持续发展。

智慧园区是园区信息化发展的重要表现形式和趋势，其体系、组成与建设发展模式是智慧城市在一个小空间范围内的缩影，它既与智慧城市的体系和特征一脉相承，又具备了不同于智慧城市发展模式的独特性。具体而言，智慧园区具备以下几点特征：

1. 高速泛在的感知与互联

通过将各类传感器嵌入园区基础设施和应用设备终端中，使园区内所有物体和系统都可以被感知，园区规划、建设、管理、运营各环节以及园区内各类主体和系统的运行状态都可以转变为定量化的数据，为园区智慧化应用、企业和公众服务提供基础数据支撑。同时，以网络基础设施为核心的信息基础设施将园区内各要素紧密、高速地连接起来，实现人与物之间的信息无缝连接与协同联动，从而为园区相关利益主体提供精准化、个性化服务，形成信息共享、协同联动的智慧化场景。

2. 数据资源全面汇聚与共享

利用园区数据中心统一接入园区内各类市政基础设施、部件和设备终端，并整合汇聚园区内的地理信息数据、物联感知数据、设备设施数据、业务数据以及周边环境数据等，在充分分析和挖掘数据信息的基础上，实现数据资源在园区各系统平台之间的互通共享，为园区集约建设、精准管理、科学决策和优化配置提供支撑。

3. 多元主体高效协同与合作

智慧园区的利益相关方包括政府、园区管理方、入驻企业/商家以及园区访客等，各主体之间有不同的业务分工和期望诉求，仅靠一方运作难以保障园区正常运转。因此需要在数据资源汇聚与共享的基础上打破各领域"信息孤岛"，实现跨部门信息整合与系统联动，优化园区利益相关方之间的沟通交流方式，提高部门协作的效率和灵活性，将园区打造为具有协同合作能力和管理调配能力的有机整体，助力园区管理效能提升和产业集聚。

4. 践行创新发展思路与理念

随着智慧园区不断数字化转型和发展，相关创新发展理念和实践路径也相继被提出。例如在公众服务方面，智慧园区的建设紧紧围绕人的生活和发展需求，以园区用户为根本出发点，通过满足用户不同需求促进园区各类技术、产品的生产发展。在生态环保方面，为践行低碳环保、节能减排的生态理念，智慧园区建设更加注重新一代信息技术与绿色生态环保产业的融合，促进太阳能、风能、地热能、生物质能等新能源开发和利用，使智慧园区逐渐向产业低碳化、能源绿色化、设施集聚化、资源循环化转变。此外，知识密集型园区的产研融合、工业制造型园区的产业链共生、文化创意型园区的共建共享等都成为智慧园区创新发展的价值观和内生动力。

1.1.2 智慧园区发展现状

随着智慧园区建设的迅猛发展，近年来国家各部委颁布了一系列与智慧园区相关的政策及指导意见，为智慧园区建设提供了明确的指导思想和利好的政策环境。从2012年党的十八大提出全面建设新型小康社会开始，智慧城市、智慧园区建设成为国家城市化发展过程中的关键环节。此后，《关于促进开发区改革和创新发展的若干意见》《国家高新技术产业开发区"十三五"发展规划》《"十四五"数字经济发展规划》等文件相继提出智慧园区建设的必要性和紧迫性，尤其在我国提出"新基建""数字经济""新型城镇化"等战略部署后，智慧园区建设已成为国家信息化发展的战略要求，在全面数字化转型的过程中发挥着举足轻重的作用。

从我国智慧园区的市场发展来看，近年来智慧园区数量持续增加，智慧园区规模持续增长。在改革和创新驱动下，国家级开发区数量持续增长。截至2022年年底，国家高新区共177家。科技部《"十四五"国家高新技术产业开发区发展规划》提出，到"十四五"时期末，国家高新区数量将达到约220家，实现东部大部分地级市和中西部重要地级市基本覆盖。国家级经济技术开发区共230个，2021年财政收入2.5万亿元，同比增长12.1%，占全国财政收入比重为12.5%；税收收入2.2万亿元，同比增长14.3%，占全国税收收入比重为12.9%。据前瞻招商数据库统计，2021年智慧园区市场规模达到2500亿元以上，截至2021年12月9日，我国产业园区共计19397个。在国家政策利好、行业市场扩大、前沿技术革新的大背景下，建设智慧园区成为大势所趋，对提高我国综合实力、发展战略性新兴产业、带动内需、构建和谐社会、实现可持续发展具有重要意义。

从空间维度来看，当前我国智慧园区大多正处于由传统园区向智慧化过渡的新阶段，现已初步呈现出"尖端引领，多点发散"的分布特征；从空间分布上来看，已形成"东部沿海集聚、中部沿江联动、西部特色发展"的格局。其典型代表有环渤海经济圈的雄安市民服务中心智慧园区、长三角城市群的苏州工业园区、珠三角地区的深圳湾科技园区以及西部川渝城市群的成都高新区南部园区等。各地智慧园区在功能、主导产业、建筑类型上有不同的侧重，共同构成我国智慧园区的庞大体系。

面向智慧园区建设多点开花、市场稳步增长的形势下，园区的功能定位更加专业和聚焦，智慧园区建设更加依托园区的重点产业为导向进行定制化、差异化、专业化设计和建设，逐渐形成了不同类别的智慧园区。从功能上智慧园区可分为生产制造型园区、物流仓型园区、商办型园区以及综合型园区等；从主导产业领域上可分为软件园、物流园、文化创意产业园、高新技术产业园、影视产业园、化工产业园、医疗产业园和动漫产业园等；从建筑形式上可分为产城综合体、商务办公体、公共服务类综合体等。此外，按照园区行政级别可分为国家级园区、省（自治区、直辖市）级园区、地市级园区、县级园区；按照园区政策性功能定位可分为经济特区、高新技术产业开发区、沿海开放城市及经济技术开发区、边境自由贸易区等。其规模、大小不尽相同，且用地相对灵活，从单一建筑体到城市的整个功能片区都可成为智慧园区的有效载体。

总而言之，智慧园区是科学技术发展与政策引领背景下的时代产物，是智慧城市与数字经济相结合的具体表现。在全球范围内的数字化转型浪潮方兴未艾，我国大力建设数字中国、智慧社会、新基建的大趋势下，智慧园区建设迎来了新的历史机遇，也将在未来的一段时期内，对我国全面推进城市数字化转型和高质量发展产生深远影响。

1.2　科学技术发展动向

当今世界，一场以物联网、大数据、云计算、移动应用、智能控制技术为核心的"新型信息通信技术（information and communications technology，ICT）"浪潮风起云涌，正在重塑园区传统的信息化应用模式。如何抢抓本轮"新型ICT"的浪潮，在园区的建设与发展中付诸实践，进而引领园区在其全生命周期的技术应用中产生新的变革，是智慧园区可持续发展的关键。

1.2.1 技术创新与社会创新双轮驱动

在过去的十年间，技术创新以新产品或新工艺的面貌，对人类体力、脑力、生产力等个体能力进行了大范围的拓展。新一代信息通信技术的应用改变了城市交互服务的提供模式，促进了城市从最早的分散管理向"集中、及时"型模式转变，并向以人为中心的"精准、高效"型模式演变。以此为前提，智慧园区作为城市的重要组成部分和空间单元，上述技术创新带来的模式变革也同样得以体现。以"云智大物移"为代表的技术的应用发展，为园区基于开放协调资源共享的个性化服务、全面感知科学决策的精细化管理、多元参与共建共享的业务协作提供了机遇，可更好地支撑园区的转型升级。换言之，技术创新成为撬动园区智慧化建设与可持续发展的杠杆，使园区牢牢把握未来发展的主动权，成为新技术、新产品、新工艺、新业态的最佳试验场。

与此同时，社会创新以新思路和新理念较大程度地促进了社会的转型升级，人们的生产、生活方式也发生了巨大的变化。人类活动不再受物理空间的局限，更多线上办公、远程协作、虚拟体验等新的沟通交流方式出现，催生了新的空间和社会组织形式：共建共享的管理模式、以人为本的服务模式、灵活多元的商业模式、互惠共赢的产业模式等社会创新模式相继产生。而园区作为城市的人口和产业集聚区，社会创新重塑了传统园区的运作方式，使新思路、新理念、新路径在园区中得以充分体现。

技术创新为社会创新提供了工具和方法，社会创新为技术创新营造了环境条件。在两者的双轮驱动下，智慧园区可以看作是技术创新与社会创新"双螺旋结构"共同演进的产物，而新技术的不断涌现及"双螺旋结构"的演变对推动智慧园区的有序、协同发展具有重要的意义。

1.2.2 新型信息技术激发园区发展新路径

"新型ICT"的发展促进社会组织及人类活动空间边界的"消融"。信息及知识传播不再受限于空间边界的物理隔阂，知识共享和创新进一步推动了"信息社会"向"知识社会"的演变。在此背景下，信息技术改变着园区的规划建设方式，传统空间载体向虚实交互的数字空间拓展。数字技术的发展使园区建设模式发生深刻变革，越来越多的产业园区开始将目光投向数字空间。借助新一代信息通信技术、数字孪生技术，规划建设基于数据驱动、虚实交互、自生长自运行的智慧园区，实现园区全要素、全时空、全过程实时监测感知，成为智慧园区发展的新路径。

此外，信息技术创新为智慧园区管理运营的发展提供了新思路，园区的各项业务能够在信息技术的驱动下交互与融合，实现一体化的管理运营。例如以移动技术为代表的普适计算、泛在网络的应用推动了园区服务提供模式的改变，促进了园区从以"业务"为导向的"条块、事后"型模式向以"员工"为中心的"协同、实时"型模式演变，并形成了与现实物理空间相映射的虚拟化数字空间，使得协作与交互从"基于同一地点、基于物质"的空间向"虚拟与实体互动"的空间转换。

通过新一代信息技术可促进园区内技术融合、信息共享、业务协同及实时状态反馈，全方位重塑园区规划、建设、管理、服务、运营模式，是园区建设与发展的有力抓手。

1.3　智慧园区需求变革

智慧园区的建设，旨在打破园区内各数据资源的孤立现状，促进园区内技术融合、资源共享、业务协同和状态实时反馈。为实现此目标，需要全面梳理园区在感知设施建设、系统平台支撑、管理服务应用和产业转型发展等方面的需求，系统分析不同场景下的资源供需匹配、利益相关主体、业务流程走向等，保证园区高品质建设，推进园区整体智慧化水平。

1.3.1　多场景下万物互联的需求

智慧园区作为智慧城市最具代表性的空间单元和缩影，拥有自组织、自生长的能力，而"感知"是园区生长进化的前提。当一座园区具有灵敏的"神经末梢"和顺畅的"经脉"，就能实现园区内人、物、事、服务之间的紧密连接，实现园区高效精细化运转。物联感知是智慧园区重要的使能基础，是打通园区物理空间与数字空间的桥梁，因此一张智联万物的园区物联感知网络是园区智慧化升级的一道必选题。在园区建设过程中，有必要按照统一规划、适度超前、集约建设、资源共享、规范管理的原则，开展智慧园区物联网、通信网络、数据中心、智能化设备终端等信息基础设施建设，增强信息网络综合承载能力和信息通信集聚辐射能力，提升信息基础设施硬件服务能力和综合服务水平。

智慧园区的物联感知需求体现在众多应用场景中，也有着不同的侧重点和要求。例如在安防管理方面，需要聚焦园区人、车、空间、设施等对象，利用物联感知加强人员布防、车辆布防、设备设施安全巡逻与告警处置，助力园区实现告警核实自动化、调度管理一体化。在能耗管理方面，需要聚焦园区用水、用电、排碳等情况，通过管理智能水电表、智能开关、智能灯杆、微电网与光伏等设施设备，促进能耗数据实时采集、节能策略一键下发，实现园区节能降耗精益化、能源应用绿色化。在资产管理方面，需要聚焦园区土地、房屋、机器设备等资产，联动报警、门禁、视频监控等系统实时监测资产状态，助力园区实现资产盘点一键化、资产管理数字化。在人员管理方面，需要聚焦园区办公、外来访问等人员车辆，通过人与车辆的智能感知，加强异常体温自动告警、人员分权精准管理、人员服务便捷智能，助力园区实现办公通行敏捷化、防疫布控无缝化。环境监控方面，需要聚焦园区 PM2.5、温湿度、噪声值、有毒有害气体浓度与废料污水，通过环境感知终端，实时监控环境状态，助力园区实现污废清洁高效化、办公环境优质化。总的来说，物联感知的需要已经渗透园区管理和运行的方方面面，只有夯实园区万物互联网络，搭建牢固的感知设施底座，才能开展各项上层智慧化应用，实现园区精细化管理。

1.3.2 多元协同的管理运营需求

传统的园区建设只实现了基本的水、电、气、交通、建筑等基础设施建设，在那种情况下，园区所有设备的信息只能通过人工现场勘察或查看设计图纸获得，信息查找困难，且无法与园区的运营维护联系起来。同时园区的信息化、智能化分别由入驻企业和商家自行完成，信息往往分散在不同的系统中，导致信息传递不及时，无法进行统一监控和资源调度。随着园区业务的复杂度增加，园区功能的逐渐丰富，这种模式已经不能满足园区管理方的需求。

未来智慧园区的发展中，高效精细的管理和运营是重要方向。网格化、精细化、协同化管理新模式能够促进资源整合、提高管理效率，是强化业务管理的必要手段。这就需要园区各部门协同配合，在综合性事务中加强信息沟通，明确职能分工，优化资源配置，减少各部门重复工作，提升园区整体工作效率。例如在园区资产管理中，需要对园区内所有有形或无形资产进行全流程管理，若采用传统园区的管理方式，常常使房屋信息、招商跟进以及后续合同账单签订等流程分离，造成空间资源浪费、客户资源流失、合同台账混乱、数据难以利用等问题，对园区资产的全面管理造成极大困难。但智慧园区可以把园区各类资产数据进行汇聚整合，通过各方协同管理实现资产信息发布、招商过程跟进、合同账单生成、后期管理运维全流程一体化的操作，从而解决信息传递难以及时、企业服务质量难掌握、园区运营情况难了解等问题。又例如在园区能源管理过程中，为了保障园区供能、用能平衡，能源优化配置和能源安全稳定运行，需要调动园区资产管理部门、能源管理部门、物业管理部门等，对园区内的电网、配电站、供能站和用能企业进行能源实时调度、能源生产计划编制、能源设备管理和运维检修等操作，达到功能设施的生产效率最大化、用能设施能耗节约化、园区整体能源支出最小化的目的。在园区安全管理中，考虑到园区内人员、财产分布密集，访客类型复杂，功能分区众多，需要做好园区各类安全事故的预防和处理，通过各部门协同配合，可实现对危险源的监控、分析和报警，并与应急指挥联动，保障园区人员和财产安全。因此，未来智慧园区的管理和运营绝不是单一部门的独立业务，而是多部门多领域之间的合作，共同完成跨层级、跨区域、跨系统、跨部门、跨业务的协同管理和服务，推进园区决策科学化、社会治理精细化、公共服务高效化。

1.3.3　以人为本的公众服务需求

当今时代，科技人才对于信息获取、日常活动的需求变得更加精细化和个性化，这对园区的经营服务提出了更高的要求。一个园区涉及多个利益相关主体，每个主体由于角色、职责、参与的业务活动不同，对园区的需求也不尽相同。但建立一个安全、高效、便捷、智慧、绿色的智慧园区，实现园区的宜业、宜商、宜居是智慧园区利益相关者共同的期望，因此以人的需求为核心是园区公众服务的切入点。智慧园区的公众服务要以人为本，发挥智慧园区数字化、多元化的优势，让园区管理者、使用者、访客切身感受到从工作环境到办公条件、从安全生产到舒适生活的全方位贴心服务。具体而言，各类园区利益相关者对园区服务的需求如下。

政府及园区监管部门：负责园区总体规划、建设，关注智慧园区产业经济发展和民生治理改善。因此面向政府部门的服务中需要重点关注园区综合治理能力，利用信息技术将园区的产业发展、民生治理与整个城市联系起来，利用园区带动当地产业集聚和转型，吸引留住人才，促进产城合一。

园区经营管理方：负责园区产业、经济均衡发展，参与园区物业、环境、人员的管理工作。面向园区经营方的服务中需充分考虑数据共享和信息资源的充分利用，为其提供安全可靠的运维、多元化的投融资以及便捷舒适的办公服务，从而创新园区产业模式，全面提升园区经营效益。

入驻企事业单位：包括入驻园区的企业、商家及科研事业单位，他们对于园区的高速通信网络、安全数据管理、舒适办公环境等需求较高，同时希望利用高端人才、技术和多元化的客户提升企业效益。因此面向企事业单位应注重网络安全、办公环境和信息获取等方面的服务，融入信息技术手段帮助企业降本增效。

园区用户：包括园区内的住户、用户、访客和消费者，是园区最广泛的利益方。他们希望园区有人性化的服务和广泛的社交圈，是一个有温度的和谐空间。因此应根据园区功能类别，为园区用户提供多元化的饮食、居住、交通、医疗、教育、办公等服务，结合信息技术，使其在园区内生活更加安全、健康和舒适，工作更加高效、便捷和简单。

智慧园区的公众服务首先应以公众的需求为导向，其次要从园区全生命周期的角度构建园区服务的应用体系，利用智慧化的手段实现生活全过程、办公全流程、休闲娱乐全场景的智慧化服务。此外，还需用产业生态思维辅助园区人才集聚，不仅要考虑为园区员工提供基础服务，还要成为助力员工成长的平台，提供覆盖"一站式"服务，助力园区服务模式向主动化、个性化和精准化方向发展。

1.3.4 合作创新的产业转型需求

智慧园区是推动我国产业创新发展、高质量发展的重要载体。当前，我国数字经济发展规模世界领先，其中产业数字化是我国数字经济发展的重要特征。加快推进产业数字化，以数字技术赋能产业转型升级，对实现数实深度融合，促进我国产业迈向中高端，具有重大意义。园区作为产业发展和企业聚集的空间载体，肩负着聚集创新要素、培育新兴产业、推动产业转型升级、促进区域经济发展等重要使命。

从园区产业发展现状来看，目前园区在产业管理、资源整合配置以及产业信息联动等方面仍存在一些问题：一是只重视产业引进开发而忽略了运营服务，园区产业管理状况混乱，治理和服务水平较为低下；二是受到地理限制和政策影响，容易陷入园区同质化竞争的窘境，难以形成产业多元融合、协调发展的效果；三是存在众多"信息孤岛"，难以带动产业链上下游协同联动。随着"互联网＋"时代的到来，互联网和社会经济的深度融合，园区的产业发展方式正在出现一些新的趋势和特点，如产业增长方式由注重规模向更加注重发展质量转变，资源配置由粗放式发展向集约化发展转变，产业结构由以制造业为主向制造业和专业服务业相结合转变，环境建设由相对注重硬环境向更加注重软环境转变等。真正的智慧园区，要做到一条生态链上下游的企业聚集，形成伙伴经济合作共赢的模式，做到产业生态化聚合、产融互促，引导金融、法律、科技等专业服务型产业介入，形成倍增合力，从而打造产业集聚发展、投资和聚资的平台。具体而言，园区的产业发展主要有以下三个方面的需求。

产业服务信息化运营：传统园区主要围绕园区物理空间、水、电等传统基础设施开展运营，而智慧园区的产业发展需搭建数字化平台，实现由计划到按需、由被动到主动以及由管控到服务的运营模式转变。需以主动服务和产业共生发展为出发点，通过搭建产业链招商和公共服务管理平台，汇聚采供应链、普惠金融、人才资源、产业空间、政策资源、电子商务等应用于一体，主动为企业和政府提供服务支持。

产业资源数字化集聚：在当前数字化时代背景下，要素聚集和配置逐渐从地理、物理空间转向数字、网络空间。企业对资源跨区整合配置的需求、产业对新一代信息技术运用的需求、产业链对上下游垂直整合的需求，以及产业集群对高效治理的需求等都将传统产业的数字化转型提到了新的高度。5G 基站、工业互联网平台等新型设施的搭建，以及物联网、人工智能等新技术的进步大大促进了产业要素数字化聚集的实现。通过打造数字产业集群，建立企业（产业）数据分析库，汇集资金流、信息流和业务流，从而实现资源共享和产业联动。通过构建线上虚拟的园区运营生态系统，驱动产业技术变革和组织变革，消除产业融合壁垒，促进产业共生发展。

产业信息网络化协同：传统园区的各个流程只能在企业内部实现小范围协同，条块分割现象严重，形成众多"信息孤岛"，难以实现信息共享。在数字化转型背景下，传统产业园区亟须打破这种部门壁垒，实现产业信息网络化协同。通过跨部门、跨层级、跨企业的数据互通和业务互联，推动链上企业和合作伙伴共享客户、订单、设计、生产、经营等各类信息资源，提高产业组织灵活性，促进产业链上下游实现互融共生、分工合作、利益共享的网络化协同。

园区需利用大数据、云计算、人工智能等新一代信息技术，为整个产业链上的企业和合作伙伴建立区域信息共享平台和企业信息共享平台。前者构建城市间协同生态系统，后者打通园区内部企业及合作方的信息沟通渠道。通过研发数据、原材料生产数据、销售数据、产品管理数据等产品生产销售过程数据的互联互通，消除不同企业之间、企业和合作伙伴之间的信息壁垒，形成覆盖全价值链的各环节数据流通，在产业链条上实现大范围的生产过程协同，从而实现产品全生命周期的智能化调控与智能化生产，这对于保证园区产业链稳定供应和健康发展具有重要意义。

1.4 智慧园区经验探索

当前，智慧园区建设已逐步从理念走向实践，国内外智慧园区在公众服务、管理运营、产业发展、绿色低碳以及资源配置等方面都开展了积极探索，比较典型的案例有国内的北京冬奥村、雄安新区市民服务中心、苏州工业园区等，以及国外的美国斯坦福研究园、德国零碳科技园、新加坡榜鹅等。纵观近年来智慧园区的实践经验，呈现出以下几个方面特点：

1. 重视信息基础设施建设，夯实智慧园区基础底座

在园区建设初期适度超前、集约建设园区信息基础设施已经成为业界的共识。被誉为"雄安城建第一标"的雄安市民服务中心充分践行这一理念，坚持"数字城市与现实城市同步规划、同步建设，适度超前布局智能基础设施"的建设思路，在规划建设初期充分考虑园区市政管网、环境照明、综合安防、能源管理、交通人行、建筑设备等21个领域的感知监测需求，与园区主体工程建设的同时敷设各类感知基础设施，多达25000个实时监测控制点位，构筑起全域覆盖的园区神经网络。重视智慧园区信息基础设施的建设，实现感知网络对全园区、全专业、全时态的深度覆盖，可为后续园区自动化监管与控制奠定基础。

2. 信息技术与管理服务深度融合，营造沉浸式创新环境

斯坦福研究园是美国第一个高新技术研究园，位于全球最具创造力和高端因素最集中的地区——硅谷。园区依靠斯坦福大学雄厚的知识、技术、人才资源，为科技企业和科研人员搭建了众创空间、共享实验室、智能办公场所、无人商超、多功能健身房等智慧化空间，促进了高科技产业发展，营造了宜居宜业的园区环境。斯坦福研究园是众多智慧园区在智慧化场景应用方面的典型代表之一，通过在园区交通、能源、服务等多领域释放数字技术应用，推动数字技术与生产性、生活性应用场景深度融合，营造园区全覆盖的智慧生产、生活场景，随时随地为创新人群提供灵感碰撞和休闲娱

乐的场所。

3. 强化产业创新要素植入,激发数字经济发展动能

智慧园区大多依托园区产业集聚作用,强化数字经济关键驱动要素集聚。智慧园区促进产业发展的作用体现在两个方面:第一,发挥园区强大的资源统筹能力,引导与数字经济相关的政府部门、科研机构、龙头企业等关键主体向园区集聚,形成多方互动合作的创新协同体系;第二,发挥主要产业链的引领作用,引导数字经济关联产业、配套产业的中小企业集聚,形成强韧稳固的数字产业生态系统。比较典型的例子如苏州工业园区,从建成之初发展到现在,已经集聚了 7000 多家科技型企业、1800 多家高新技术企业,形成了独具特色的"2+3"现代产业体系,并引导信息化基础设施和5G 试点先行先试,以数字经济推动产业转型升级,形成了丰富的园区产业生态和良好的对外辐射效应。

4. 打造绿色智慧园区,深入践行"双碳"发展战略

当前,在"绿色环保""双碳"等发展理念的影响下,智慧园区建设更多地关注能源管理、环境监控和循环经济,将物联网、大数据等信息技术与能源环境相结合,提高园区节能减排和环境保护的能力和水平。德国柏林零碳科技园是能源智慧化转型赋能零碳智慧园区的一个典范。德国政府鼓励在园区内安装光伏板、风机,产生清洁电力,再改造成集分布式供能、本地用能、能源存储于一体的智能电网系统,实现最大比例使用光伏、风能、沼气等可再生能源;同时打造了零碳交通体系、绿色低碳建筑,搭建了智慧能源管理系统,将低碳落实到园区发展建设的方方面面,形成了低碳、可持续园区发展模式,让"绿色"科技点亮"低碳"之路,让科技驱动园区绿色变革。

综合以上内容可以发现,智慧园区的建设是一个艰巨且复杂的任务,涵盖多领域条块的建设内容,涉及众多主体权责利益,这就需要智慧园区在建设初期统一规划、适度超前、集约建设感知基础设施,利用园区大数据中心整合汇聚各类数据资源,实现数据信息在各系统、各部门之间的互通共享。同时还应整合园区管理、服务、运营各环节,形成可自我组织、自我运行、自我优化的智慧园区生命体,从而更好地推动园区乃至整个城市的产业经济增长和资源优化配置。

智慧园区
高质量发展与标准化

第2章
智慧园区发展新理念与新策略

　　智慧园区是数字经济发展的重要空间载体。随着我国数字经济进程的加快，智慧园区建设大规模增加，原有的智慧园区建设模式已经不适应数字经济发展的需要，必须对智慧园区进行系统化、集约化的综合建设。

　　智慧园区建设是城市科技与社会生产生活发展到一定阶段的产物，吸收城市规划学、城市经济学、计算机科学、通信科学与工程等领域的最新成果，最大限度地整合雄安新区智慧园区、北京智慧园区、武汉智慧园区、北京冬奥村智能化、深圳智慧园区、苏州智慧园区等最新成果，以"聚合资源，培育产业，服务城市"为出发点，进行智慧园区建设发展策略的创新，打造新时代下的智慧园区的新标准，提升智慧园区行业发展的水平。

2.1　多视角看园区发展趋势

随着新一代信息技术的发展和社会的进步，人们的生产与生活方式及组织模式都发生了巨大的变化，社会正在经历着一场全新的变革，"智慧""生态""文化""可持续"等理念将相互叠加、相互融合，并正在无缝嵌入到未来的发展中。园区的规划建设也从粗放式发展，到开始关注园–城的联动和产业环境，再到围绕核心产业构建产业集群；从"搭框架"到"精装修"，从"卖土地"到"卖房子"，再到"卖环境"，从"招商企业"到"服务企业"，再到"经营企业"，从"人力管理"到"机器辅助"，再到"智能无人工厂"，园区正在不断地颠覆传统的生产模式、经营模式、管理模式和思维模式。具有数字空间、多元融合的新型智慧园区是满足未来发展要求的方向。为了更加清晰地对园区的未来进行预判，本节将从驱动力、配套、运营等视角对园区发展的未来进行研究分析。

2.1.1　园区驱动力的视角

1. 起步与探索阶段（园区 1.0）

该阶段我国园区行政化特征明显，园区内的企业基本由政府划拨。代表性园区为 1979 年建立的蛇口工业园，以产业地产为主要特征，成本驱动是其发展的重要动力，通过提供优惠的土地价格、廉价的劳动力等成本因素，使得园区成为中国当时对外开放的重要窗口。

2. 成长与快速推进阶段（园区 2.0）

1992 年开始，我国改革开放与经济发展进入新阶段，园区的发展也随之进入了快速发展阶段。上海张江高科技园区、苏州工业园等一大批园区先后成立，其显著特点就是通过在园区内或园区周边布局核心产业上下游配套企业，产业链配套驱动，促进园区经济的整体提升。尤其是 2001 年，我国加入世界贸易组织（World Trade Organization，WTO）后，贸易的飞速发展带动了大量园区的建设与发展。

3. 优化与提升阶段（园区 3.0）

园区的爆发增长造成了地方政府间的竞争和企业的轻易拆迁。为了招商引资，地方政府一再降低土地价格、税收、水电费等，也出现了一些企业为追求最优惠政策而在相邻园区间迁移，导致园区土地开发效率低下，也造成了资源的极大浪费。伴随我国改革开放的进一步深化和与全球贸易的进一步紧密，社会、经济、政治、科技等各方面形势都要求园区必须进行转型升级、科学发展。代表性园区为中关村园区、固安工业园，通过提供综合配套服务，涉及人才、研发、咨询、培训、技术、金融等服务型因素驱动，生产性服务业逐渐凸显。同时伴随 2008 年"智慧城市"的提出，园区智慧化建设管理进入了起步阶段。

4.转型升级阶段（园区 4.0）

伴随城市纷纷开始寻求转型发展，尤其是在供给侧结构性改革、脱虚向实的大背景下，园区的发展进入了新一轮的转型升级阶段。其典型特点就是构建园区的创新服务体系，通过产品设计、产业发展服务、智慧生态环境等措施，集聚创新资源，构建创新网络，强化与全球创新资源链接。建设智慧园区既是中国经济转型升级的内在要求，也是迎合新技术革命和创新全球化的大趋势，园区的智慧化建设管理迈向了高级阶段。

2.1.2　园区配套的视角

1.起步与探索阶段（园区 1.0）：土地经营

园区主要通过"三通一平""七通一平""九通一平"等形式进行土地一级开发，为园区企业提供土地供应。

2.成长与快速推进阶段（园区 2.0）：标准厂房开发

园区除提供土地经营外，开始进行标准厂房开发，通过厂房租赁、厂房出售、厂房定制等形式，为园区企业提供生产厂房供应。

3.优化与提升阶段（园区 3.0）：公共服务平台

通过搭建融资、技术研发检测、公共检验检测、公共信息、公共展示、行政服务、社区卫生服务中心等公共服务平台，为入园企业提供综合公共配套服务。

4.转型升级阶段（园区 4.0）：智慧园区

除了园区物理空间配套完善外，通过移动互联网，提升园区虚拟空间配套，即线上连接、线下经营的企业社群；营造全球生态体系、产业链社交空间，形成内外开放、资源整合的产业生态圈。通过智慧园区平台建设，以物联网、大数据、云计算、人工智能等新一代信息化、智能化技术和智慧应用为支撑，可以将分散的各种园区资源和功能平台整合起来，充分发挥并放大各种资源和平台的价值，打造有生命力的产业园区。

2.1.3　园区运营的视角

1. 起步与探索阶段（园区 1.0）：园区本身服务

典型的"租售模式"，因此园区服务仅停留在物业管理、园区安防、卫生、停车等最基本服务。

2. 成长与快速推进阶段（园区 2.0）：企业基本服务

政府型园区为主，以招商为需求导向，为企业提供一系列基本服务，包括企业的行政手续代办、园区招聘会、企业的专业咨询服务等。

3. 优化与提升阶段（园区 3.0）：企业增值服务

关注企业的成长，涉足销售服务、采购服务、研发服务、品牌服务、融资服务等增值服务，助力企业降低经营成本、扩大利润空间。

4. 转型升级阶段（园区 4.0）：智慧运营

全域产城融合策划、产业规划研发、产业招商合作、产业运营服务、产业孵化投资的整体商业模式，构建产业生态体系，建立覆盖全产业链的服务能力。园区运营主体"以时间换空间"来"赌未来"，介入入驻企业实体经营，为其提供创业孵化服务、股权投资服务、公共知识平台服务，与企业共同成长，建立全产业链的服务收益模式。如杭州梦想小镇，不以空间载体获利，而是通过"孵化器集群，创业者扎堆"的模式，实现产业集群效应。通过园区基础设施智能化、运营管理高效化、公共服务便捷化、信息交互互动化、综合应用智慧化等手段实现园区全方位的智慧运营，促进园区产业升级和高端转型，最终达到提升园区的服务能力和水平、降低企业和用户的生产运营成本的目的。

2.1.4　园区综合发展的视角

观察 40 年来园区的发展历程，不难发现，从粗放式的开发阶段，到开始关注区域的规划和产业环境，再到围绕核心产业构建产业集群、带动区域发展，产业地产正在成为构建新型城镇化的新路径，为企业加速孵化、产业集聚、区域经济发展起到越来越大的推动力。

在新的经济环境背景下，产业园区未来的发展将面临四大趋势：即开发模式从传统的物业售卖转向持有运营，产品模式从园区经济转向城市经济，盈利模式从客户思维转向伙伴思维，以及运营模式从管理园区转向服务园区。

趋势一：开发模式将从"物业售卖"转向"持有运营"。园区如何智慧化地运营是下一步园区转型发展道路的重中之重。尤其是地产类的园区正在面临一场"持有运营"的转型，地产商持有的不仅是一个楼盘或一块土地，更重要的是持有在这个社区或园区中的人群，如何对他们进行高效的运营至关重要。

趋势二：产品模式将从"园区经济"转向"城市经济"。随着产业园区的演化和发展，园区承载的功能日益多元化，大量城市要素和生产活动在区内并存聚集，从而推动了产业地产的城市化进程，园区经济与城区经济逐渐走向融合。

趋势三：盈利模式将从"客户思维"转向"伙伴思维"。随着"数字经济"的快速发展，园区物理空间成为"共享资源"，园区的盈利模式也由传统的"物业租售模式"向"投资共生模式"转变。园区开发运营企业不再和入园企业形成甲乙方关系，而是通过成立产业投资基金、入股入园企业，共同享受入园企业的成长收益。

趋势四：运营模式将从"管理园区"转向"服务园区"。未来产业园区发展由"拼政策"进入"拼服务"阶段，服务体系主要是围绕市场服务、园区服务、政务服务三个方面。服务是园区运营的核心内容，园区的运营者应从政府、企业、产业、企业员工等多个方面发掘需求，运用5G、互联网、VR等现代科技手段提高服务水平，实现服务模式的创新。

中国园区经过数十年高速发展，不论是园区基础设施建设、园区产业发展，还是园区生活都发生了重大变化，智慧型、智能型、舒适型、服务型成为园区发展的重要方向。园区改造、产业升级、生活升级为园区转型提供重要发展机会的同时，也对园区行业提出了技术、创意等方面新的要求。

无论是传统的制造业园区，还是商业型园区，都面临着加快产业转型升级的迫切性与必要性。而这种产业转型升级必将增加生产厂房、现代办公设施、生活服务配套等新需求。这不仅是园区发展的机遇，也对园区提出了新的需求。园区的更新就是城市更新，随着园区配套与服务的升级，产城逐渐融为一体。随着城市发展的快速变化，园区不再是传统地产买卖租售的行业，长期投资持有，通过做服务、做运营，才能取得长期稳定的回报。

2.1.5　园区转型发展新要求

无论从驱动力、配套设施、运营服务还是综合发展的角度来看，智慧园区是指园区 4.0 阶段，而当前国内的园区绝大部分都处在 1.0 或 2.0 阶段，少部分园区进入 3.0 阶段，极少数园区部分或完全进入 4.0 阶段。

建设智慧园区 4.0 要求高、难度大，当前除新建和极具前瞻性的园区外，在以往发展历程中，基于当时环境、技术、认识等因素，园区建设之初很少能够一步到位，这也是当前很多园区基本处于 1.0 或 2.0 阶段的主要原因。但从当前社会、经济、环境发展的要求出发，智慧园区 4.0 将成为园区转型升级、提升核心竞争力的必然趋势。

如果说一级开发（通水、通电、通道路、土地平整）是我国园区 1.0 发展的创新模式，那么通感知、通数据、通业务、统一平台就是园区 4.0 时代的新基础。当前园区 4.0 的"新三通一平"总体上还处于起步和探索阶段，无论从理论上还是实践上都有待系统与研究深入。本章将尝试以经济学、社会学、计算机科学、通信科学等多个理论研究为基础，探讨园区 4.0 时代下的"新三通一平"。

2.2　园区"新三通一平"的概念

2.2.1　"新三通一平"的定义

智慧园区建设是一项错综复杂、任务庞大的项目，涉及基础设施、感知数据、技术平台、运营服务等多项业务领域。为科学有序开展智慧园区建设，更好地推进智慧园区项目建设实施落地，必须对智慧园区进行系统化、集约化综合布局，推动数字空间与物理空间同步规划、同步建设，保证智慧园区建设"一次到位"和顺利实施。

然而，目前多数园区正处于数字化转型的初期，智慧化的建设过程中常面临基础设施薄弱、数据共享困难、配电 / 弱电预留不足等问题，严重阻碍了园区的健康、可持续发展。原有数字园区建设模式已经不能适应建设需要，必须进行创新，对园区感知设施、数据设施、平台等进行系统化、集约化的建设。

传统的"三通一平"是指基本建设项目开工的前提条件。"三通"指的是通电、通水、通路，"一平"指的是土地平整。通电可以保证施工设备正常运行，通水可以解决建筑施工用水，通路和地面平整能保证建筑材料运输。只有满足"三通一平"，才具备施工单位进场和项目开工实施的前提条件。

而"新三通一平"的智慧园区建设实施策略是园区 4.0 阶段的开工实施前提条件。"新三通一平"（见表 2-1）指的是通感知、通数据、通业务、统一平台，其中"通感知"指的是利用物联感知设施探测园区环境的物理特征，为实现智慧园区内建筑、设施、人、物、事件等全要素数字化奠定基础；"通数据"指的是制定数据互通共享的规则流程，对外提供数据流转的统一通道，保证数据在园区各层级之间的上传下达和便捷高效利用；"通业务"指的是通过制定业务之间信息共享的规范和标准，将园区多元化业务流程打通，为园区各部门业务协同和联动提供前提条件；"统一平台"指的是以数字孪生为基础底板，通过数据汇聚和构建三维空间模型，搭建面向园区智慧应用开放所需的共性管理平台，实现园区一体化经营管理。"新三通一平"的概念架构如图 2-1 所示。

表 2-1　传统意义上的"三通一平"和园区"新三通一平"的内涵

序号	传统意义上的"三通一平"	园区的"新三通一平"
1	通水：给水接到施工场地中	通感知：利用物联感知设施探测园区环境的物理特征
2	通电：施工用电接到施工现场具备施工条件	通数据：提供数据流转的统一通道，将分散的数据统一汇聚并拼接起来形成可用的信息视图
3	通道路：场外道路已铺到施工现场周围入口处，满足车辆出入条件	通业务：使不同部门或不同业务可以互通表现为一个统一的实体
4	土地平整：拟建建筑物及条件现场基本平整，无须机械平整，人工简单平整即可进入施工的状态	统一平台：提供面向智慧应用开放所需的数据和服务能力的平台

"新三通一平"的实施流程如图 2-2 所示，具体包含以下几点：

（1）通感知：在智慧园区建设初期，综合考虑智慧园区物理环境特征，针对园区的人流、车流、物流、温湿度等不同的感知需求开展园区物联感知基础设施建设，打造全域覆盖的物联感知体系，全面探测园区物理环境状况。应重点围绕园区网络基础设施，物联感知设施，强、弱电设施开展建设，适度超前布设感知基础设施并做好空间预留，保证园区物理空间与数字空间同步规划同步建设。同时应充分利旧，避免设施重复建设，实现物联感知设施的集约和共享。

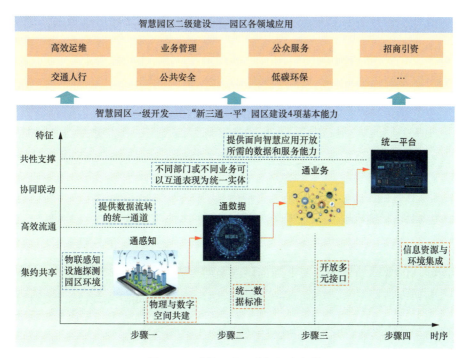

图 2-1 "新三通一平"概念架构

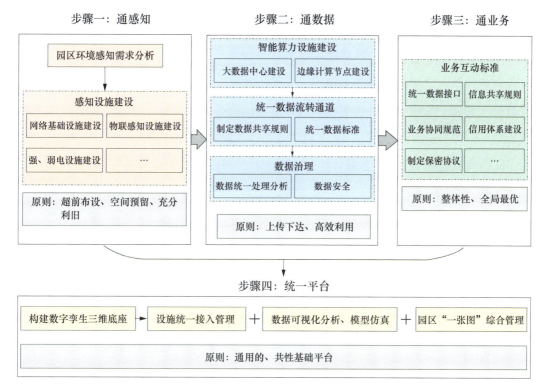

图 2-2 园区"新三通一平"实施流程

（2）通数据：在各类物联感知基础设施的基础上，建立园区智能算力设施，包括大数据中心和边缘计算节点等。制定数据互通共享的规则流程，统一数据标准，对外提供数据流转的统一通道，以满足数据的高效流转与服务应用。利用大数据挖掘技术、可视化分析、模型仿真等手段，将获取的数据进行统一管理、处理、分析，形成可供园区用户使用的信息视图和算力模型，实现数据在园区各业务部门之间的上传下达，保证数据高效利用。此外，应采取信息安全措施强化数据安全管理、容灾备份等工作。

（3）通业务：为保证园区不同业务领域之间的信息流通和共享，实现部门和企业间资源对接、数据共享、协同合作，需要从整体性、全局最优的原则出发，制定业务之间协同联动的规则和标准，使不同部门或不同业务可以互通表现为统一实体。具体包括统一数据开放接口、确定信息共享规则、制定业务协同流程规范、构建信用体系和保密协议等，从而提高部门协同效率，激发园区资源要素活力。

（4）统一平台：以数字孪生为基础底板，通过数据汇聚和构建三维空间模型，完成园区信息资源与环境集成，搭建面向园区智慧应用开放所需的共性管理平台。平台可整合园区智能终端设备资源，统一接入并管理园区监控摄像头、智能门禁、智能灯杆、智能抄表、环境监测等物联感知设备；实时接入汇聚园区能源、环境、设施、人员等数据信息，利用大数据挖掘技术、可视化分析、模型仿真等手段，将获取的数据进行统一管理、处理、分析与应用；同时对园区整体态势进行综合管理和研判，为管理者呈现园区一张图管理决策，实现对园区各领域应用的共性支撑。

从微观层面来讲，"新三通一平"主要是从感知设施、智能算力设施、数据资源、统一平台建设的操作流程和内容上来进行定义，是指按照园区的智能基础设施规划设计、智慧园区规划师设计等，对园区范围的公用性的智能设施建设，使园区达到通感知、通数据、通业务、统一平台，为园区智慧化建设或企业提供智慧化应用所必需的感知能力、数据、计算、园区三维实景，并结合智慧城市中智慧化的建设，实现有效的融合与互动。

广义的"新三通一平"从宏观的层面对其进行定义，是指按照智慧园区规划师设计、园区智能基础设施规划，遵循统一规划、集约建设的原则，对园区基础性的感知设施、智能算力设施、数据资源、统一平台进行集约化、系统化、科学化的一体化建设，通过园区"新三通一平"对园区形态、园区功能、园区市政设施、园区交通、园区环境、园区管理等进行总体把握和运作，使园区的感知设施资源、数据资源得到优化、激化、活化和增长，从而达到智慧园区整体效益最大化，最终实现园区的可持续发展。

"新三通一平"是从经济学、社会学、计算机科学、通信科学等多个理论研究出发，提出智慧园区实施建设的四项基本能力，是智慧园区实施建设的通用性、基础性方法论。它并未推翻园区原有的建设实施内容，而是在充分利旧的基础上，考虑如何避免园区基础设施重复建设、以最快的方式打通园区数据和业务流程，以最便捷的方式帮助管理者开展园区管理运营，从全局最优、效益最大化出发而设计的一种新的智慧园区建设实施路径。概括来说，"新三通一平"是我国城市科技发展和园区智慧化转型的新需求，也是实现园区发展科学化、系统化、集约化开发的必然要求。它的终极目标是支撑园区管理服务效益、环保效益、经济效益、社会效益的统一和整体提升，关键是集约共享的建设，核心是数据的收益合理分配，基本途径是物理空间与数字空间同步规划、同步建设。总的来说，"新三通一平"是智慧园区建设实施的共性能力，为园区各类场景提供通用性对接和资源共享的保障。

2.2.2 "新三通一平"的属性

从"新三通一平"的发展历程来看，园区"新三通一平"还处于起步阶段，2019年河北雄安新区率先提出"智能基础设施单独作为城市各类基础设施体系中的新成员"。增加"通感知数据"后，基本建设前期工作的道路通、给水通、电通、排水通、热力通、电信通、燃气通及土地平整等的基础建设的"七通一平"，将拓展为智能城市的"八通一平"，来实现雄安新区今后各类感知数据拥有共同的通道，让城市有一个完整的神经体系。这是智慧城市进步的一大步，也为智慧园区、智慧社区、智能建筑等城市基本单位的建设提供了新思路。后续上海、苏州、武汉、广州、深圳等多地参照雄安新区的经验和建设模式，开始建设"通感知数据"的智能基础设施建设，智能基础设施建设主要是由政府财政统一来完成。

园区"新三通一平"具有较强的公共性和外部性，同时也具有社会属性和商品属性。充分发挥智慧化资源的最大效益、集约利用是"新三通一平"的核心。园区是各种社会资源和要素的聚集地，是经济、社会、文化、政治、交通等社会投资的聚焦点，通过科学性、前瞻性的"新三通一平"，可以更好地把握智慧化发展规律，为城市级智慧化垫底基础，还将影响到整个的辐射地区乃至数字中国的建设。

2.3 园区"新三通一平"的推进策略

2.3.1 "新三通一平"的推进思路

园区的"新三通一平"是融合感知、传输、存储、决算、处理、展示于一体的战略设施，是支撑园区经济社会发展的"新基建"，技术创新赋能园区转型发展始终是贯穿智慧园区建设的重要驱动力，其建设中必然涉及科技创新、产品创新、系统创新的最新成果。为此，园区在推进"新三通一平"的过程中，可能存在传统规范中没有相关的标准，也可能对传统规范有冲突，需进行突破，因此需要对可预见的将来会淘汰的产品、平台有所取舍，使"新三通一平"建设"有规可依"。同时，技术创新与标准体系，持续突破赋予智慧园区多维的进化空间，可以推进智慧园区随着新一代信息技术革命不断发展。

1. 从城市管理者（政府部门）的维度

依据每个园区智慧化建设、管理及服务的特点，及"新三通一平"设施建设应用标准的要求，以园区全局最优化为出发点，在智慧园区建设需求基础上，梳理出哪些数据是可监测、可计算、可通过建模分析处理支持决策的，哪些是支持智慧园区服务能力的，哪些是提高智慧园区安全运行和降低风险的，并形成了适合各自园区"新三通一平"建设的规范。

2. 从服务商（企业）的维度

"新三通一平"涉及多个专业维度，需要在各专业涉及的各类建设设计规范、标准以及与智慧城市相关的设计规范、标准的基础上，利用专业、行业内的数据采集系统建设标准，建立园区基础服务的感知系统和数据化信息库。通过行业、专业数据智能化处理信息、统计数据的方式，提升专业服务水平。

3. 从感知产品、物联网技术和系统发展的维度

从感知产品原理、设计、选型、安装、维护、综合评价的维度，依据基础设施智

慧化要求和智慧的传感网络结构，结合传感器、仪器仪表的结构、作用、参数的特点，对各类传感器的空间划分以及各类行业专业进行分类，同时对于涉及一些城市公共利益、公共安全的智慧化设备进行分类分组，以传感器的用途类别（计量类、计费类、在线监测类、工艺控制类）及其表计的特点和要求，以空间位置（预留、预埋、附着）明确共享共建的规定。

4. 从科技创新、产品创新、系统创新的维度

智慧园区是新一代信息技术与园区发展的深度融合。其建设中必将应用到许多科技创新、产品创新、系统创新的最新成果。在"新三通一平"的建设过程中要动态追踪物联网、传感器、仪器仪表、检测体系等的最新技术、最新成果，强化园区智能设施统筹和共性平台建设，破除数据孤岛，加强智慧园区一体化运行格局；对以往智慧园区尚未涉及的领域进行补充，对与园区信息化有冲突的内容进行突破，并对可预见的将来会淘汰的产品、系统坚决予以限制。以更智能、更经济、更稳定为目标，对可替代、可复用、可共享的设施、系统进行明确。

2.3.2　"新三通一平"的规划设计

科学的规划是优化园区智能基础设施建设、数据资源配置、提高数据利用价值的重要前提，也是实现园区"新三通一平"效益最大化的重要条件。将智能设施功能、应用部署、空间布局等最终集聚在"一张蓝图"上，尤其对有"穿、跨、越"交叉点的智能基础设施以及对预留管线、箱廊、塔架和预先安装测量感知设备更有指导意义，从而支撑智慧园区建设的中长期需求。

园区"新三通一平"需要重视空间覆盖和贯通互联，做好相关规划。规划是"新三通一平"建设的开端，园区的感知设施、数据流转、统一平台等建设应该着眼于园区数字经济的长远发展，着眼于适当超前部署。同时"新三通一平"要与智慧园区规划、数字经济规划、通信专项规划、智慧城市规划等相统一协调，并注重与园区道路绿化、建筑风格风貌相和谐。

总体要求："新三通一平"的规划需要以园区管理服务需求为出发点，以园区相关标准规范为指导，从预见性、协调性、集约性、科学性等角度出发，对"新三通一平"的具体建设内容、实施路径、运营模式等进行系统性规划设计。通过对感知设施、数

据流转、业务协同和统一平台的规划设计，将感知设施科学合理地布设在园区范围内，并通过传输设施汇聚到数据汇聚节点、数据处理中心、园区指挥中心，满足后期各项智慧场景和业务的要求。

总体原则：

（1）全局最优。在"新三通一平"的规划中，应从经济学、社会学、计算机科学、通信科学等多个理论研究出发，考虑如何避免园区基础设施重复建设，以最快的方式打通园区数据和业务流程，以最便捷的方式帮助管理者开展园区管理运营，从全局最优、效益最大化出发开展园区共性支撑的建设。

（2）科学计算。规划过程中需按照统一的行业标准，对感知设施的类型、部署规模、空间匹配规则等进行详细测算，对数据存储和算力性能、互通共享规则进行定性定量描述和界定，保证感知设施布设的科学合理、数据流通稳定可靠、空间预留有规可依。

（3）合理布局。适度超前布设感知基础设施并做好空间预留，保证园区物理空间与数字空间同步规划同步建设。同时应充分利旧，避免设施和系统重复建设，实现园区全域物联感知设施、数据共享通道、共性支撑平台的集约和共享。

2.3.3 "新三通一平"的开发运营

园区"新三通一平"的建设主要由建设主体、运营方式、收益分配等多种因素决定。各种模式的"新三通一平"建设的目标是一致的，都是针对园区智慧场景服务，尤其是为发展数字经济做好准备。"新三通一平"项目呈现以下几个特点：

（1）"新三通一平"相当于智慧园区的一级开发，智慧应用场景建设相当于智慧园区的二级建设。

（2）明显的公益性。作为公共决策的一种，是园区改善生产条件、生活条件的公共性事业。

（3）收益的滞后性和隐蔽性。"新三通一平"的收益很多时候需要一定的周期才能形成，呈现出滞后性，滞后性又导致了效益的隐蔽性。

（4）综合性。实施的过程中，涉及了电力、通信、环保、景观等多专业，综合性比较高。

1. 企业建设的模式与特点

企业建设模式是指"新三通一平"由同一企业或单位自主完成（非城投平台公司），包括国企、合资企业、私营企业等。这种模式政府无须投入，但需要做相关规定，由 ICT 企业、集成商、互联网企业等自发进行建设，政府基本不参与实际建设，没有投入，收益较低。很多企业不满足于单薄的"新三通一平"的建设，在掌握了信息优势后，为介入后期的智慧应用场景奠定基础。

企业建设模式的建设时间难以预计。在园区智慧化需求大幅增长的形势下，信息系统企业坐享智慧化建设的增值收益，同时为了获取运营价值的最大化，可能会出现故意拖延工程建设等情况。政府无法掌控建设进度和对智慧化项目的进行有效监管，不利于智慧园区建设目标的顺利实现。

2. 政府垄断建设的模式与特点

政府垄断模式是指政府将"新三通一平"的建设指派给特定的公司或者指定的项目公司进行，由政府财政专项拨款进行"新三通一平"的建设，建设完成后由项目公司或者园区管委会的相关部门进行运营。这种模式的特点是全程由政府控制建设进度、实施方案，一方面有利于缩短建设周期，降低后期各项智慧应用的开发成本，便于实现智慧园区的各项目标。另一方面，政府承担全部"新三通一平"的建设，融资渠道狭窄，对于更大规模的"新三通一平"建设具有一定的阻碍作用。

3. 政府主导、企业参与型的模式与特点

政府主导、企业参与型的模式是指由公司进行建设后，再将其移交给相关的部门，政府部门以购买服务或者指定运营公司的方式，对"新三通一平"进行运营。这种模式具有市场公开性，所有的环节都是以市场竞争的方式来进行的。这种模式实现了政企分离，政府负责相关的智慧园区"三通一平"的规划设计，制定"新三通一平"的招标标准，从而对整个过程进行全程进度与控制。而且企业在宏观规划的基础上运用市场模式进行"新三通一平"的建设，并获取相关利润。

在"新三通一平"与智慧场景建设的过程中，参与"新三通一平"的企业不得参与智慧应用场景的建设工作，从而保证智慧园区建设的公平性和透明性。而且"新三通一平"的建设费用普遍是比较高的，这种情况下就涌现出比较多有能力的机构，并结合上市的方式进行融资后进行"新三通一平"的建设。

"新三通一平"的建设模式可借鉴表 2-2 中的建设模式。

表 2-2 "新三通一平"的建设模式

建设模式	企业建设	政府垄断	政府主导企业参与型
建设主体	企业	政府	特定企业
政府定位	政府招标，委托模式确定建设企业负责整个"新三通一平"建设	垄断"新三通一平"的管理权	统筹各参与方开展"新三通一平"建设
资金来源	企业自主融资	政府财政拨款或者相关的专项证券	政府财政拨款或与社会资本合作出资
企业定位	自主完成全部工作	—	企业辅助建设
运营方式	企业运营	政府运营	政企合作成立相关组织或由政府购买服务
收益分配	企业收益	政府收益	政企收益共享

2.4 园区"新三通一平"的建设效益

"新三通一平"策略中，对园区数字空间的激活和利用是促进园区价值提升的重要手段，同时也是进一步深化数字中国、网络强国发展的客观要求。作为园区一级基础能力建设，"新三通一平"首先可以从根源上解决智能基础设施、共性支撑平台的权属纠纷；其次有助于优化园区的数据资源配置，彰显政府智慧化的发展力度，增强企业发展数字经济的信心，缩短园区智慧场景开发周期，探寻新的增长点，从而有助于在土地出让过程中减少土地出让合同中未明确事项歧义，减少与开发企业的合同纠纷，直接或间接地提升了园区的经济产出。在"新三通一平"的基础上进行园区应用场景的二级开发，可以统筹布局各类场景的共性资源能力，加强基础设施统建共用、平台集约建设，从而更便捷地盘活存量的数据资产，吸引增量，扩大总量，优化配置数字空间，实现园区数字空间资产的保值增值，从而达到环境提质、交通提速、居住提档、品质提升、管理提效的管理目标。

从园区与城市的互动角度来看，园区需要依托城市发展，发展园区的一个非常重要的目的就是营造一个局部性的良好的经济发展环境，以便于项目建设和吸引外来投资。园区"新三通一平"建设与它所依托的城市之间需要进一步的相互支持、相互促进，既需要借助园区的高品质发展，也需要依托城市的智慧化水平，从而推动社会、经济、文化的全面进步。

智慧
园区
高质量发展与标准化

第3章
智慧园区关键支撑技术

　　智慧园区是新一代信息技术与园区发展深度融合的产物，在智慧园区建设过程中必将涉及众多科技创新、产品创新、系统创新的最新成果。然而多数园区在转型升级过程中面临基础建设薄弱、设施孤立互不联通、信息孤岛现象严重等问题，新技术、新产品利用效能较低且难以推广使用，阻碍了智慧园区可持续发展。

　　为能将智慧园区的数字空间和物理空间得到更有效的规划和建设，支撑园区"新三通一平"建设，实现园区建筑、设施、人、物、事件等全要素数字化，需充分运用新一代信息技术来作为共性基础，通过使用数字孪生、人工智能等来作为共性平台，加强智慧园区一体化运行格局。此外，需要从新技术、新产品的角度对智慧园区未来应用场景和领域进行预判，及时对产品、系统更新迭代，扬长避短，用信息技术赋予智慧园区多维进化空间，推进智慧园区高质量发展。

　　基于此，本章将系统性阐述智慧园区建设中广泛应用的新一代信息技术，包括物联感知技术、数据智能技术、数字孪生技术、人工智能技术、综合集成平台技术等，以期为智慧园区专业化、精细化、智能化发展提供设计与开发参考。

3.1　智慧园区关键技术构成

智慧园区是一个认可多元、环境友好、和谐发展的细胞、肌体，甚至是一个综合性的有机生命体。智慧园区的技术架构是实现园区功能和价值、支撑智慧园区标准化建设和运维的整体系统，一方面要综合运用当前最先进和最成熟的技术体系，另一方面要不断汲取各类前沿的先进技术，不断更新和完善相关技术架构体系。

智慧园区建设的关键技术包括大数据、云计算等，通过新一代信息技术的运用，将智慧园区的有机生命体特性从五个层级进行划分，分别是感知、传输、存储、计算和应用层。进而支撑园区的管理平台、服务平台的建设和运营，同时支撑园区经营主体的数字化升级和智慧化生产经营。从智慧园区技术支撑体系的共性角度来讲，感知层、传输层、存储层、计算层与应用层五个层级以及完善的标准体系和安全体系形成智慧园区的基本支撑技术架构，如图 3-1 所示。

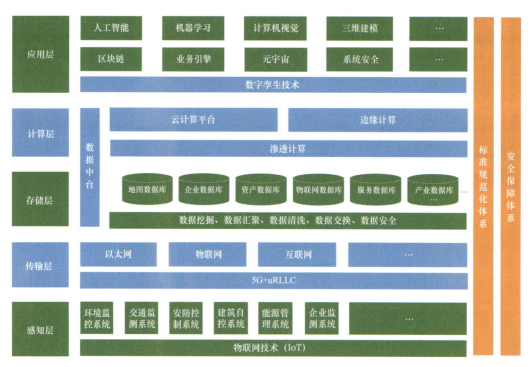

图 3-1　五个层级以及完善的标准体系和安全体系

1. 感知层

针对智慧园区多源信息节点及其感知获取的异构数据特征，结合智慧园区建设运营各阶段的信息采集技术，构建基于大规模信号与数据汇聚的网络、感知与计算为核心的感知层。感知层已经不仅限于智慧园区数据采集，而是兼容所有智能传感器，在边缘计算能力的支撑下逐步将传感器和执行器集成于一体，在感知层实现所有信息和状态的智能预处理。感知层主要是通过各个不同应用场景的各类传感器，实现对智慧园区中的建筑、环境、道路、设施、设备、车流、物流、人流、企业运行情况等基础信号、信息的感知和监测，识别物体，采集信息和进行数据预处理，用于服务园区内的环境监控、安防控制、建筑控制、智能管理系统等，从而实现"通感知"。智能型的感知层将信息应用程序和智慧园区基础设施所产生的数据经过多条传输路径以及分布式地存储，再经过边缘计算即云计算以达到通过智慧集中管理的目的。通过以上方法得以全面覆盖智慧园区的感知网络实现对园区内各类信息的全面获取，从而产生多维度全域的分布式、异构大数据，为智慧园区的智能运营与维护提供海量数据储备。

2. 传输层

传输层由覆盖整个智慧园区范围的通信网、物联网等融合组件构成，可以实现智慧园区的各类信息安全并联和安全传递。而伴随人工智能和数字孪生的融合发展，智慧园区需要超可靠性链接（Ultra-Reliable Low-Latency Communications，URLLC）并需要毫秒级实时响应链接，以确保高性能通信传输能力。超灵敏的物联网络连接保证智慧园区的实时感知反馈，超可靠性的互联网连接是大数据在并发传输中的性能保障。对于智慧园区中的超灵敏网络连接而言，大多数通信传输是基于正交频分复用（Orthogonal Frequency Division Multiplexing，OFDM）系统，其具有频谱利用率相对较高，而且对多径的衰弱信道具有鲁棒性高、并联性输入强等特点。正交频分复用系统虽然在减少通信时延上有一定改善，但在实际应用中仍无法满足 1 毫秒的端到端传输时延。于是在这种情况下，广义频分复用（Generalized Frequency Division Multiplexing，GFDM）、组多载波滤波器（Filter Bank Multi-Carrier，FBMC）及通用滤波多载波（Universal Filter Multi-Carrier，UFMC）等成为目前多载波传输技术当下的研究热点。而 GFDM 是其中一种循环块结构的非正交多载波调制方案，而且可根据场景的需求对时延进行时频结构的调整，从而达到减小时延的目的。而在高移动性的场景处理情况下，广义频分复用的结构更加容易进行扩展处理，能够及时处理正交时频空间的调制，以提升对于大多普勒的干扰，整体提升系统的鲁棒性。可实现降低时延的另一个可行性办法就是快速解码技术，对于超可靠性的连接需求，通过协调多点传输和通过带间频谱聚合技术的方法来创建多个不相关的链路来让频率分集，则可达到近乎于电信级的可靠性接入。

3. 存储层

存储层是智慧园区数据集中存储与支撑层。智慧园区中不同应用场景的智能传感器获取海量数据上传至存储层，成为数据分析处理的基础。传统的集中式数据库有不适用的情况，而分布式的数据库本身带有高并发性的特征，更加适用于智慧园区内的海量信息存储。因此在智慧园区的设计与建设中，应将所采集的数据就近存储于网络终端用户的分布式数据中心。例如当终端用户需要获取相关数据时，智能传感器采集的响应数据会通过边缘数据中心处理，及时响应可大大缩短时延速率，从而即可实现"通数据"。而存储于分布式数据中心的数据也会在中央数据处理器当中及时备份，当分布式数据处理出现故障时，及时调取，从而保证整个信息系统的高可靠性。同时，数据安全与隐私保护也是智慧园区信息系统当中一个非常重要的要素，这里引入区块链技术的观点采用点对点的分布式方式运行，其用于安全验证的方式无须中央授权，在分布式数据处理体系中提供分布式账本、非对称加密、共识机制等来解决去中心化的数据处理安全与信任问题。同时，智慧园区中存在着具有时延不敏感而又需要大规模批处理的应用性服务，分布式数据存储和区块链等关键技术可以在用户数据存储和隐私信息保护等方面取得重要的保障作用。

4. 计算层

计算层和存储层协同形成一个"数据大脑"，在智慧园区中集中存储、分析和处理数据。"数据大脑"可以与 BIM、CIM 模型相结合，与信息交互，在园区建设过程中进行决策，同时也为智慧园区的运维提供数据资源，形成全面、统一、互联、大容量、高性能、高密度的管理服务平台。同时，传统的智慧园区信息平台已经无法解决海量数据吞吐量和大数据应用服务所需的实时性、隐私保护和计算能耗问题，这就要求一部分计算资源和算力支撑被靠近用户终端的边缘计算所取代。智慧园区的边缘计算可以提供实时算力，还可以在很大程度上降低云计算中心的计算负荷，缓解网络传输压力，减少通信时延。在物联网时代，智慧园区用户终端的数据量呈指数级增长，边缘计算与云计算的协同效应尤为突出。针对此类问题，渗透计算可以根据智慧园区内不同的应用服务场景，将服务分为微服务和宏服务。微服务通过"渗透"机制在云数据中心和边缘数据中心动态部署和管理，无缝扩散，以消除不同服务中云数据中心和边缘数据中心在计算能力、数据处理时间和当前负载方面的差异。这意味着微服务正在从边缘计算数据中心迁移到云计算数据中心。微服务从计算负载高的边缘计算数据中心向计算负载低的云计算数据中心迁移，有助于实现智慧园区计算能力的智能动态匹配以及计算资源的标准化和精准化。

5. 应用层

智慧园区在应用层的核心目标是通过信息资源分析与评估来挖掘和整合信息资源，使得用户可以便利地获取所需的信息资源，从而实现用户的电子个性化服务。经计算层初步分析处理后的数据提供给应用层进行各行业应用系统开发、数据使用和共享，结合 5G、物联网、GIS、BIM 等技术实现行业应用平台的智能化、精准化、科学化。此外，应用层实现对园区设备的智能接入，对设备的智能管理以及设备采集的数据进行汇集、控制与可视化展现。

近十年，智慧园区建设是在物联网基础之上的，主要是机器对机器通信（M2M）。随着智慧园区中的数据网联模块需求的不断增加，智能终端的用户使用量也在不断上涨。下一代信息技术与人工智能技术服务质量正面临着巨大的考验。未来的智慧园区设计与建设应充分考虑到人与智能体的交互，应是低延迟、高可靠性与高安全性的数字孪生基础设施，对智慧园区中的物、人与功能单元等要素对象进行的服务，远程管理与控制需实现更加快速的服务响应。

总之，智慧园区的技术支撑体系是智慧园区建设与运维的根本，是支撑园区各项功能和价值实现的保障。智慧园区的全生命周期管理要结合不同层次与不同行业的产业定位与发展需求，保障园区建设和运营的可持续性，推动更加高效、节能、环保和人性化的生态智慧园区。

3.2　物联感知技术

3.2.1　技术概述

物联感知，通常又称物联网（Internet of Things，IoT）技术，它是物联网终端数据采集和运行状态的信息融合。它可以满足具有多种语言和操作系统的不同终端设备的访问和数据通信需求，并确保通信的安全性、实时性和稳定性，并具有适用于各种跨平台操作系统或开发语言的软件开发工具包（Software Development Kit，SDK）开发工具，并且可以接受任何安装了协议驱动程序的设备发送的数据。通过数据采集、协议适配和数据处理，全面呈现园区系统的运行状态；利用可视化技术和增强现实技术，在信息空间中再现智慧园区的全貌，为园区的安全平稳运行提供服务。

针对不同类型和制造商的设备，建立各种终端设备的协议库，开发通信层协议和应用层协议的各种协议解析引擎模块，在通信层实现协议适配和应用层协议适配，根据协议规则对采集到的数据进行解析，分析消息内容；对于传输，开发协议解析引擎模块，实现通信层的协议适配和应用层的协议适配、协议适应。为了消除不同接入方式服务请求的协议差异，对来自网关设备和测控设备的通信消息进行协议解析，将各种接入协议转换为统一的接入模型，包括传输控制协议（Transmission Control Protocol，TCP）/网际互联协议（Internet Protocol，IP）协议家族中的协议，如网络层协议和传输层协议，在某些情况下，还封装在 TCP/IP 协议之上的传输协议。在某些情况下，它还包括封装在 TCP/IP 协议之上的传输协议，例如 ZigBee（紫蜂协议），RS-232/ RS-485（Recommended Standard，RS）等，还包括在上述协议之上承载的应用层协议。

所有物联网传感设备发送到平台的数据由数据通信模块接收并进行预处理，完成实时数据采集、数据处理和终端控制。数据通信模块完成实时数据采集、数据处理、终端控制等业务目标，实现智慧园区的数据接入与适配、统一数据结构、数据处理等功能。

在数据接入方面，为了满足物联网大数据的感知需求，传感器的采集终端通过无线或有线方式发送到平台端。数据访问协议分为两个级别：在通信级别，可以支持 TCP、用户数据报协议（User Datagram Protocol，UDP）、超文本传输协议（Hypertext Transfer Protocol，HTTP）和 Websocket 通信协议（基于 TCP 的全双工通信协议）；在数据协议级别，支持消息队列遥测传输（Message Queuing Telemetry Transport，MQTT）、JS 对象简谱（JavaScript Object Notation，JSON）、简单对象访问协议（Simple Object Access Protocol，SOAP）和自定义二进制协议。通过这两个层次的相互作用，可以轻松实现任何物联网终端和任何协议的数据访问，以及任何协议的数据访问。在数据存储方面，综合使用了多种存储引擎，包括分布式文件系统（Hadoop Distributed File System，HDFS）、分布式存储系统（Hadoop Database，HBase）、关系数据库管理系统（Relational Database Management System，RDBMS）和远程字典服务（Remote Dictionary

Server，Redis），其中 HDFS 非常适合非结构化数据存储，支持数据备份、恢复和迁移，主要用于系统中存储原始数据和需要离线分析的数据。

在数据处理方面，有实时计算和离线计算两种类型。选择 Storm（分布式实时计算系统）的主要原因，一是其良好的实时性能，二是支持智慧园区物联网感知应用场景中终端数据的全局分组，而 Spark（分布式数据处理引擎）流只能在每个弹性分布式数据集（Resilient Distributed Datasets，RDD）中进行分组。选择 Storm 作为实时处理引擎，基于实时处理引擎提供实时计算服务，可以支持应用层的调度和管理。基于实时计算服务，可实现对物联网感知数据的清洗、解析、告警等实时处理。离线计算目前支持 MapReduce（分布式计算框架）和 Hive（基于分布式系统基础架构的一个数据仓库工具）对 Spark 的支持也在进行中，主要用于对物联网感知数据的多个时间维度进行日、周、月、年报告分析和数据挖掘，并将结果输出到关系数据库。

在数据交换接口方面，数据交换接口主要为抽象接入接口层，简化智慧园区物联网感知应用层与平台层之间的数据接入。有了这一层，应用层不需要直接调用 Hadoop、HBase 等原生 API，可以快速进行应用开发。数据交换接口支持 SQL、Restful、Thrift 和 Java API，用户可以根据实际情况灵活选择数据交换的方式。数据交换的内容包括物联网感知终端的当前状态、物联网感知终端的历史状态（轨迹）、命令下达、数据订阅和发布等。

3.2.2　物联中间件技术

智慧园区物联中间件的首要目标是支持市面上常用的物联网设备和协议，并支持动态添加新协议和设备，而无须改变上层业务，同时为上层应用提供基础和稳定的数据服务功能，例如异常值监测、关键值提取等。如图 3-2 所示，注册的物联感知设备将数据发送到中间件时，设备控制与服务层负责接收并通过轮询已注册协议的标识信息（例如前缀）、标识数据流的通信协议，如果无法解析，则证明该协议尚未注册并被拒绝；否则系统将解析相应的设备标识符，与已注册的设备进行对比，若此数据流的源设备尚未注册，则拒绝该设备的连接并丢弃该数据包，否则，中间件在实体池中查询对应的设备实体是否存在。若不存在，虚拟实体将由相应的协议适配器构建并存入池中。进一步，虚拟实体解析该数据流，删除不相关的元数据信息并将实体数据发送到数据预处理层，该层旨在过滤大量重复及无价值的数据，并将过滤后的不同格式的数据实体转为统一结构传至数据服务层。数据服务层可以直接调用实体池提供的服务，从而控制物理设备。当来自上层应用程序的命令到达此层时，将调用实体池封装的设备控制服务完成设备的管理。

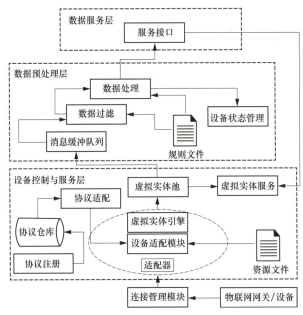

图 3-2　中间件系统结构图

虚拟实体引擎模块是物联感知中间件的核心组件。所有设备被抽象为对应的虚拟实体模型，从而异构设备具有统一的结构和属性，可以相互通信。虚拟实体引擎可以为连接到中间件的每个设备，构建相应的虚拟实体。来自底层物联设备的所有数据都通过虚拟实体形式的实体池传输到数据预处理层。该层包括消息过滤和处理引擎，消息缓冲区队列和设备状态管理器。智慧园区应用场景中涉及较多物联感知设备，且每个设备会持续感知周围的环境状态并发送数据，因此系统处理速度和性能将成为瓶颈问题。为了减轻系统压力，本中间件将数据缓存在消息队列中。考虑到物联感知应用场景下设备上传的数据通常是低价值且冗余的，因此数据过滤模块将从队列中逐步提取消息并丢弃异常数据，对于正常数据，在警告规则文件中定义了相对应的阈值规则，在规则之外的数据将被过滤。数据处理引擎能够计算出一段时间内数据的基础特征信息，如平均值、最大最小值、方差等，通过这种方式为上层提供智慧园区数据服务。该引擎将某段时间内的数据基础特征信息上传至服务层，以提供接口给上层应用调用。通过上述策略，物联中间件系统可以向上层提供稳定的智慧园区数据服务。

3.2.3　物联适配技术

智慧园区物联感知应用环境下的异构设备根据其功能通常分为三类：感知设备、控制设备和带有通信功能的物联网网关。功能不同的异构设备所具备的特征和虚拟化过程中的关键因素也不同。物联感知设备的主要功能是采集周围环境指标数据，因此物联感知设备的虚拟化要素包含感知设备采集指标数据的特征，指标数据属性应包含指标名称、指标值、采集时间以及数据单位。物联控制设备用于接收和转发指令。转发的指令所具备的属性包括指令数据、指令执行结果以及行为操作时间。物联感知网关的主要功能是作为汇聚节点，具有两种工作方式：接收感知设备上传的感知数据，并将该数据转发给物联中间件；接收物联中间件下发的指令并转发给相应的物联控制设备。为了能够对上层应用提供透明化服务，在寻址和下发指令的过程中需要精确定位每一个物理设备个体。

不同的智慧园区物联设备制造商具有不同的设备代码和标识。在抽象虚拟化过程中，每个物理设备都需要具有唯一的标识符。根据物联感知异构设备的分类以及统一资源模型的定义，将异构物理设备抽象为虚拟实体，涵盖了感应实体和控制实体的公共属性，包括统一资源标识符、设备传感网内部标识、在线状态以及创建时间。根据园区物联感知设备功能可将虚拟实体分为感知实体和控制实体，多数传感器同时检测多个指标。感知虚拟实体代表环境监控指标，其具有额外的属性：该虚拟感知设备对应的物理感知设备所监测的指标名称、监测指标的单位。控制虚拟实体用于执行中间件发送的指令并返回操作结果，具有控制指令、指令集和指令执行结果的属性。

智慧园区物联感知设备的通信协议包含两部分内容，即发送数据的结构以及各部分结构的数据所代表的意义。现阶段，物联感知设备厂商采用的获取或发送数据的方式基本可分为两类；第一类提供明确的通信协议、数据传输格式与数据包具体字段含义，如温度 / 湿度传感器通过嵌入式开发板接入网络，使用 HTTP 通信协议，数据以 JSON 的方式进行传输，协议里说明 JSON 中包含了温度与湿度的数据字段；第二类将所有数据交互的相关逻辑封装为 SDK，提供对应的接口供使用者调用，诸多物联感知设备厂商没有提供数据交互细节，有时提供 C++ 和 Java 两个版本的 SDK。

物联感知设备通信的协议解析采用"单例 + 策略"的设计模式。虽然各类异构设备的协议互不相同，但协议本身较为稳定，在短时间内不会发生变化，因此在实例化某一协议封装类后，基本不需要在运行时有任何调整。此外，接入中间件平台的某些物联感知设备可能采用相同的协议，可以提高代码复用性，避免系统资源的浪费。策略模式则是将多组算法进行封装，当运行时根据彼此的需要进行相互替代，类似于面向切片编程（Aspect Oriented Programming，AOP）。协议解析就是一个切片，在探测到接入设备的协议类型后，中间件平台使用策略模式将相应协议封装类单例传入协议加载器进行解析。

在智慧园区物联感知系统中，当外部设备向中间件发送数据时，它首先遍历缓存，并根据握手数据包标头识别其通信协议；如果无法识别，则拒绝连接；否则，它将识别并确定通信协议是否已在协议存储库中注册。如果已注册，则根据协议类型创建相应的协议适配器解析该数据包，得到发送方设备标识符以及数据实体。若该设备编号已注册至系统配置文件，则将解析后的数据流输出到上层应用，否则，系统将丢弃该设备发送的数据。在智慧园区物联感知中间件系统中，通过为每一种类型的协议创建协议描述文件并绑定对应的适配器来完成数据包解析工作，适配器由服务提供商接口（SPI）和协议适配引擎组成。指令可以通过 SPI 发送到异构设备。

3.3　数据智能技术

3.3.1　技术概述

数据智能技术架构是针对智慧园区多异构源的数据场景，在数据组织层面为数据访问、融合和智能数据应用服务提供稳定、高效的支持。数据智能技术从数据访问、存储、处理和使用等方面考虑，包括各种数据库的整合和融合。其中，主题库是在基础库的基础上对数据进行规范化处理和基于数据主题的整合；专题库是在原始数据和资源数据的基础上，构建实体的关系模型，并在此基础上形成的知识图谱；业务库是为支持不同业务场景而定义的相关数据结构；知识库是专业领域或与之相关的特色知识数据和规则方法的集合。还包括整合数据索引信息的统一索引库，记录本平台属性、位置、数据量、权限等基本信息和平台相关数据的数据资源目录，记录技术元数据、业务元数据和管理元数据的元数据库，以及计划用于交互分析和挖掘的数据实验空间和记录平台相关管理配置信息的管理信息库。

基于数据库技术，对智慧园区数据进行存储和处理，实现非结构化数据关键信息的提取、数据分类和标注等：基础库提供查询、对比、推送、订阅等服务，还为后续数据跟踪提供溯源支持；专题库是通过对基础库的数据进行清洗和标准化和轻量化整合，对全量数据的持久化层，支持数据主体库通过整合和建模形成全息视图，通过实体之间的关系构成关系知识图谱和事实图谱，共享各中心内实体之间的关系，完成实体标注、数据分析、统计、比对等服务；知识库支持外部知识数据；业务库中的业务主题库实现业务主题类分析，业务知识库聚合单个业务系统的知识，业务实体库构建业务相关模型，在此基础上实现数据统计、分析、推送和碰撞的外部服务。

数据治理是通过管理数据资源目录、元数据、分层分类和谱系等信息来保证数据融合和融合的效果，规范数据组织的形式。它还控制数据的质量，通过运维的方式确保数据在其整个生命周期中的高质量运行，实现数据的价值。

通过 API 接口提供数据共享服务，服务建设平台为应用开发提供支持。

3.3.2　数据中台

当前数据的爆发式增长及其价值的膨胀，使得数据对智慧园区的未来发展产生深远影响，将成为智慧园区的核心资产。基于数字中心的智慧园区是以大数据为核心，融合云计算、人工智能、物联网等新一代信息通信技术，打通各子系统独立数据，实现数据互通共享。智慧园区通过对数据的融合、处理、挖掘和分析，具备"透感知、全面互联、深度智慧"的能力，实现全方位、动态精细化管理，从而提高智慧园区的产业集聚能力、企业经济竞争能力和可持续发展能力。同时，基于数字中心的智慧园区也是智慧城市的重要体现，其系统结构和发展模式是智慧城市在小区域范围内的缩影，并且高度集成。

智慧园区数字化中台基于标准规范体系、运维规范管理、安全规范保障体系，基于计算存储环境、智慧园区基础设施、物联网感知设备等基础设施，提供集成管理、集成运营、集成服务三大类常见业务应用，针对智慧园区企业、智慧园区开发商、管理部门等各类角色，在大数据平台的支持下，支持智慧园区个性化业务应用的拓展，如图 3-3 所示。

图 3-3　智慧园区数据中台系统架构

　　智慧园区数据中台的建设在于信息共享。分层分割、横向解耦、独立公营业务的入口是数据中台的基本任务。数据中心由三层组成：数据模型、数据服务和数据开发。数据模型完成数据的整合沉淀，以服务的形式构建数据接口，数据开发完成数据和应用的个性化需求。智慧园区数据中心可以沉淀多种数据模型，其模型具有良好的通用性。数据进行分层划分可以管理数据模型，这是一种数据仓库模型，根据数据仓库规范分层开发，实现数据标准化。在为智慧园区构建数据服务时，开发者需要根据实际业务需求，对数据模型进行面向服务的数据封装。数据服务与业务中台的服务基本相似，但数据中台的数据封装难度往往更大。数据封装一般有两种类型的服务目标：一类是直接提供给开发者，方便开发者简单方便地直接访问数据；另一种是为业务分析师提供服务，以执行一些算法分析或数据决策，包括数据上报、可视化等功能。

　　智慧园区数据中心架构的前两层为整体数据中心建设奠定了基础，而这些原始数据和基础服务无法满足前端个性化需求，因此数据开发是连接后端和前端的重要桥梁。一般数据开发可以分为三层：第一层是标签库建设，相较于其他层次这一层构建相对简单，这主要是针对业务人员的，通常组装标签来形成营销客户群；第二层是数据开发平台的架构，面向 SQL 开发者和所有数据用户，为他们提供数据可视化处理和访问；第三层是环境和组件，面向第三层是技术人员的环境和组件，使他们能够自行构建个性化的数据产品。第三层是技术人员的环境和组件，使他们能够创建自己的个性化数据产品。这些层次是渐进的，能更好地满足不同级别员工的要求。智慧园区的数据治理任务从一开始就在进行，它类似于数据库范式，目的是更好地管理数据。这项任务包含了一整套组织、制度和技术管理行为，可以理解为广义信息治理的一个分支，一般是指管理优化、数据安全、数据资产化政策的制定，而数据治理的原因一般是为了满足智慧园区企业的突破性发展。一般来说，企业在前期业务经历艰难成长后，原有的模式已经不能满足当下业务的快速增长，需要通过新的手段实现业务突破，所以往往采用数据手段来解决这个问题。业务所需的数据必须满足准确性和及时性的要求，因此数据治理在数据中台中起着关键作用。

　　建设智慧园区数据中心，需要坚持统一数据管理，系统建设需要采用统一的数据模型和标准进行数据采集、定义和应用，建设统一标准、统一模型的数据中心，确保数据共享。智慧园区数据中台搭建，不断拓展迭代，形成智慧园区数据共享服务，通过数据聚合复用引导业务资源、系统、数据的整合，有效提升智慧园区数据服务能力。智慧园区数据中台构建三层服务架构，即数据发布源层（基础数据）、数据治理层（数据模型）和数据服务层（数据服务），通过应用构建迭代，沉淀公共智慧园区数据与服务，形成数据提供者的企业级数据服务，提供统一的服务检索和展示门户，对内支撑智慧园区的系统，对外为政府企业和智慧园区相关企业打造数据产品和服务。

3.3.3　边缘计算

　　目前，互联网和物联网数据量呈指数级增长，追求低延迟以提高效率已成为趋势。然而，传统的将数据从终端设备上传到云端，计算然后返回终端设备的云计算技术已经不能满足人们对计算效率的高要求，因此，边缘计算（Edge Computing）技术诞生了。在分布式计算、网格计算和云计算之后，边缘计算被认为是一种新的计算范式，在网络边缘进行计算，其核心理念是让计算更接近数据源。根据中国边缘计算产业联盟的定义，边缘计算是一个开放的平台，将网络、计算、存储和应用的核心能力集成在靠近事物或数据源的网络边缘侧，就近提供边缘智能服务，满足敏捷连接中行业数字化的关键需求——实时服务、数据优化、应用智能、安全和隐私。通俗地说，边缘计算就是将云的计算和存储能力下沉到网络边缘，利用分布式计算和存储在本地直接处理或解决特定的业务需求，从而满足不断涌现的新业务对网络高带宽、低时延的硬要求。

我国高度重视边缘计算的发展，主要集中在三个维度上：一是加强技术供给。工业和信息化部印发了《关于推动工业互联网加快发展的通知》《工业互联网网络建设与推广指南》《国家车联网行业标准体系建设指南》等文件，推动建立统一、全面开放的工业互联网边缘计算标准体系，鼓励边缘相关单位开展边缘计算领域的技术研究，加快产品开发和产业化。目前，我国边缘计算标准体系已初步建立，中国通信标准化协会（China Communications Standards Association，CCSA）开展了边缘计算的系统标准研究工作，形成了近 30 个在研标准。二是加强应用融合。国务院、工信部和地方政府出台相关政策，大力推进边缘计算等新兴前沿技术在工业互联网、车联网等垂直领域的研究和探索，形成一批可复制的应用模式供国家推广。目前，边缘计算在工业、农业、交通、物流等领域的试点部署越来越广泛，并取得了明显的效益。2020 年，中国信息通信研究院成立了边缘计算创新实验室，旨在打造产学研应用相结合的科技产业开放平台，推动边缘计算发展的创新载体。同时，针对边缘计算发展中产业碎片化、供给侧研发方向不明确等问题，工业互联网产业联盟启动了我国首个边缘计算产业推进项目"边缘计算标准件计划"，加速边缘计算产品形态和功能标准化的整合分类。

边缘计算通常位于物理实体和工业连接之间或之上，其应用在边缘侧发起需求，产生更快的网络服务响应，满足行业对实时业务、应用智能、安全和隐私保护的基本需求。对于智慧城市而言，边缘计算技术的不断突破和普及应用意味着许多管理和分析过程将通过本地设备实现，而无须移交给云端，并且处理将在本地边缘计算层完成，这无疑将大大提高处理效率，并减少云端负载。随着人工智能、5G、云计算的不断深入实践，边缘计算必将在大流量业务的普及中发挥更大的价值。目前智能安防、工业互联网、智能家居等已经成为边缘计算场景的主要应用，这些领域的厂商也有完整的解决方案。随着可穿戴设备和带传感器的智能设备数量的爆发式增长，未来将有更多的设备连接到物联网，对边缘侧分析和计算能力的需求将成倍增加。

3.3.4 云平台

云计算旨在通过网络将多个相对低成本的计算实体整合到一个具有强大算力的完

美系统中，并将这些强大的算力服务提供给具有先进商业模式的最终用户。通过一系列资源共享，加速资源高效流动，提升智慧园区服务的灵活性、效率和可扩展性。云服务的类型和级别包括基础结构和服务（Infrastructure as a Service，IaaS）、平台和服务（Platform as a Service，PaaS）以及软件和服务（Software as a Service，SaaS）。

1. 基础设施及服务 IaaS

IaaS 的主要任务是整合智慧园区云中的所有资源，云运营商的管理工具和各种 IaaS 服务；收集可跟踪的资源使用情况，生成分析报告、计费和审计；为智慧园区企业客户提供数据信息资源存储、系统运维等服务。IaaS 通过重组智慧园区云的硬件资源，构建服务器虚拟化、网络虚拟化和存储虚拟化三层虚拟化系统。它将底层信息技术资源汇集到一个庞大的资源池中，并通过虚拟化技术统一部署和管理。此外，它还为用户提供数据同步、数据备份和存储等服务。通过分布式存储技术，将数据和信息资源整合到一个统一的存储网络中，并利用网络扩展实现广域网上数据和信息资源的共享。此外，IaaS 还包括高性能计算系统和智慧园区网络基础等基础设施。

2. 平台及服务 PaaS

PaaS 将资源的抽象级别更进一步，为用户提供了应用程序运行的环境。对于智慧园区云，需要强大的计算和处理能力，通过与第三方服务商的合作，提供更多新的 PaaS 服务。PaaS 提供身份管理、中间件服务、多租户技术、应用服务器、开发和测试平台以及信息系统平台等平台设施服务。PaaS 通过使用软件体系结构模型支持多租户方法，该模型允许多个不同的用户同时使用相同的系统或程序软件，并确保不同用户之间的数据隔离。这种多用户方法对基础架构平台的安全性、稳定性和可靠性提出了很高的要求。

3. 软件及服务 SaaS

SaaS 为园区内不同行业的企业提供软件服务，让智慧园区的企业和用户真正实现"交钥匙"。SaaS 是一种新的软件开发模式，它利用互联网提供通用应用程序、标准工具和专业的业务系统。通用应用系统包括办公、邮件、HRM（人力资源管理）、CRM（客户关系管理）、智能分析、即时通信、会议管理、资产管理、报表管理等；标准工具包括文字处理软件、图像处理软件、杀毒软件、视频处理软件等；数字化专业业务系统包括人口基础数据库、公安、信息服务、数字政务、支付结算、停车服务、停车卡等。

云计算在园区的应用，一方面可以为物联网和 GIS 提供强有力的支撑，可以使其信息海量更大、更全面；另一方面，可以结合 BIM 模型等进行仿真，为园区建设过程中的决策提供相关建议。例如，它可以计算公园内景观石对周围建筑物的光影响，或者模拟建筑物施工阶段的设计变化，以方便管理人员的决策。具体而言，以下两类云计算平台具有很强的可行性：

（1）园区运维单位建立专门的私有云平台，仅供园区使用，由园区运营维护。该平台对安全性的要求较低，但可以确保数据直接存储在公园中，以便于检索。

（2）直接租赁大型云平台中心的计算资源，平台中心服务商直接提供相关服务。该平台由平台服务提供商直接维护，具有更高的安全性能，但平台实际上存储在园区外。

3.4 数字孪生技术

3.4.1 技术概述

智慧园区是由具有不同功能和结构的子系统组成的有机整体，是新型智慧城市的缩影。智慧园区构建了单元级、系统级、复杂系统级层次清晰、系统联动的智慧园区数字孪生，可以从不同角度反映智慧园区的运行状态，满足现阶段智慧园区数字孪生的建设需求。智慧园区数字孪生的应用可以延伸到园区的规划、建设、运营和运维阶段，从而实现智慧园区运营效率和管理质量的大幅提升。在规划阶段，智慧园区数字孪生整合了土地、环境、水系、市政、交通、能源、通信、工业等规划数据，实现园区整体规划、细控规划、各专项规划的动态监管、一体化可视化和冲突检测。在建设阶段，园区数字孪生可实现工程项目从设计施工到竣工全过程对工程进度、成本、质量、安全、绿色施工、人工的数字化综合监管，确保重大工程项目按时、按质、安全交付。在运营阶段，园区数字孪生可以实现智慧园区基础设施、地下空间、能源系统、生态环境、道路交通运营的实时监控和预测性维护、快速响应和应急处置能力，以及决策推演和灾害防控，使园区运行更加稳定、安全、高效和经济。

园区数字孪生技术的核心在于对园区孪生数据的采集和持续更新。实体园区的虚拟建设无法进行的虚拟实验，通过全息镜技术进行虚拟实验的投影和数据分析，实时监控实体园区，高效实时的智能终端或各类设备在智慧园区辅助模拟、指挥决策和及时维护，最后再次运用地图技术，使园区各项功能系统清晰化，助力园区实现智能化、企业化。实体园区数字孪生的建设需要经历孪生数据提取、孪生模型构建、孪生模型与数据应用相结合三个阶段。其中，双胞胎模型的构建是核心。根据时间跨度构建的智慧园区数字孪生模型只是一个初始模型，需要与智慧园区的物理世界不断迭代和训练，才能获得成熟的"孪生模型"，为数据全生命周期的流动提供支持。

在技术层面，数字孪生赋能智慧园区治理，使园区治理体现虚实结合、高仿真、实时连接、动态交互、多层扩展等智能特征。现实与虚拟的结合，意味着智慧园区治理中的物理空间与数字空间紧密结合，实现双向映射，共同参与数字模型的构建和表达；高模拟是指数字孪生与园区物理实体之间的高度拟态，以及园区形态、状态和时间性方面的高度模拟；实时连接涉及智慧园区数字系统的保真度和速率以及随时的数字更新；动态交互是指园区物理实体与数字空间之间的动态实时互配置，以及数字模型之间通过转换和合并进行操作和处理；多层扩展是指在数字孪生中对园区的物理空间进行多尺度、多层次的扩展和建模。数字孪生就像设置了一个"智能大脑"，将物理空间和虚拟空间融为一体，可以接收和发送双信号，这样不仅园区的公共服务产品具有数字化特色，而且通过数字孪生技术可以改变园区的治理流程和模式。

数字孪生技术作为新型智慧园区建设的创新领先技术，具备多维度整合物理空间、社交空间、数字空间的能力，在实现园区数字化、可视化、智慧赋能方面具有天然优势。基于数字孪生，构建智慧园区数字孪生技术体系，包括面向楼宇和建筑物的建筑信息模型（BIM）技术、面向全园区和全市的城市信息模型（CIM）技术。基于系统孪生的时空信息平台，实现园区全流程、全场景、全生态数字化系统的构建。

3.4.2　BIM 技术

BIM（建筑信息模型）技术由欧特克于 2002 年首创，并得到了全球业界的广泛认可。它可以帮助实现建筑信息从建筑的设计、施工、运营到建筑生命周期结束的整合，各种信息始终集成在一个三维模型中。借助信息数据库，设计团队、施工单位、设施运营部门和业主可以基于 BIM 协同工作，有效提高效率，节约资源，降低成本，实现可持续发展。

BIM 的核心是通过建立建筑项目的虚拟三维模型并使用数字技术，为该模型提供完整且一致的建筑工程信息库。该信息库不仅包含描述建筑构件的几何信息、专业属性和状态信息，还包含非构件对象的状态信息（如空间和运动行为）。借助这个包含建筑工程信息的三维模型，大大提高了建筑工程的信息集成，从而为建筑工程项目的利益相关者提供了一个交换和共享工程信息的平台。

通过整合基于数据和信息化的建筑物模型，BIM 在项目规划、运营和维护的整个生命周期中共享和交付，使工程技术人员能够正确理解和高效响应各种建筑信息，为设计团队和所有施工实体（包括施工和运营单位）提供依据，在提高生产力、节约成本和缩短工期方面发挥重要作用。

BIM 作为数据和应用的"双载体"，不仅实现了园区全生命周期的数据存储和渗透，而且通过场景建设、规划、建设和管理应用相结合，形成了一套智能化管理模式，推动园区全方位转型升级。

1. 场景构建

智慧园区的关键是打通全生命周期的数据通道，构建可视化的数字孪生园区。基于 BIM 技术，创建园区规划阶段的规划 BIM 模型、施工阶段的施工 BIM 模型、竣工后的运维 BIM 模型，共同构成了双园区的数据场景。模型涵盖道路基础设施、房屋建筑、地下管网、地质岩层等。BIM 模型及其存储的属性信息将根据实体园区的建设进度同步更新，使智慧园区中的三维场景与真实场景保持一致，从而穿透智慧园区全生命周期的数据，为其应用提供场景依据。

2. 规划应用

在园区规划阶段，资源配置、设施选址、空间定位、可持续发展等问题亟待解决，而传统规划无法充分感知真实的三维空间环境。通过 BIM 技术，对园区基础设施、房屋建筑和地质条件进行三维建模，可以直观地还原园区的原始面貌，评估特定区域的空间自然和环境状况，形成空间规划解决方案，在评估比较不同的规划方案后，以更科学的方式为园区后续建设提供空间规划依据。

3. 建设应用

在园区建设阶段，工程项目建设阶段生产周期长，涉及参与方多，产生的信息较多，建设阶段的信息大多来自项目的实际情况，需要园区管理者对工程项目有较高的控制能力。通过深化规划 BIM 模型的细节，形成施工 BIM 模型，1∶1 还原工程区域的施工状态，直观地展示工程布局和进度。同时，利用施工 BIM 模型对工程体量进行精确计算，从 BIM 模型输出工程体量进行资金结算。

4. 管理应用

在园区管理阶段，传统的手段、理念和工具比较单一，管理流程复杂，效率低下，成本高。施工 BIM 模型完整记录了项目的规划、施工和竣工信息，转型为 BIM 管理模式后，持续为园区管理提供更深层次的智能化、综合性应用服务。对于地下管网，BIM 模型可用于给排水管网的实时监测预警，包括水质监测与分析、管道爆裂监测预警、洪水模拟分析与预测；对于道路，BIM 模型可以实时监控道路损坏状态，自动进行报警处理和故障定位，并进行故障记录和统计。通过 BIM 技术进行细化运维控制，可提高效率，降低管理和运维成本。

BIM 作为实现智慧建设的重要工具，在智慧园区的建设中，具备以下优势：

（1）BIM 以具有分层结构的三维视觉模型的形式呈现，直观易懂。该模型集成了全面的项目建设和管理信息，不仅用于虚拟施工和其他模拟，还用于各种外部环境下建筑性能的分析和计算。

（2）BIM 几乎整合了所有信息，包括材料、结构系统、节能措施等。在施工过程中，还可随时更新或补充。并且 BIM 可以在施工完成后继续应用于运维阶段，避免了信息缺失等。

（3）BIM 为所有参与单位提供了一个合作的平台。所有参与单位都可以检查或补充 BIM 模型中的信息。同时，通过 BIM，可以实现所有参与单位之间的实时互通，从而提高效率，并降低出错概率。

（4）BIM 可以与物联网集成。物联网收集的信息可以集成到 BIM 中，提高 BIM 模型中信息的全面性，同时 BIM 还可以模拟和优化物联网，指导物联网在园区的布置和布局。

（5）BIM 是对智慧园区核心技术 GIS 的补充。BIM 可以为 GIS 提供可视化的建筑信息模型，方便 GIS 采集建筑信息并进行具体的空间分析计算。同时，GIS 可以为 BIM 模型提供更准确的地理信息位置，使 BIM 模型更加直观和准确。

3.4.3　CIM 技术

CIM（城市信息模型）被广泛理解为"GIS+BIM+IoT"的技术融合，它从单个建筑物或项目扩展到整个城市，可以数字方式表达城市的所有元素及其时空信息。2022 年 2 月，住建部发布《城市信息模型基础平台技术标准》，对 CIM 技术提出了统一的标准和要求。

一个运作良好的智能园区的结构非常复杂，随时处于变化状态。园区 CIM 基于部署在智慧园区楼宇内外的信息感知终端设备，并与各专项业务智能应用对接，统一采集和管理智慧园区各类运营数据，构建智慧园区基础数据库。通过各类数据资源的整合、分析和共享，信息感知终端设备的集中管理和合理利用，实现楼内外、地下各类特种作业联动，提高园区设施等综合安保力量及其状态管理的部署和动态协调调度水平，支持智慧园区物业管理部门对智慧园区运维状态进行实时监控。CIM 平台以数字方式描述和表达智慧园区地上地下、室内外各种物理目标的时空状态及其历史、现状和未来多维度、多尺度的信息。智慧园区的 CIM 平台使园区实现全方位、动态的精细化管理，从而提高园区的产业集聚能力、企业经济竞争能力和可持续发展能力。智慧园区的 CIM 平台包含应用层、支撑层、网络传输层和感知控制层四层，上层都依赖于下层；还存在标准规范体系和安全运维保障体系，两套体系对四层都有绑定关系。

感知控制层包括支持园区 CIM 平台运行的楼宇软硬件设施，包括摄像头、RFID、读卡器、二维码、报警探测器、对讲机等。可以记录园区内的事件，例如人员（访问记录、入侵分析、旅行服务、人群聚集等），地点（空置车辆、环境数据、照明信息、音频数据等），业务（资产管理、车辆管理、火灾预警、安全管理等）和事物（停车识别、设施状态、行为分析等）。

网络传输层是通过以太网、WLAN、5G、NB-IoT 等技术提供数据传输和轻量级处理，向其他层提供数据通信服务。

支撑层是聚合分散、异构的应用和信息资源的平台，提供支持信息访问、交付、协作以及云计算和大数据分析的集成环境，通过统一的开放能力平台，实现个性化业务应用的高效开发、集成、部署和管理。

应用层面向公众、园区企业、服务商、管理等各类用户提供有针对性的智慧应用，包括园区综合治理、园区产业运营、园区智慧服务三大常见业务应用，并可延伸至园区个性化业务应用。不同园区有不同的个性化服务需求，每种类型的园区都应根据自身发展重点构建个性化的应用体系。

CIM 应用于智慧园区安防、设施管理、能源管理、生态环境监测等业务领域，增强对管理对象和问题的智能感知和自动识别，全面协调调度智慧园区各类运营保障力量，实现园区管理效率的提升。在智慧园区信息资源建设中，实现各类数据的共享，避免重复采集处理。在运营管理业务中，各专项业务相互协调、联动，各板块结合。比如，在园区的运营管理中，根据业务需求，部署安全力量，动态协调调度。智慧园区的运营管理和安全服务是基于对智慧园区运营状态的综合控制，需要通过信息资源的全面融合、整合、分析、共享以及各业务的联动来实现对智慧园区运营状态的控制，拓展智慧园区专项经营管理一体化的范围和深度，突破时空限制，将管理触角延伸到每一寸空间、每一台设备、每一种能耗，实现智慧园区专项经营管理一体化。而将 CIM 集成的 BIM 技术应用于单体自治管理层面进行精细化管理，将 CIM 集成的 GIS 技术宏观分析和仿真展示的优势应用于智慧园区的区域协调和通用控制层面进行协调和通用控制，利用与 CIM 集成的物联网技术实现即时高效的协同管理。同时，充分结合单一实体自治精细化精准化管理与智慧园区集约高效的区域协调、总控优势，形成两级联动管理模式。

在区域协调和一般控制层面，将它从各种专用商业智能应用程序和它们部署的各种信息传感终端设备中访问各种业务数据，从而全面集中地收集安全、设备监控、能耗监管、智能卡、停车管理监控、生态环境监控、园林管理、水管理、管廊（网络）监控、环境卫生监控、市政公共服务设施及景观设施监控、城市外观秩序问题监测、园林设施监测、智能灌溉监测、森林监测、涉水信息监测、公共区域无线局域网接入设备运行信息、信息引导和发布终端设备运行信息、智能多功能杆集成终端设备运行信息等实时性传感数据及其分析结果。实现智慧园区楼宇内外人（安防）、土地（生态环境监测）、物（设施管理、能源管理）的精细化、动态化、智能化、一体化管理，为智慧园区高标准运维管理、综合功能提升提供全面支撑。

3.4.4　时空云平台

1. 时空云平台的构建

信息对象是智慧园区中以信息技术形式可以感知或想象的任何东西，包括园区内的人、事件、建筑物、广告、物流、舆情和天气等。目前，智慧园区中传统信息对象的时空系统大多只能独立模拟时空特征，两者无法紧密结合，只能表现信息对象时空特征的瞬态，而无法描绘时空特征的连续变化。即使园区用户可以从一张或多张地图图片中获取信息对象的时空信息，但这种时空信息是瞬态的、孤立的，缺乏时空联系，无法描述智慧园区信息对象时空要素的动态变化。然而，智慧园区的时空数据系统存储了智慧园区演进过程中信息对象的时间信息以及相应的空间信息和属性信息，可以准确显示智慧园区过去、现在和未来的时空状态。因此，需要提取智慧园区地图图像中的时空特征，变静态为动态，化孤立为连续，构建连续的时空背景，为时空关联信息系统提供数据支撑，实现智慧园区信息对象在时空数据系统中的动态展示。

2. 时空云平台架构下的数据多维度关系

在时空云平台架构下，智慧园区的数据是多维度的，包括时间维度、空间维度和属性维度。时间维度是指数据的空间信息和属性信息随时间变化，具有时间性。在时间维度上，信息对象的空间信息和属性信息随时间变化，具有可变性和不确定性。空间维度是指数据的空间信息具有准确的空间位置和特征分布，并且是可测量的。在空间维度上，信息对象的空间形式包含点、线、面、体等不同的几何形状，空间关系包含弧段、树形结构、网格结构等拓扑关系。空间尺度是灵活的，即空间尺度的变化。属性维度是指对象可以随着时间的推移在空间维度中加载相关的属性信息，这是多分支、多层次的。在属性维度上，信息对象属性信息的状态和变化与当前时空密切相关。此外，时空数据中的空间语境实时变化，时间语义尺度不同，具有多源异质性的特点。智慧园区时空关联信息系统的技术实现与应用研究包括时间点或时间段的时空状态查询、事件对象查询、人物对象查询等信息查询和显示功能，以及时空相关关系动态展示等数据分析与挖掘功能，挖掘隐藏的时空信息，探索物体的因果关系。为了满足智慧园区时空系统中信息对象的动态展示，必须重新设计合理的数据结构模型。

3. 时态数据系统的结构

时态数据系统中智慧园区的时态数据使用唯一 ID 来表示信息对象。以有效时间为基础，以时间元素为区间划分多个时间点。每个时间点都有与之对应的空间信息和属性信息，表达该时间点的时空联动。通过拓扑结构记录智慧园区信息对象内部和之间的时空关系和演化过程。智慧园区时空数据系统架构中的空间信息主要由园区地理图、园区区域轮廓、园区轮廓内的地名信息组成。时空架构以年为时间单位来更新空间状态，但存在面积等值线的空间信息在多个时间单位内不变或变化可以忽略不计的情况。如果存储所有时间单位对应的智慧园区空间信息，会造成大量的数据冗余，给数据服务器带来压力，不利于时空架构的扩展。

智慧园区时空数据体系依托物联网、5G、云计算、大数据等技术，基于分布式存储引擎、虚拟化系统和三维时空建模，部署园区级甚至市级时空信息云平台，统一时空基准，丰富时空数据，开展智慧园区时空数据体系的设计与建设。智慧园区的时空数据体系主要包括基础设施层、数据管理层、服务平台层和应用表达层。基础设施层采用超融合部署云平台，包括网络系统、服务器集群系统、存储备份系统等物理环境，以及专用机房环境和物联网等。通过获取具有云计算特性的运行环境和分布式云存储所需的环境，实现智慧园区 GIS 服务在云环境中的部署和发布，满足系统对计算、存储、I/O 吞吐量、安全性、兼容性、维护便利性等方面的要求。数据管理层主要包括时序基础时空数据、公共专题数据、物联网实时感知数据和自然资源专题数据。智慧园区所有时空数据统一到 2000 年国家大地坐标系，对地理信息数据要素进行提取和处理，通过重组和属性扩展形成时空数据，作为获取、整合、共享和交换各种专题数据的基础。按照地理网格化采集行业专题数据，通过地理实体编码进行融合关联，为智慧园区综合决策应用提供数据支撑。服务平台层基于时空数据库，实现智慧园区不同层次的时空信息服务和能力支撑，可根据不同需求提供不同类型的时空信息服务、智能服务和政府信息。通过时空信息服务与交换，实现智慧园区各部门和驻地企事业单位之间时空信息的有序交换和信息共享，实现时空信息的协同利用。该服务可以根据从外部交换、提取和融合的主题业务数据提供各种专题地图服务。同时，可以基于时空数据库进行数据挖掘和智能分析，使上层应用变得更加智能和空间化。应用表达层，即智慧园区的时空信息应用系统，依托时空数据库和时空信息服务平台，全面支撑园区自然资源管理、数字园区建设等智慧应用需求。

智慧园区综合时空信息决策原型系统以登记中心为桥梁，通过对园区管道、供水、电网等突发事件建模，实现园区内管道、供水、电网等突发事件建模、基础地理信息接入耦合，实现事件建模结果、多源时空数据和模型计算结果的统一接入、一体化管理、标准化检索和共享，传感器和观测监测数据、地理空间模型管理，用于决策的时空信息聚焦服务，以及公园时空信息资源和决策过程的实时动态可视化。在智慧园区决策事件驱动的时空信息聚焦服务中，登记中心、园区突发公共事件、园区时空信息资源、聚焦服务与以登记中心为中心的社会主体之间发生直接或间接的互动。交互过程主要包括时空信息资源注册、事件触发、抽象服务链查询与获取、服务绑定与数据关联、服务链实例执行与分析处理结果注册信息构建、分析结果注册与共享、分析结果获取与决策处置等，从实现对发生事件的抽象决策驱动，聚焦发生事件的决策处置能力，全操作过程实时监控，决策结果联网共享。通过智慧园区公共突发事件引发的决策过程，支持决策服务的组合和优化，为政府、企业、用户等不同社会主体提供及时、可靠、个性化的时空信息服务，高效收集智慧园区的数据、服务和决策模型等时空信息资源，实现事件发生、信息处理和决策支撑的联动机制，提升园区综合决策智慧服务能力和科学决策水平。

4. 时空云平台组织

利用基础时空网格系统，针对智慧园区多源异构数据建立面向内容的统一时空网格索引，使前端应用能够根据时空网格部署数据资源。基础时空网格体系结构包括基础空间网格、基础时间网格和地名地址对象网格，多级时空网格系统是该体系结构的基本结构，网格以代码的形式存储在数据库中。基础时空网格系统规则是时空决策数据组织的基础，是时空分析的基本单位，也是数据融合的标准体系。基础时空架构独立于具体数据，网格划分是静态的，不会因城市扩张、行政区划合并、抽离拆分等而改变。不同时间的信息网格在空间上具有可比性，可以很容易地在时间序列中进行分析。同时，各种定量统计指标都基于共同的基础时空架构，这也有利于对不同行业的统计数据进行时空比较和分析。

基础空间网格是专为智慧园区设计的一套多层次、多尺度、统一的地理空间网格系统，包括空间网格划分规则和编码规则，为数据融合、调度和分析提供了统一依据。基础空间网格编码应包含空间位置信息和层次关系，以便通过编码解析位置和比例。将连续时间离散形成多尺度基础时间网格，作为在时间维度上组织数据的一种方式，是以时间为线索进行数据检索和融合的基础设施。基础时间网格编码应包含多刻度时间信息，以便解析编码中的时间粒度和时间值。地名地址对象网格是地名地址空间范围的格网表示，是基于基础空间格网的格网集合。网格化地名地址是智慧城市的公共基础数据，其目的在于它们可以作为数据聚合、统计和分析的基本空间单元。地名地址对象的网格代码以基础空间网格代码为基础，记录地名地址的区域范围信息。

将结构化和非结构化大数据注入时间、空间和属性"三个领域"，这是时空大数据建设的基本特征。其中，时间标识符标记数据的时效性，空间标识符标记空间特征，属性标识符标记数据所属的领域、行业和主题。

5. 空间架构与数据映射

智慧园区的空间架构是连接园区物理世界与虚拟世界的连接器。无论是强调时间还是空间，无论是连接大数据（时空大数据）还是物联网（实时空间数据），无论是激光点云、倾斜摄影、街景，还是航拍、透视 3D，其核心都是空间架构，必须与物理世界一对一对应，全面覆盖，同步更新，可计算，支持定位。时空大数据可以分为时空和大数据两部分。首要任务是构建与物理空间平行的虚拟公园空间及其三维网格，构建全息空间数据模型，支撑叠加在其上和其中的各种专题数据，真正形成可动、可静态的时空大数据体系，从主动服务向泛在服务、智能服务跨越。

　　智慧园区的时空大数据主要包括时序基础地理信息数据、公共专题数据、智能感知实时数据和空间规划数据，这些构成了智慧园区建设所需的时空数据资源，包括上下、室内外、虚实融合。智慧在智慧园区建设中体现的关键在于联想与预测：人类行为和事件的知识与无处不在的人、事件、场所、设施和组织的位置相关联，即完整的空间信息表达。将基础时空数据与物理空间、信息空间和社会空间深度融合，建立地上地下、室内外、现实与想象融合的全息数据模型。拟建立的全息模型包括空间尺度上从微观到宏观的空间范围；空间内涵上的人、机、物混合的三元世界；信息内容中的事物信息、认知信息等多维信息。信息特征中的时间、空间形态、属性、认知、行为等多重特征是一个多粒度时空对象模型，其建立过程是一个极其复杂的过程。全息数据模型将整合智慧园区建设中几乎所有的时空数据资源，实现地上与地下、室内与室外、虚拟与真实时空数据的一体化管理，如图 3-4 所示。

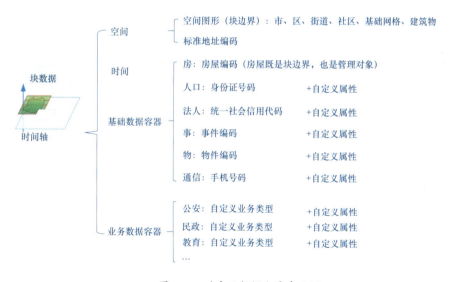

图 3-4　时空云数据全要素示例

3.5　人工智能技术

3.5.1　技术概述

自 1990 年以来，计算机的计算能力一直在增加，人工智能的桎梏被打破。同时，下一代信息技术的快速普及也推动了人工智能的大规模商业化。此后，人工智能进入了快速发展阶段。人工智能的定义尚未形成统一，我国《人工智能标准化白皮书（2018）》将人工智能定义为"利用数字计算机或数字计算机控制的机器模拟、扩展和扩展人类智能，感知环境、获取知识并利用知识获得最佳效果的理论、方法、技术和应用系统"。加州大学伯克利分校人工智能系统中心创始人斯图尔特·拉塞尔（Stuart Russell）将人工智能分为四类：像人一样思考的系统、像人一样行动的系统、理性思考的系统以及理性行动的系统。

现代 ICT 将人工智能视为计算机科学的一个分支，该领域主要包括机器学习、知识图谱、自然语言处理、人机交互、计算机视觉、生物特征识别、AR/VR 等关键技术。此外，人工智能技术与神经科学、概率论、控制论、计算科学、心理学、语言学、仿生学等多个学科融合，是一个具有集成应用的学科理论体系。

在智慧园区建设中，人工智能技术是不可或缺的一环，智慧园区势必会将人工智能技术运用到园区大数据挖掘、各类信息的共享利用、园区的安全建设与保障等方面。建设新型智慧园区的关键是加快 AI 人工智能产业集群建设，为培育高端智慧经济奠定产业基础。智慧园区是数字化建设的重要落地点，智慧园区建设过程中融合了信息采集、高速信息传输、高度集中计算和智能交易处理能力，在智慧园区建设中实现海量数据融合、存储、挖掘和分析，不断重构园区运营信息化的新发展格局。

3.5.2　计算机视觉

计算机视觉技术是指通过模拟人类视觉的计算机观察和分析图像的视觉过程。它要求计算机在人工智能过程中具备利用图像感知周围环境的能力，并模拟人类视觉功能的具体过程，进而实现对相关图像的智能处理。计算机视觉技术是一种模拟人类对环境感知过程的人工智能技术，该技术融合了多个学科和技术，包括图像处理、人工智能、数字技术等。这项技术在计算机的发展中有着非常重要的作用，特别是在现代社会，人们需要计算机来完成更多的智能行为，来代替人类解决一些特殊的环境工作。在未来的机械自动化生产中，该技术可以用来提取客观事物的图像，然后用于生产过程中的检测和控制技术，与传统的自动化控制相比，可以实现更快、信息更多、功能更强大的控制作用。

针对智慧园区安防应用，基于高清摄像头监控的计算机视觉系统主要包括六个子系统，即高清前端子系统、派出所融合中心子系统、分支机构中心平台子系统、社会影像监控资源接入子系统、传输存储子系统、管理与综合应用平台子系统。

高清前端监控系统由前端配置 200 万像素以上的高清网络摄像机，用 8 ~ 80 mm 手动变焦镜头获取，输出 IP 网络视频信号，光收发发射器将 IP 网络信号转换为光信号，光缆传输到派出所中央机房，将光收发机接收器转换为 IP 网络信号，接入图像网络交换机。高清网络摄像机需要以三种流输出高清、标清和摘要图片。来自前端的高清图像连接到图像网络的汇聚交换机，并通过高清解码器显示在屏幕上，而高清流通过图像网络通过 NVR 传输到分支机构的流媒体转发服务器，然后传输到本地或分支机构应用系统。输出的 SD 模拟信号连接到原系统模拟矩阵，SD 流也可以通过分支机构配置的 SD 流媒体转发服务器传输到负责单位或分支机构应用系统。分公司配备高清转发服务器和 SD 转发服务器。高清转发服务器负责在分支机构与主管部门、分公司与负责单位之间转发高清监控点资源，SD 转发服务器负责在分支机构或主管部门之间转发高清监控点输出的 SD 视频流。实现主管部门平台和负责单位系统的高清图像信息实时浏览、历史视频回放和解码显示功能。社会单位建设的监控资源需要与公安影像监控系统实现单向联网，利用经济有效的接入，最大限度地保护社会单位原有资源。对于视频监控系统来说，视频传输和存储归档是其基本任务和功能要求，也是安全防控领域最重要的应用需求（如事后分析、目标搜索、取证等），因此需要根据视频流量扩展现有的传输网络，并选择合适的视频存储架构模型，集成应用管理和应用平台子系统，实现不同设备和系统的互联互通和相互控制，实现视频音频和报警信息的采集、传输 / 转换、显示 / 存储和控制；身份认证和权限管理，确保信息安全；支持与告警系统联动，提供与其他业务系统的数据接口。

3.5.3 机器学习

机器学习主要是指通过系统化或知识识别，科学地提高机械学习能力，从而获得新技能和新知识。机器学习提供的学习方法与人类类似，如果不通过系统学习或未能掌握合适的学习方法，可能难以掌握一种新的问题分析、解决问题的方法，因此机器学习要实现持续创新、持续发展，正是迎合了当前人工智能领域快速发展的要求，它建立了一个具有特定实践方向的知识体系，可以解决某些实际问题，是人工智能领域最不可或缺和最重要的技术。从专业角度来看，机器学习具有高度发达的感知能力和并行信息处理能力，其技术在智慧城市建设的应用中有很大的发挥空间，主要应用于图像识别、语音识别等领域，取得了令人瞩目的成就。机器学习可以分为三大类：监督学习、无监督学习和强化学习。监督学习包括分类和回归算法，这些算法基于输入和输出训练数据构建，可用于预测与新输入数据对应的输出。当输出只能取一组有限的值时，使用分类算法；当输出可以取一定范围内的任何值时，使用回归算法。无监督学习只能识别训练数据的共同特征，即在输入数据中寻找结构，并对新数据中呈现或缺失的共同特征作出判断，如聚类分析。强化学习是研究算法如何在动态环境中执行任务以最大化累积奖励，例如博弈论、遗传算法等。

1. 监督学习

函数（模型参数）是从给定的训练数据集中学习的，当新数据到达时，可以根据该函数预测结果。监督学习的训练集要求包括输入和输出，也可以描述为特征和目标。训练集中的目标由人类标记。监督学习是最常见的分类（注意与聚类的区别）问题，通过现有的训练样本（即已知数据及其对应的输出）进行训练得到最优模型（这个模型属于某一组函数，最优意味着某一评估标准是最优的），然后用这个模型将所有的输入映射到相应的输出，并对输出作出简单的判断，实现分类的目的。这是对未知数据进行分类的能力。监督学习的目标往往是让计算机学习我们创建的分类系统（模型）。

2. 无监督学习

无监督学习是指训练模型的输入数据未被标记且没有明确结果。样本数据的类别未知，需要根据样本之间的相似性对样本集进行分类（聚类），以尽量减少类内差距，最大化类间差距。通俗地说，样本的标签事先并不知道，训练样本没有对应的类，所以分类器设计只能从原始样本集中学习，没有样本标签。

无监督学习的目标不是告诉计算机该做什么，而是让计算机自己学习如何做事。关于无监督学习有两种思考方式：第一种是指导智能（Agent）而不为其指定明确的分类，而是在成功时使用某种形式的激励系统。重要的是要注意，这种类型的培训通常放在决策问题的框架内，因为它的目标不是产生分类系统，而是作出最大化奖励的决策。这种思路是对现实世界的一个很好的概括，在这个世界中，智能（代理）可以因正确的行为而受到激励，并因不错误的行为而受到惩罚。无监督学习的方法分为两大类：一类是基于概率密度函数估计的直接方法：它意味着试图找到特征空间中每个类别分布的参数，然后对它们进行分类。另一类称为基于样本之间相似性度量的简明聚类方法：原理是尝试确定不同类别的核心或初始内核，然后根据样本和核心之间的相似性度量将样本聚类到不同的类别中。利用聚类结果，可以提取数据集中的隐藏信息对未来数据进行分类和预测，通常用于数据挖掘、模式识别、图像处理等算法。

3. 强化学习

强化学习是智能体通过"试错"进行学习并与环境互动以获得指导行为的奖励的一种方式，目的是最大化对智能体的奖励。强化学习中环境提供的信号是对动作产生程度的评估（通常是标量信号），而不是告诉强化学习系统如何产生正确的动作。由于外部环境提供的信息很少，系统必须通过自己的经验来学习。通过这种方式，系统在"行动评估"环境中获取知识，并改进其行动过程以适应环境。

3.5.4　元宇宙

元宇宙时代的智慧园区应基于数字孪生、5G/6G、大数据、云计算、区块链、机器视觉，以及虚拟现实、增强现实、混合现实、扩展现实和替代现实（机构现实）等关键技术。元宇宙主要通过应用脑机接口和体感设备来实现，与人类主体形成虚拟空间，可以体验并与现实互动。这种虚拟空间可以为用户提供沉浸式体验，与真实园区紧密结合（如身份体系、社会制度、经济体系、医疗体系等的融合），兼顾多场景和元素中的真实环境，独立深入学习和挖掘园区的运行机制，融入人的意识，打造虚拟世界，并实现物理世界和虚拟世界的全智能自适应优化，甚至可能让用户在虚拟世界中体验现实并与现实互动。它甚至可以允许用户在虚拟世界中人为地、积极地改变现实世界。

AR、VR 和数字模拟等技术重构线上电商场景，在元宇宙中打造购物中心，并通过一键下单的简单操作，在游戏般的体验中就能完成消费。古驰与 Roblox 合作推出虚拟展览，玩家可以享受展览和购买虚拟单品。此外，元宇宙能够摆脱实体店的格式和功能。一些企业正借助 AR 技术以帮助客户通过手机摄像头试戴口红色调和发色等化妆品，并且正在探索更具想象力的数字购物体验。

随着新冠疫情的到来，远程办公变得越来越普遍，但传统的远程办公仍然面临一些问题，如真实感低、缺乏实时互动、沟通效率低等问题。谷歌推出了"Project Starline"项目，该项目旨在将远程互动的形式 3D 化，允许参与者从不同角度观察与他们聊天的人，并进行身体或精神互动。Facebook 推出了远程协作工具 Horizon Workrooms，让佩戴 VR 设备的员工在同一个虚拟会议室进行面对面交流，打破屏幕的壁垒，体验 3D 沉浸式场景，大幅提升了会议效率，使得会议参与感大大增强。

随着新媒体技术的兴起，以 Teamlab 为代表的一批新媒体展览设计团队将"沉浸式"和"互动性"作为展览的重中之重，Netflix 展览（"网飞展览"）由此诞生。未来传统文化产业以元宇宙赋能，对于文化遗产的传承和保护更有意义。可以环游世界，同时中国文化可以传播到世界各地。在陕西省西安市，以唐代历史文化为背景的"元宇宙"项目"大唐－开元"，白天是旅游景点，晚上借助声、光、电技术，成为时光隧道，沉浸在唐代。上海海昌海洋公园携手打造"水下奇幻万圣节季——开启青年社交元宇宙"主题活动，实现现实与虚拟的连接，带来无限的想象。

3.5.5　ChatGPT

ChatGPT 是一种人工智能技术驱动的自然语言处理工具，它使用 Transformer 神经网络架构，也称为 GPT–3.5 架构，这是一种用于处理具有语言理解和文本生成功能的顺序数据的模型，特别是它通过连接到包含真实世界对话的大型语料库来训练模型，使 ChatGPT 能够同时了解天文学和地理，并根据真实的人脉进行互动。ChatGPT 不仅是一个聊天机器人，而且还能够执行诸如编写电子邮件、视频脚本、文案、代码和翻译等任务。它在智慧城市和智慧园区应用中是可行的。

ChatGPT 模型效应的成功离不开三个基石：

（1）强大的预训练模型能力，即大型预训练语言模型 GPT–3。这个模型家族，参数数量大小从 13 亿到 1750 亿不等，被认为是 OpenAI 目前大型模型的基石，但它只学习相关性，并不能保证预测结果是否与人类认知相符。

（2）基于人类反馈的模型训练。OpenAI 的 RLHF 通过人类参与的训练过程，由人类注释者提供高质量的筛选和验证，以确保模型的输出与人类认知更加一致，并根据人类的喜好微调机器学习模型。

（3）通过强化学习将人类反馈和大参数模型相结合。OpenAI 提出的 PPO 强化学习算法成功地将 GPT 和强化学习模型相结合。利用 PPO 算法，将人类反馈奖励学习到强化学习的策略中，使监督相关性模型和人类意图真正结合到新的学习模型中。总而言之，ChatGPT 为智慧园区带来了更多的惊喜和乐趣。它不仅可以直接进行智能对话，还可以帮助解决日常生活中的各种问题。

3.6　综合集成平台技术

3.6.1　技术概述

智慧园区集成应用技术的核心是各平台模块之间的安全连接、微服务引擎和商业智能集成。其中，安全连接是打破不同业务系统之间的壁垒、连接独立的业务流程，使线下业务上线，通过统一的接口打通人、业务、设备之间的数据流，提高业务和流程的运营效率；微服务引擎是面向各种应用的中间件，为用户提供注册发现、服务治理、配置管理等高性能、高弹性的平台，为用户提供注册发现、服务治理、配置管理等高性能、高弹性的平台服务能力，以适应各种接口方式，管理同步、异步通信，数据格式转换、术语注册和转换等；商业智能融合是一个数字服务中心，融合各种技术和数据，赋能应用，通过平台开发工具形成业务流程集成和闭合，满足不同业务之间互联互通和流程执行的需求。集成应用技术是集成与应用集成相关的一系列技术和特性的工具箱，是基于各类智慧园区信息通信技术的前端集成，使各类技术都能在业务应用中有效发挥作用。

3.6.2　业务引擎部署

1. 园区全景服务引擎

提供智慧园区全景数据显示能力，包括支持海量 3D 全景 360° 在线浏览、3D 全景漫游交互、支持全景自定义标注等。其中，标记的坐标可以转换为实际的地理坐标，以便在 2D 地图显示中定位视图。

2. 互联网服务引擎

互联网服务引擎是通过在线方式提供互联网爬行的智慧园区信息服务，并支持使用软件开发语言构建基于服务的应用系统。引擎的核心是运行在时空云平台后端的服务应用，通过服务开发接口远程访问，获取互联网抓取的智慧园区数据，实现业务功能应用。

互联网服务引擎支持的服务接口主要从技术层面提供数据查询服务和新闻查询服务。其中，数据查询服务是互联网抓取的智慧园区结构化数据的查询接口，支持普通二维表数据和视图的查询，字段类型支持字符串、数字和日期类型。新闻查询服务是互联网抓取的智慧园区非结构化数据的查询接口。非结构化数据源主要包括来自政府官网新闻、论坛帖子、博客文章、微博、微信公众号、网络评论等互联网信息。数据抓取清洗后，提取数据的关键字、标题、作者、日期、正文、评论等信息，新闻查询服务就是对这类信息进行查询。

3. 地名地址服务引擎

地名地址服务引擎是时空云平台的重要组成部分，旨在实现智慧园区多源数据在全空间信息模型上的精准定位和非空间信息的融合，同时根据具体定位坐标值反转智慧园区所在当前邻里、街道、政区的位置描述，具有广泛的用途。

地名是指一个包含多级元素的地址的结构化描述。地名和地址批量匹配的过程通常涉及自动匹配和人工纠错，目前主流的匹配引擎按照匹配率排序给出匹配结果，无法避免人工纠错的过程，难以实现整个过程的自动化。因此，在智慧园区的地址匹配引擎中，需要明确区分精确匹配和非精确匹配的概念，使精确匹配不再需要人工校正过程，只有非精确匹配需要手动匹配。同时，通过引入 ID 关联模式，在后续更新数据的批量匹配过程中，可以只匹配变化的数据，通过将 ID 关联到前期已经匹配的数据，直接得到结果，进一步减少匹配工作量和人工干预。

园区地名地址引擎还提供地名查询功能，可以查询标准地址数据库中包含的各级地名，例如政治区名、街道名称、邻里名、建筑物名称等。为了提高地名查询的效率，需要为地名创建专门的索引。通过建立的多维索引结构，对外提供园区地址元素的快速模糊查询检索功能。目前主流的园区地址匹配模式是门板匹配，但根据目前智慧园区精细化治理相关的应用需求，通常要求匹配到户口。本地名称地址引擎构建一个精细的地址匹配模型，支持与家庭匹配。在该模型中，将标准地址分为政治区、室外地址和室内地址三部分，设计了差异化匹配算法，进行常见的室外匹配，也支持与家庭匹配。在园区的地址匹配过程中，涉及复杂的地址分割和匹配算法设计，地址元素的组成根据每个地方的不同而变化，难以构建统一的地址模型。因此，智慧园区地址匹配引擎允许基于标准地址模式进行个性化配置，然后相应地重构地址规则树，以更好地适应每个地方的实际情况，提供更好的匹配结果。

4. 业务流引擎

业务流程引擎用于时空云平台中业务流程的相关处理。云平台中的业务流引擎不需要是统一的流程引擎，而是可以分散在各个相关模块中。业务流程引擎用于业务应用流程的审批流程处理和 ETL 处理流程的可视化流程配置和任务执行。服务申请流程为服务申请和审批流程提供基础支持，ETL 流程支持可视化流程配置和流程的执行。

5. 时空知识 / 挖掘分析引擎

知识模板库基于智慧园区应用场景，每个模板包含一系列数据源，支持对每个数据源进行一系列操作。每个知识模板的每个数据源都定义一个标准数据结构。只要数据结构满足要求，就可以使用此知识模板。

由于知识模板是场景的抽象，包含一系列服务和操作，难以泛化和定制，因此采用自定义开发方式，然后将模板内置到时空云平台中供外部使用。以系统中的环保网格为例，构建了环境保护网格监测模型，主要包括网格划分、各类环保监测值的网格插值、空气质量指数（AQI）、一级污染物的计算等。

6. 空间模拟推演引擎

结合智慧园区应用场景，基于园区经济发展目标，研究园区在空间拓展、内部空间结构、功能布局等方面的需求，协调不同领域之间的空间协调，构建园区发展主线模型；面向园区开发的专业需求，开展园区特殊层次和层次空间分析模型研究；最后，针对园区发展综合管理，构建综合发展评估分析模型，支撑重大决策。通过模型管理技术，对园区模型进行定制、安排、调试和服务，为园区未来的发展和演进提供可以不断积累和灵活配置的知识库。

7. 仿真三维地图引擎

仿真三维地图引擎用于模拟三维数据在智慧园区的数据分发、展示和应用，同时提供二次开发 SDK，支持仿真三维数据在业务系统中的应用。具体包含以下部分：

（1）前端应用系统：包括智慧园区模拟三维地图数据显示、地图控制、图层管理、便签纠错等功能。

（2）后台管理系统：包括智慧园区热点区管理、图层管理、便签纠错管理、个人管理、系统管理与配置等。

（3）地图切片工具：用于将智慧园区的模拟三维数据切片成地图图块，采用金字塔模式；除了传统地图在南或北模式下的正交视图外，还可以根据倾斜视图对地图进行切片，切片时可以根据需要调整水平和垂直视图。

（4）数据服务：包括智慧园区模拟三维服务、热点区服务等；热点区域与地图切片匹配，不同的视角对应不同的热区数据。

（5）二次开发 SDK：包括模拟智慧园区 3D 数据调用和通用地图操作，还支持用户将自己的图层叠加到 3D 地图的模拟中。

8.IoC 可视化地图引擎

IoC 可视化用于智慧园区专题数据的可视化以及大屏幕可视化。它采用 WebGL 技术，可以实现多种可视化效果，并提供基于 JavaScript 的二次开发 SDK，支持用户在自己的应用开发中实现空间可视化能力。相关可视化功能见表 3-1。

表 3-1 IoC 可视化功能

功能类型	功能项	说明
支持的 数据类型	二维点数据	二维矢量点图层数据
	二维线数据	二维矢量线图层数据
	二维面数据	二维矢量面图层数据
	在线地图瓦片数据	Mapbox 等可直接在线调用的地图瓦片数据
	自定义地图瓦片数据	自定义瓦片的切图级别、原点等规则
	仿真三维地图瓦片数据	支持调用仿真三维地图瓦片
	矢量切片数据	支持调用矢量切片数据
渲染效果 设置	材质设置	支持真实感材质、Imbert 材质等
	光照设置	包括主光源、环境光、环境贴图等的设置
	特效设置	高光、景深、环境光遮蔽、抗锯齿等的设置

功能类型	功能项	说明
可视化专题图	瓦片地图	瓦片地图显示
	二维矢量图	二维的矢量点线面显示，可设置点线面图标样式
	立体标注图	支持用 obj 格式的立体图标作为地图标注
	分层设色图	用不同颜色表示空间数据的值域
可视化专题图	分级符号图	用不同大小和样式的图标表示空间要素的数据值大小
	点聚合图	在地图缩小时用聚合的方式显示点要素，放大时显示详细的单个点要素
	点定位统计图	在地图上用一系列的统计图表来表达地物要素的属性特征，每个统计图表显示在地图上的特定点位上
	散点图	由大量点组成散点图，表达点要素在地图上的分布情况
	三维柱状图	用立体柱状体显示地物要素的数据值
	多边形拉伸图	将二维矢量数据的高度进行拉伸，从而得到三维立体图形
	阶梯专题图	阶梯专题图特指对政区数据的多边形拉伸图
	建筑白模专题图	建筑白模特指建筑基底条数据的多边形拉伸图
	飞线图	动态显示地图上从起始点到目标点的飞线，飞线可以是平面的，也可以是立体的
	流线图	显示平面流线场图
	等值线图	显示等温线、等高线以及其他等值线
	山峰图	山峰图是立体的等值线，按照线（面）等值线的值设定其高度
	平面热力图	二维平面内的热力图效果
	室内热力图	室内建筑白模分楼层的热力图效果

9. 精细场景真三维可视化引擎

精细场景真 3D 可视化引擎主要针对智慧园区、社区、工厂等精细化场景，提供室内外一体化和覆盖地面和地下真 3D 应用支持。精细场景真 3D 可视化引擎提供 JavaScript SDK 支持用户二次开发，将室内外一体化真 3D 地图功能集成到自己的应用系统中。基于 WebGL 技术，兼容主流浏览器，支持在智能终端和移动平台上运行。

在具体功能方面，支持室外 3D 模型、室内 3D 模型、室内外 2D 数据、旋转缩放等 3D 地图浏览操作和触摸屏操作、管线数据显示、地下停车场等。表 3-2 介绍了相关的可视化引擎能力。

表 3-2　精细场景真三维可视化引擎能力

引擎能力	能力项	能力子项	功能说明
数据模型类型	室外真三维模型		室外真三维建模的数据，使用真实纹理
	室外仿真三维模型		使用仿真纹理的真三维模型
	室外白模		通过基底拉伸的白模三维，没有纹理
	室外渲染模型		通过实时分析或预处理的方式，设置灯光、材质等效果得到的渲染、烘焙后的模型
	倾斜摄影数据		通过倾斜摄影方式得到的三维数据
	点云数据		通过激光点云数据生产方式得到的数据
	室内真三维模型		使用真实纹理的室内真三维建模数据，包括手工建模以及通过 SLAM 等方式建立的模型
	室内仿真三维模型		使用仿真纹理的室内真三维模型
	室内白模		通过二维面数据按高度拉伸得到的三维模型
	二维地图瓦片		自定义地图瓦片或可公开访问的地图瓦片
	二维矢量图层		二维矢量点线面数据
引擎功能	基础地图功能		场景缩放、平移、触屏操作、地图级别与视角设置等
	纹理风格切换		支持实时切换不同的纹理风格
	室内外切换		可在室内、室外单独显示或室内外一体化显示模式间进行切换
	三维实体操作		可对单个建筑模型进行样式设置、透明度设置、气泡与属性显示、选中与高亮响应等操作
	室外模型	室外基础要素模型	室外的道路、设备、地面等要素的综合显示
		室外建筑模型	显示室外建筑模型，支持显示建筑名称，支持单栋建筑选中和高亮
		多楼层显示	同时显示所有楼层的模型，按楼层上下顺序叠加显示
		单楼层显示	显示单层楼的平面图，包括每一户的信息，支持单户的选中和高亮，可在不同楼层间切换

引擎能力	能力项	能力子项	功能说明
引擎功能	室内模型	单户详情	显示单个房间或户的详细情况
		室内外融合显示	除了单独显示室内模型外，也支持室内外融合显示，支持同时显示多栋建筑的室内模型
引擎功能	设备设施	室外设施显示	显示室外的设备设施，可以用图标、文字形式显示，也可以通过三维建模后显示
		室内设施显示	可同时显示设施在所有楼层的分布，也可以只显示单楼层或单个方面里的设施
	视频	室外视频点位显示	显示室外的视频点位，可以用图标、文字形式显示，也可以通过三维建模后显示
		室内视频点位显示	可同时显示视频在所有楼层的分布，也可以只显示单楼层或单个方面里的设施
		视频调用	播放视频图像
		人脸、车牌抓拍	对于人脸抓拍视频进行专题显示
		门禁	对于小区与楼栋的门禁视频进行专题显示
	物联网设备	室内外显示	物联网设备的位置与模型显示
		属性显示	显示设备的属性信息
		监测与统计	物联网设备运行状态的监测与统计
	停车场	地下停车场	地下停车场的位置、出入口、车位信息等
		地上停车场	地上停车场的位置、出入口、车位信息等
	地下管线	管线基本信息	管线的形状、管径、埋深等
		管线走向	通过流向图显示管线的流向
	企业	企业分布	显示企业的室内外位置分布，支持按行政区域、楼层、楼层的聚合显示
		房企关联	实现以房查企和以企查房
	人口	人房关联	实现以房查人和以人查房

3.6.3 一体化集成设计

1. 分层设计框架模型

智慧园区时空数据系统技术架构充分考虑了时空云平台在运行稳定性、可扩展性、易维护性、易操作性等方面的要求，采用分层设计框架模型。该设计避免了层与层之间的直接依赖，便于各层的升级和分布式部署。支持开放的技术标准和与基于不同开发技术实现的各种内外部系统的互操作性，为智慧园区应用系统提供基础服务和支撑。

智慧园区的时空数据系统一般可以使用 B/S 的结构，集中部署，只需要通过浏览器访问系统的功能，客户端不需要下载安装任何插件。同时，系统还采用了 RIA（富接口应用）接口方法，使界面效果丰富，使用起来更方便。

2. 集成与分层一体化

智慧园区在大数据和时空云平台的综合架构下，采用集成框架和分层架构集成的技术路线。从垂直角度看，时空数据系统在逻辑上可以分为表示层、控制层、接口层、服务层、域层和数据层。其中，表示层应用一些接口控件或第三方控件进行界面显示，没有任何事件处理程序和交互逻辑。控制层响应所有用户交互，并响应用户触发的一系列接口事件。接口层接受用户触发的事件，无须任何处理，并将其直接传递给控制层进行处理。同时，这一层还包含一些接口逻辑来协调和控制界面的显示。

服务层包含所有业务逻辑，是业务逻辑的集合。这一层包含了智慧园区的所有应用服务，服务一一对应系统用例，服务是系统用例实现的入口。控制层是通过调用服务层的服务来处理业务逻辑，然后响应用户，它本身不包含任何业务逻辑。可以发现，服务层是不与接互耦合的独立层，服务层可以为任何其他形式的应用提供服务。例如，智慧园区时空云平台上的应用、手机上的应用等，从而形成服务层的复用，避免了产品建设的重复。此外，在构建某个产品的统一服务层时，所有子产品都必须基于这个统一的服务层进行开发，这样可以避免每个子产品重复开发业务逻辑，也有助于提高代码质量。

对于域层，业务逻辑细分为应用程序逻辑和域逻辑。域逻辑仅与问题域相关，并描述该域中的某些逻辑。应用程序逻辑与应用程序的职责有关，由应用程序服务层中的应用程序服务实现。从用户的角度来看，应用逻辑高于域逻辑，应用逻辑的实现需要域对象的协同辅助，域对象包含相关的域逻辑，而这些域对象形成的层就是域层。域层包含智慧园区的业务逻辑和业务规则，是软件产品真正的商业内涵，是一个行业软件产品区别于另一个行业的本质，是同行业中软件产品好坏的关键点。

对于数据层来说，域层中的很多域对象需要持久化，也需要通过访问关系数据库中的数据来创建域对象来生成，在业务逻辑的处理中需要查询关系数据库。此外，域对象需要数据库事务控制。关系数据库上的所有操作都放置在要执行的数据库访问层中。

集成框架在全球采用"微内核 + 可扩展"的插件架构来构建。在插件架构中，基本集成框架运行时的核心只是一个微内核，它管理各种插件（包括插件的生命周期、插件的依赖组件加载等）。因此，需要一个合约来保证插件可以与插件容器通信，这个合约就是智慧园区 API 规范和配置规范（标准化接口和配置）。

3. 地理信息互操作

为了实现智慧园区空间数据的开放性和互操作性，需要提供地理信息服务的实现规范。需要支持面向 SOA 的空间信息服务的主要接口：矢量数据服务（Web Feature Services，WFS），栅格数据服务（Web Coverage Service，WCS），地图服务（Web Map Service，WMS）等。WMS 的主界面是 GetMap，而 WFS 规范指定返回的 GML 代码在元素级别，并提供添加、修改和删除元素等操作。WCS 规范面向空间图像数据，该数据将包含地理位置的地理空间数据交换为 Web 上的"覆盖范围"。

4. 数据访问统一平台

智慧园区时空云平台的数据接入组件提供了统一的数据接入平台，只需修改配置文件即可完成对不同数据库的接入，屏蔽了底部不同数据库、不同参数表达式带来的差异，使开发者能够以统一、标准、简单的方式接入数据，减少代码重复，提高开发效率。

该组件可以帮助开发人员正确处理事务和非事务处理、连接池管理，支持传统的四种类型的数据采集，包括 ExecuteReader、ExecuteDataset、ExecuteScalar 和 ExecuteNonQuery，还支持使用 ORM 将数据库表转换为实体类进行处理，针对分页查询进行了优化，还支持树查询。目前，该组件支持 Oracle 和 SQL Server 数据库，并允许用户扩展它以支持其他数据库。

5. 组件库开发调用

在智慧园区时空数据体系建设过程中，需对园区各项业务进行抽象，对应用系统进行集中统一规划，制定相应的技术标准，并在此基础上进行系统的开发和管理，将各类共性、相对独立的业务封装，建立系统组件库，供各相关业务模块调用。每个业务组件都隐藏了特定的实现，只通过接口向公众提供服务。这些定义明确、相对独立、可复用度高的组件，可以作为运维管理的一些"标准部件"，实现系统大部分相对常见的业务功能，并在此基础上，对于用户需求高度个性化的部分，有更多的时间和资源用于分析和设计。

6. 基于 MVC 的软件架构模式

智慧园区时空数据系统采用 MVC 模式（模型 – 视图 – 控制器）。这是软件工程中的一种软件架构模式，它将软件系统分为模型、视图和控制器三个基本部分，使得必须将应用程序的输入、处理和输出分开，每个部分处理自己的任务，实现动态编程，简化程序的后续修改和扩展。它还使重用程序的一部分成为可能。此外，该模式通过简化复杂性使程序结构更加直观。

智慧园区时空数据系统通过分离自身的基本部分，也赋予了每个基本部分应有的功能。控制器负责转发和处理请求。视图为界面设计器提供了图形界面设计。该模式完成了程序员编写程序（实现算法等）以及数据库专家应用于数据管理和数据库设计的功能。

7. Web Service 通用机制

Web 服务可用于智慧园区时空云平台上的各种应用。这是一种面向服务的架构技术，通过标准的 Web 协议提供服务，目的是保证不同平台的应用服务可以互操作，为跨部门、跨系统、跨平台、跨应用的资源整合提供通用机制，支持智慧园区内外网络之间不同机器的交互操作。

Web 服务技术及其相关技术系统，包括可扩展标记语言（eXtensible Markup Language，XML）、简单对象访问协议（Simple Object Access Protocol，SOAP）、网络服务描述语言（Web Services Description Language，WSDL），统一描述、发现和集成协议（Universal Description Discovery and Integration，UDDI）等。Web 服务是 Web 应用程序的新分支，这些应用程序是自包含、自描述、模块化的应用程序，可以通过这些应用程序发布、定位和调用。部署后，其他 Web 服务应用程序可以发现并调用它部署的服务。

3.6.4 系统安全设计

1. 平台接口设计

智慧园区系统在应用层和数据层设计了相应的时空云平台接口，保证了系统功能和性能的扩展，可实现智慧园区所在城市管理中公安、民政、教育、卫生、工商等 50 余项行政功能的数据对接。其中，应用层提供了 TCP/IP 协议的多形式接口，包括 Socket、HTTP（1.0）、SOA、Web 服务等。数据库层支持常见的数据库接口，如 ODBC、JDBC 等通用接口，采用 SQL-92 标准数据类型，方便与 Oracle、SQL Server、Sybase、DB2 等数据库交换数据。

2. 安全防护设计

智慧园区安全保障体系建设，通过构建系统安全基础设施和安全管理保障体系，提供身份识别、门禁和数据保密、完整性、可用性、可控性、可控性等安全服务，形成集保护、检测、响应、恢复于一体的园区安全保障体系，实现物理安全、应用安全、系统安全、网络安全和管理安全，满足智慧园区全生命周期最基本的安全需求。安全防护设计严格按照安全防护体系、安全管理保障体系和安全部署策略，灵活实现整个智慧园区的安全规划。

（1）网络层安全。数字化建设的大规模推进为病毒的扩散提供了便利条件，加密变形技术在病毒上的应用进一步增加了病毒的隐蔽性和破坏性。由于病毒的危害性和特异性，智慧园区应根据实际情况配置零信任安全防护服务，对所有云平台、服务器和客户端进行病毒和安全防护。

（2）系统级安全性。系统级安全主要来自运行在智慧园区时空云平台上的操作系统，这一级别的安全问题主要体现在操作系统本身的安全漏洞和隐患上，以及操作系统的配置失误。操作系统会因为设计和编码而存在各种安全漏洞，还可能存在隐藏的通道或后门。在智慧园区时空云平台日常安全维护过程中，系统管理员应及时更新升级相关服务包，减少安全漏洞和隐患。运营商对系统功能、系统服务、数据库管理系统等的误操作或配置错误，同样会给智慧园区的时空云平台带来一定的安全隐患。需要开发和配置某些技术力量，以定期检查和纠正错误配置，例如关闭不需要的系统服务或采用更安全的服务等。

（3）应用层安全。在智慧园区应用系统安全模型中，应用系统安全涉及的要素包括用户信息、系统资源、角色、授权、认证和审计等。这些元素之间的内在关系如图 3-5 所示。

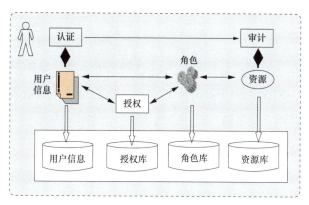

图 3-5　安全要素相关关系示意图

1）系统日志与安全审计。为了提高智慧园区时空云平台的系统安全性，需要在系统上记录园区用户的重要运行信息，并进行查询、统计和汇总。它使所有重要操作的详细历史记录可追溯，并提高系统的安全性。日志主要包括用户登录日志、访问事件日志、系统维护日志和数据操作日志。日志记录每个登录用户的各种操作，包括记录操作员、操作类别和操作时间等信息。同时，在设计时空云平台系统时，需要建立 IP 地址和用户图像表，将两者联系起来，用于对操作者进行准确跟踪和记录，以建立有效的责任确定机制，保证系统操作行为的严肃性、权威性和公正性。

2）数据安全加密。存储在智慧园区数据库中的大部分数据都是以明文形式存储的，如果黑客有机会闯入系统，这些数据很容易暴露。所以对于智慧园区的一些核心数据，系统在数据存储在数据库中时会对其进行加密。由于网络和数据本身的自由性和广泛性，很难确保数据在网络上传输时不被非法窃取和篡改。因此，智慧园区运营中心系统支持 SSL 加密协议，提供敏感数据的本地加密和文档级加密，保证数据传输过程中数据的安全。

3）数据存储安全。一方面，禁止智慧园区内无关人员接近数据存储设备；另一方面，存储的数据被加密，例如，通过使用数字证书与指纹加密相结合。

（4）系统维护过程中的数据安全。在维护智慧园区时空云平台时，为防止误操作造成不可逆的损害，先将系统切换到与官方数据库结构完全相同的测试数据库，测试无误后再切换到官方数据库进行维护。

（5）原始数据的安全性。为保证智慧园区中存储的原始数据的安全性，每条数据都留下历史记录，历史数据只能查看而不能修改，每条数据都包括修改器、审阅者和时间戳。

3. 数据层安全设计

（1）数据备份。在智慧园区的数据安全方面，时空云平台的数据备份是系统安全中非常重要的环节，数据备份主要有三种方式：全量备份、增量备份和差异备份。不宜对每个大数据卷使用全量备份。对于小数据量，由于存储容量小，可以根据需要进行多次完整备份。

鉴于智慧园区运营中心系统数据量大，采用频繁全量备份的备份策略显然是不切实际的，无论从磁带容量还是备份时间来看，这都不是一种理想的方式。更好的策略是采用上述备份策略的组合，并根据具体应用的实际情况采用多种策略的组合，从而充分发挥每种备份策略的优势，弥补单一策略的不足，充分发挥数据备份最理想的性能。

（2）数据库安全

1）数据访问权限的安全性设计。针对智慧园区时空云平台数据库中的对象（表、表中的列、索引、存储过程、视图等对象），根据不同的业务处理需求确定不同的系统用户角色，为不同的用户对象赋予不同的数据库访问权限；在为角色分配访问权限时，主要利用"查看"访问的授权来实现，这样可以更准确地控制对数据库的访问，并将可能对数据的损害降到最低。

2）数据修改安全性设计。在智慧园区特定应用数据库的物理设计中，增加冗余表，在表级别添加数据合法性检查，表之间建立引用完整性依赖关系，从而降低非法修改数据的可能性。对于那些关键数据修改（例如账户数据修改），只能通过授权的存储程序进行，以确保重要数据的安全。

3）审计安全性设计。针对用户接入智慧园区时空云平台数据库建立审计策略，通过审计记录数据库中所有对象发生的变化，通过对审计记录的分析，发现系统安全隐患。

除了技术措施外，智慧园区时空云平台的安全防护还会在管理系统上与客户进行有效沟通，以建立安全的管理系统，比如允许不同的用户拥有不同的操作权限，多人审核关键操作后才能通过等，从系统保证业务系统的安全。

智慧园区

高质量发展与标准化

第4章

智慧园区实施路径

  智慧园区是智慧城市的一个重要展现方式，它的体系结构与建设发展模式作为智慧城市一个小范围内的缩影，其建设实施路径已经具备智慧城市体系模式和发展特征，同时还具备相异于智慧城市建设路径的独特性。

  智慧园区的实施路径包含园区规划、投资、建设、运营等环节，是从基础类建设到上层各领域应用的全生命周期，同时涵盖了"新三通一平"智慧园区一级基本能力建设和智慧场景的二级应用开发。其中规划是智慧园区实施的开端，需要在智慧园区标准体系的指导下统筹谋划，将智能设施、应用部署、空间布局等集聚在"一张蓝图"上；园区投资需结合实际情况选择合适的投资模式，发挥资金造血功能，形成园区投融资体系；建设阶段从园区的物联感知、数据智能、多元应用和园区大脑等角度全方位开展智慧化建设，将智慧园区真正落地实现；生态运营阶段围绕产业、人才、创新、生态、治安等领域构建园区智慧化、精细化、产业化运营服务体系，赋能园区创新发展活力。在此基础上，着力打造交通人行、环境安全、低碳环保、高效运维等十大园区智慧化应用场景，实现智慧园区系统集约、产业汇聚、经济带动的多重作用。

4.1　智慧园区规划设计

4.1.1　规划设计新要求

国内智慧园区建设工作的推进日趋火热，建设的步伐在不断加快，对应智慧园区管理涵盖范围越来越大，承载的业务也越来越复杂；管理对象越来越多，服务对象的需求也越来越高。在竞争日益激烈的时代背景下，规划设计作为智慧园区建设的开端，有了更高的要求，规划设计应以高质量发展为目标、以"新三通一平"发展新理念为引导、以高水平安全为前提，通过高水平规划，提升智慧园区的建设、运营、管理和服务水平。

智慧园区的规划设计需要以高质量发展为目标。党的十九大报告中明确指出，我国经济已由高速增长阶段转向高质量发展阶段。园区经济对我国经济发展贡献占比越发突出，需要承担起高质量发展的历史使命，成为高质量发展的先行区、示范区。智慧园区的提出就是为了解决园区发展质量不高、产业特色不够鲜明等一系列问题，融合了数字经济、绿色发展、创新发展等理念，其规划设计的目标就是实现园区高质量发展。

智慧园区的规划设计需要以发展新理念为引导。当前园区在智慧化的建设过程中面临数据共享困难，预留空间不足，配电、弱电预留不足等问题，在规划设计阶段就需要以"新三通一平"新理念为引导，对园区进行系统性和前瞻性的规划设计，创新性地对园区的感知设施、数据设计和平台等进行系统化、集约化的建设，避免数据孤岛、空间不足等问题。

智慧园区的规划设计需要以高水平安全为前提。高水平安全是高质量发展的前提，要以高水平安全保障高质量发展。"新三通一平"对网络依赖高，为保障园区安全稳定运行，对于智慧园区的规划设计，对园区网络安全、个人信息安全等的关注已是不可或缺，要利用各类物联感知设备、制度管理规范等搭建标本兼治、精准实施的智慧化安全防控网络。

4.1.2　规划设计策略

基于新时期对智慧园区规划设计的诸多要求，智慧园区的规划设计应在智慧园区标准体系的指导下，在园区"新三通一平"新理念引导下，保证园区物理空间与数字空间同步规划建设，为园区内的人员、技术、产业发展全过程提供支撑，实现以园区为载体的产城融合智慧生态圈构建。

1. 物理空间与数字空间同步规划设计

借助新一代信息通信技术、数字孪生技术，建设基于数据驱动、虚实交互、先知先觉和共生共智的智慧园区，实现园区物理实体与数字平台之间的虚实融合。以全局最优、科学计算、合理布局为原则，适度超前规划布设智能感知基础设施，超前谋划智慧园区通感知、通数据、通应用和统一平台的"新三通一平"，保证数字空间与物理空间同步规划建设，实现园区建筑、设施、人、物、事件等全要素数字化，各类信息的实时动态跟踪、各要素的可视化展示，全面服务于园区决策的智慧化和各项服务的协同化。

2. 打造产城融合的智慧产业生态圈

以智慧园区为产业融合的据点，在规划设计中充分考虑多元化主体、复合型功能以及产业协同发展体系，通过园区实现人、技术、产业和服务的承载，在园区内部构建良好的小型生态圈。充分发挥智慧园区对周边区域乃至整个城市的产业经济辐射带动作用，形成从上游到下游的智慧产业生态圈，全面驱动产业发展和城市功能之间提升的相互协调、互相促进，实现"以产促城、以城兴产、产城融合"的智慧产业生态新局面。

3. 标准体系与园区实践互促的规划设计

基于现有智慧园区标准体系正处于起步阶段的现状，立足智慧园区相关规划设计标准，在智慧园区标准体系的框架下进行园区规划设计。从预见性、协调性、集约性、科学性等方面出发，针对智慧园区建设过程中所涵盖的概念内涵、建设目标、建设路径、智能感知设备建设、智慧园区综合服务支撑平台等内容进行系统性规划设计，从而更加科学合理地推动园区实现数字化转型，推动园区产业更为健康的发展。此外，应及时总结、整合园区实践经验、发展需求等，完善智慧园区标准体系，科学引领智慧园区的持续、健康发展。

4.1.3 规划设计要点

智慧园区的规划设计是智慧园区建设的开端，园区建设，规划先行，规划设计是推动智慧园区建设的关键环节之一。为有效指导智慧园区建设，以"新三通一平"新理念为引领，在规划设计中，需要明确对园区设施设备、资源和产业等基本要素的管理，形成良好管理基础；在整合各类基础要素感知的基础上，形成对园区生产、生活、生态和运营四个方面的运行状态管理，优化园区资源配置；在管理基础上，搭建人员、企业、产业发展全过程服务支撑，提升园区服务水平和用户体验。

1. 基本要素管理

园区是由个体、企业、管理服务单位、政府等群体构成的一个有机体，其正常运转涉及园区的各类资源、能源、资本、设施设备等。智慧园区的规划要基于园区类型、发展现状和产业规划，明确园区运行和发展的关键要素，通过各类物联感知设备、网络、信息传输存储设施设备对各类要素信息进行计量和数字化，转化为可直观呈现的数据信息，以此作为智慧园区的数据基础，通过数据共享共用，为园区运行状态分析提供综合支撑。

对于智慧园区的规划来说，至少要包括由自然资源、投资、能源、生产资源、可回收利用资源、优惠政策、创新资源、数据资源构成的园区资源管理体系；由关键生产设备、管网、物联感知设备、配套服务设施设备、公共场所设施等构成的设施设备场所管理体系；由园区内企业、园区外合作企业等构成的产业管理体系。通过基本要素的管理，构建园区运行状态管理的数据基础。

2. 运行状态管理

整合各类基础要素的感知、统计数据和各类单一业务系统，建立基于统一基础平台的综合分析系统，动态反映园区内部各关键要素、园区内部与外部各要素间的相互作用机制、作用过程、作用成效，从生产、生活、生态和运营四个方面对园区运行开展状态监测、综合分析，展示园区现阶段所处的运行状态，帮助园区摸准现有问题症结，优化各类资源的配置，为产业结构优化和高质量发展服务。

生产方面，一是整合招商、动态投资、企业管理等系统和数据，形成园区产业运行状态的综合监管体系；二是整合关键设施设备运行数据、各类感知设备监测数据，利用前后端智能分析能力搭建园区安全生产状态综合监管体系；三是整合园区各企业生产涉及的物质流和能源流，构建反映园区企业生产效能的动态监管体系，服务于绿色碳园区和循环经济体系的搭建；四是整合生产相关的创新人才、创新资金、创新技术、创新设施设备等各类创新资源，构建反映园区创新能力的综合管理体系。

生活方面，一是基于园区规划数据，整合园区现有医疗、教育、商业、出行等信息，建立园区产城融合监管体系，服务于园区优化改造；二是基于国家、地方政务服务优化要求和社会治理要求，根据实际，建立符合园区职责的政务服务平台和社会治理平台，全面、综合地提升政府的服务能力和治理能力。

生态方面，根据园区类型整合园区空气环境、水环境、噪声环境、土壤环境等内容建立综合的生态环境监管体系，落实绿色发展、协调发展的要求。

运营方面，整合园区资源管理体系、设施设备场所管理体系和产业运行状态综合监管体系的数据、系统，将人、空间、服务三者融合，建立反映园区整体运营状态的综合管理体系。

3. 人员、企业、产业发展全过程的服务支撑

对于人员、企业、产业发展全过程服务支撑的搭建，是以产业规划为起点，以企业为抓手，整合招商、优惠政策、配套设施建设、投资、产业数字化技术扶持、人员培训等服务工具，借助数字孪生、CIM、机器学习、数据价值挖掘等技术手段，建立反映园区建设发展状况的一体化综合管理平台，在综合分析、业务协同和资源调配的基础上，实现对人员、企业、产业发展全生命周期有针对性的支撑服务。

4.2 智慧园区动态投资

智慧园区是数字经济最为主要的发展方向，园区经济作为中国经济发展的助推器，各类型园区根据自身的定位与市场情况，制定了符合自身的发展规划，并加强了投资配套服务。在投资配套中，因为园区智慧化涉及面广、项目众多等特点，且未来有可能增加"新三通一平"（通感知、通数据、通业务，统一平台）等内容，需要多因素综合考虑，合理选择投资方式。此外，智慧园区的投资方需要建立资金可持续使用的融通渠道，编制合理的建设资金使用计划和高效使用方案。同时，在智慧园区的全生命周期使用过程中不定期地动态优化。

4.2.1 投资现状分析

全球数字化转型热潮极大地助推了园区所有者、园区运营者和智慧园区服务商对园区智慧运营管理平台的投资热情。在逐步发展过程中，主要投资方向逐步从最初的

可视化展示需求，发展到面向运营的管理效能和能源利用效能提升。园区所有者、园区运营者的投资收益一般为增值性服务效益和商业运营效益，智慧园区服务商的投资收益一般为平台租赁、系统整体服务租赁的收益。

高科技产业园区大部分入驻企业是初创企业，经济效益低、资金实力弱，资金运转周期长，流动资金需要通过银行贷款支持。而银行放贷，往往要求企业具有较大规模、且具备较高信用等级。受各种因素的影响，园区企业很难获得银行贷款。因此，许多智慧园区运营者承担起创新孵化平台的职能，对有发展潜力的初创企业进行投资和辅导发展。一方面从培育企业的股本增值中获得收益，另一方面，实现园区的产业发展与聚集，获得智慧园区本身的区位价值增值，双向促进，从而不断放大投资收益。

4.2.2 投资模式分析

从全国范围来看，智慧园区投资模式分为五类：园区管委会模式、运营商模式、厂商推动模式、第三方公司模式和混合投资模式。它们各有优缺点。

1. 园区管委会模式

园区管委会投资模式的特点主要有两个方面：第一，投资规划全面，涉及建设的方方面面，并有明确的进度推进时间计划；第二，主要资金来自政府投资，比较看重公共服务与品牌效应的形成。

2. 运营商模式

其投资特点是以运营商为主导，推动园区管委会协同进行。其最大的优势是投资建设了高质量的数字基础设施和高性能的园区智慧运营管理平台。但受运营商业务服务范围影响，可能形成运营商垄断园区驻地网的现象，后续其他厂商的新应用与新技术推广相对较慢。

3. 厂商推动模式

其投资模式特点是整个园区的智能化规划设计所涉及的领域较少、定义较狭窄，在智慧城市功能延伸到园区中时，可能仅落实为智慧医疗等概念性的行业应用。

4. 第三方公司模式

在园区管委会支持下成立专业第三方公司来进行"智慧园区"投资，优势在于有自主权，制约因素少，投资建设灵活，能够针对需求的不断变化做出快速响应和调整。在国内外已有很多这种投资模式的成功案例，如韩国的松岛新城以及中国的上海临港和上海张江。

5. 混合模式

新型智慧城市的快速发展，推动智慧园区的投资模式更趋创新融合。全产业生态链共赢合作延伸到投资环节，多角色组合投资设立的项目公司成为智慧园区越来越主流的投资方。兼容并蓄的投资组合，也让智慧园区建设运营更多吸纳各方优势，产生更大的经济和社会效益。

4.2.3 动态投资策略

在园区的动态投资中，为提升资金的利用效率和园区项目运营能力，需要遵循产城共生的理念，充分利用开发资金的造血功能，构建园区投融资体系，并对全流程进行数字化管理，为企业、员工等营造良性生态运营环境，增强资金增值能力。

1. 遵循产城共生的理念

智慧园区动态投资遵循产城共生的理念，在制定投资计划时，通过混合布局生活、生产、商业、教育、休闲及娱乐产业，构建起城市级生活服务体系，努力营造和谐的、良性的生态运营环境，这样既可以满足园区企业家的需求，也能够满足员工的需求，实现园区主体客群的多元化，为规划的后续投资收益赢得最佳创效条件。

2. 增强资金的造血功能

通过园区的动态投资，提升开发资金的造血功能，通过加强园区公共配套设施建设和实体消费经济项目的增加，更好地促进园区形成自我循环、造血的良性运转机制。同时，对资金进行组合管理，做好园区"专精特新"中小企业的股权投资与金融服务，充分利用园区投资者角色优势和资源优势，扶持科技创新技术型企业获得其不具备的资金、管理、市场等多方能力，快速成长，践行科技强国的同时也实现园区资金增值。

3. 构建园区投融资体系

（1）建立企业信用体系。建立良好的信用环境是建设智慧园区投融资体系的重要组成部分。园区投资方与银行、企业紧密合作，共同建立园区企业信用体系。

（2）提供多种服务。园区投资方为创业投资提供的投资服务可以将各个部分有机地结合起来，从而使得繁多的投资对象和复杂的投资过程，变成一个流畅的资本循环和增值过程。根据企业发展的实际情况，园区投资方会培育一个提供评估、交易、投资、咨询、会计、审计、金融、证券、法律等服务的市场化的投资中介组织，全面推动创新企业投融资、股改以及上市。

（3）融资推进体系。投资方对园区企业实行有步骤、有计划的股改工作，以此吸引众多风险投资资金，助力企业实现高速增长。也要组织证券机构帮助企业上市，上市后风险投资将会获得巨额资金回报，促进风险投资循环并吸引更多资本进入风险投资领域。

4. 全流程数字化管理

在动态投资的决策方面，需要通过智慧园区提供的全流程数字化管理，实现业务实时感知、科学决策和动态投资协同。利用数字化智能运营，实现投资要素资源的融合，涵盖政务、金融、产业、数据和人才等方面。建立园区运营指标体系，内容涵盖收入构成、财务盈利能力和营收指标等经济指标，还有创新孵化能力、人才聚集水平、金融机构数量和园区产业产值等，并定期评估投资策略，及时调整投资部署。

4.3 智慧园区品质建设

通过智慧园区的品质建设，形成绿色高效的物理空间，盘活园区数据资产并打造围绕园区的生态集群，在建设中遵循稳定性可靠、开放扩展、先进安全等原则，从园区数字基础设施、园区智慧管理运营平台、指挥中心机房工程等多方面建设着手。应在园区数字孪生 CIM 底座上，建设园区大脑统一平台和多个应用场景，进行通感知、通数据、通业务和统一平台的"新三通一平"建设，形成智慧园区良好的基础条件，支持全域全场景智慧的实现。

4.3.1 建设新内涵

1. 绿色低碳新示范

通过装配式建造方法、工厂化生产建筑材料、新能源材料和设备应用、能源管理和智慧节能系统等多种建设路径，实现从建造过程到园区运营的全过程绿色低碳，打造"近零碳园区"和"零碳园区"。

2. 数据资产新盘活

智慧园区的数据中台，积累园区建设过程和运维运营的海量数据，挖掘使用数据资产效益，建设运营经验知识反哺新项目，园区和智慧系统建设策略、运营策略得到不断进化。

3. 生态集群新展示

智慧园区涉及投资、规划、设计、建设、运营全产业链，通过开放共享式形成数目庞大的生态合作伙伴集群，通过智慧园区的建设给予生态集群一个全新的展示与发展窗口。

4.3.2 建设原则

1. 稳定及可靠性

从园区建设和日常运营管理的角度出发，充分考虑园区使用者和运营管理者的实际需求，并秉持着"安全第一，稳定至上"的原则。采取各种备份措施来确保系统通信的稳定性。确保系统在满足系统能力的基础上，具备可靠性和稳定性，能够持续不断地工作，保证园区正常运行。

2. 开放及扩展性

建设需要遵循开放式的设计标准，为外部提供多种 API 标准接口，实现与第三方系统对接。这样能够传递各种实时和报警信息，以实现统一调配和统一管理的目标。为了适应不同区域、不同数量和不同需求，需要同时在软件和硬件两个方面采用模块化结构设计。在软件方面，需要能够实现基础功能模块和扩展功能模块的灵活组合应用；在硬件方面，根据需要灵活增减相应的模块，而不会对系统其他部分的正常运作造成影响。

3. 先进及安全性

建设应采用成熟的多线程技术、中间件技术、互联网技术、数据压缩技术、关系性数据库、面向对象技术以及结构化存档等先进手段，这些技术手段使得在多项技术指标和性能方面可以具有独特的优势。同时在架构设计方面，应对业务系统的用户和权限有效的管控，实现用户信息管理、角色权限信息管理、访问授权和系统属性设置等功能及热备份功能，以确保数据的安全性。

4. 维护及友好性

系统使用先进的开发技术和工具，选用可维护性好的开发语言，支持远程维护。系统界面应设计简单、美观、实用、可操作性强，人机交互顺畅，实现所见即所得。处理好透明与隐私的平衡问题，增强系统友好性。

5. 数据及驱动性

通过对接园区各智能化系统，对园区大数据进行结构化和 AI 分析，提供脱敏后的海量数据给运营团队，使数据成为驱动园区各项业务活动的生产力。

4.3.3　品质建设策略

"新三通一平"作为园区一级基础能力，将激活数字空间，促进园区高质量发展，是智慧园区良好基础条件的重要内容。智慧园区的品质建设，应进行通感知、通数据、通业务和统一平台的"新三通一平"建设，形成园区物联感知体系、数据流转统一通道，协同各部门业务并提供园区统一服务平台，高品质建设智慧园区，实现园区可持续发展。

1. 通感知，全域采集物联信息

统一标准，建设以园区网络层、终端层以及物联网设备接入层为核心的图像、声波、状态等智能感知系统，同时，建设 IoT 物联中台，完成园区数据采集与信息快速传递，实时感知、全域采集园区智能生命体中每一个终端的物联信息。

（1）IoT 物联中台。整合园区智能终端设备资源，统一接入并管理智能灯杆、远传摄像系统、智能传感器、环境监测设备等城市物联感知设备，提供完善的物联网数据服务能力和智能应用支撑，提升智慧园区基础信息的采集、管理、汇聚、服务能力，支撑园区生态环境、应急管理、产业招商等领域感知设备的统筹化、精准化管控。

（2）设备监测与预警平台。在 IoT 物联中台的基础上搭建设备监测与预警平台，用于园区各类设备和资产的智能化统一管理。在园区智慧建筑建设方面，进行电、水、气等数据的实时监测及精准测量，通风、给排水、照明、供热、制冷、电梯等系统的控制管理，确保对设备的正常运转情况进行相应的检查和故障维护，从而达到智能化设备检测的目的。同时，园区智能设施通过运用 IoT 技术，通过各类传感器，可实现远程控制和远程授权门锁或门禁，定点巡检，外部入侵等探测，从而对全园区实现全方位安防监测与预警功能。

2. 通数据，赋能应用系统生长

建设广域的数据中台和园区 CIM 平台，综合园区内各类系统信息资源，打通信息数据孤岛，数据池汇聚、融合和共享园区物联感知数据、应用服务数据及园区各主体活动数据等全量信息，包括园区空间、人、车、房、物等资产数据和动态记录数据。

向园区各种应用系统提供数据库服务、数据汇聚、数据目录、数据存储、数据共享交换及数据分析应用服务等，释放数据价值，让应用系统生长在数据平台上。

（1）数据中台。数据中台是一个集数据采集、计算、存储和处理功能于一体的系统，旨在确保数据的标准统一和口径一致。数据中台建立了园区全域级、可复用的数据存储管理与能力中心和数据资产中心，采用组件化服务模块的方式，提高数据的共享和复用能力，从而灵活高效地满足数据前台的个性化需求。

在狭义上，数据中台是可以实现园区数据资产化和服务复用的工具；在广义上，数据中台是充分利用数据推动园区数字化转型升级的机制和方法论。数据中台建设始于业务，用于业务，与大数据时代下数据资产价值最大化的目标相契合。

智慧园区数字中台以大数据为核心，融合云计算、人工智能、物联网等新一代信息与通信技术，实现各系统独立数据的无缝连接。通过对数据的汇聚、处理、挖掘和分析，智慧园区数字中台实现了全角度、全动态、全流程的精细化管理。这进一步提高了智慧园区的产业集聚能力、企业经济竞争力和可持续发展能力。

（2）基于 CIM 的数字孪生建设。智慧园区 CIM 平台建设，基于 GIS 软件、BIM 软件和 IoT 信息源，实现对各类空间数据进行对接、转换与建模。一般来说，智慧园区的物理实体包括园内道路、场地、绿化、建筑、综合管网、机电设施设备等多种不同单元，通过 CIM 系统平台融合智慧园区物理信息数据，使用 BIM 技术建立的单体建筑信息模型和建筑构件信息模型，进一步借助 GIS 技术将这些独立信息数据模型加载至园区的 GIS 底图之中，同时加载 IoT 物联数据信息，最终实现通过 CIM 平台串联园区规划建设管理一体化应用，统筹智慧园区各业务场景智慧化应用。

在智慧园区建设中，CIM 平台作为基础设施，集成和构建了多种应用程序。上层业务系统通过 CIM 平台统一提供对空间信息的展示、浏览、分析和应用的需求。这样，园区的人员、财务、物资以及跨部门、跨层级和跨系统的业务能够有机地整合在一起，形成一个闭环的业务一体化整合应用系统，促进园区业务的全面融合。同时，这种整合应用系统为园区管理者提供了全空间、全感知、全服务的智能化管理服务，降低了运营成本，也提高了运维效率。在园区建设阶段，将项目人员调度、进度管理、质量管理、成本管理、安全监管等各项数据全部汇聚到 CIM 平台上，从而实现对园区工程建设项目的全方位立体掌控。例如，针对项目进度管控，可将项目计划进度、项目实际进度均对接至 CIM 模型构件上，通过构件的颜色变化来区分提前、正常和超期等不同状态，直观地了解项目进展；还可结合人员、事件等综合信息，分析项目进度滞后的原因，科学辅助决策。园区运营阶段，将园区招商、产业、人员、安防、能耗等各项数据全部汇聚到 CIM 平台上，实现园区状态可视化、业务可管和事件可控，可以有效地支持园区的精准服务和高效运营。作为智慧城市的重要组成部分，智慧园区需要提供数据接口给城市管理者，其中包括基于位置服务信息（Location Based Services，LBS），这些数据对于城市的应急响应、资源调配和网格化管理非常重要。这样的数据接口能够为城市管理者提供准确的信息，以便更好地管理和运营园区，提升整体效率和服务质量。通过多维度 GIS 坐标系算法，准确提供运维人员和物品的全视角实时 GIS 坐标位置和行程轨迹信息，为园区的应急指挥、疏散、路径查询和引导提供数据基础。

3. 通应用，实现全场景智慧

为了推进园区品质建设，应该更加关注智能安防、绿色低碳、健康环境和智能交通等方面，并建立多个应用场景以满足城市、企业和行业等不同的运营需求。通过深度融合 5G、人工智能、云计算和大数据等多种技术和行业知识，产生裂变效应，打通园区应用系统，实现园区全方位的数字精准分析、系统监测预测、智能协同指挥、科学治理管理和场景化服务。这将使得智慧覆盖园区的每个角落，提升用户的幸福感，提高企业的生产效率，并促进行业创造力的提升，从而让智慧技术在园区中发挥最大的作用，实现园区的可持续发展和繁荣。

（1）智能安防建设。园区的智慧安防系统利用互联网、物联网、人工智能和大数据分析等技术，通过人脸识别、视频结构化分析和图像深度学习等方法，实时提取和分析园区大量的数据，以实现对人员、车辆、物品和空间的整体场景进行实时感知、动态控制和信息服务。智慧安防系统将传统的事后处理转变为实时主动预警和应急联动，提升了安防系统的预测准确性、决策可靠性和处理自动化程度。构建包括视频识别系统、门禁管理系统和火灾预警系统等建设内容，逐步提升智慧园区安防系统的预警和主动服务能力，推动园区能够实现更高水平的安全保障和应急响应能力。

1）视频识别系统：以移动侦测、面部识别等智能技术，是园区构建智能化、立体化安防体系的基础系统。通过多场景人脸识别认证，提升园区安全性、园区管理高效性及园区管理与工作人员体验，实现园区人流量与车流量自动统计、特定人、物和动作的自动识别和追踪，包括园区智慧停车场、智慧通行系统和视频智能识别系统。

2）门禁管理系统：智慧门禁管理系统是用于园区工作人员、车辆进出管理的一种智慧系统。该系统利用人脸识别和视频识别技术，能够智能自动识别进出人员与车辆，使相关人员能够高效地通过与权限匹配的道闸和门禁设施。同时，系统还能够与关联的园区或建筑 OA 系统和访客系统进行接口对接，实现园区内部的高效通行、智能自动考勤以及智慧访客管理等综合功能。提升园区的安全性和工作效率，提供更加便捷的出入管理服务。

3）火灾预警系统：结合各类环境感知传感器，实时监测园区重点区域温湿度、气体烟雾、火警火情等环境状态，结合声光报警器对可能发生的异常情况及时报警，并与园区大脑实现数据互联互通，辅助园区安消防管理者及时采取应急措施。

4）自动巡更系统：智慧园区自动巡更管理系统用于监督管理巡更人员是否按规定路线、在既定时间内巡逻了规定数量的巡逻点位，主要用于安全巡逻和工作记录考核。系统可以把巡逻人员作业的全部或部分情况记录下来，为日后突发事件的处理提供条件及重要依据。

（2）绿色低碳建设。在智慧园区建设阶段，绿色低碳建设包括提高资源节约水平和环境保护等方式。提高资源节约水平是园区减碳的重要途径，包括建设材料资源节约、水资源节约、能源资源节约、土地资源节约等。环境保护主要包括土壤的保护、水环境的保护、固体污染物无害化及噪声的防治。

采用新型建筑方式也是一种重要方式。新型建筑方式主要包含绿色建造以及建造工业化。绿色建造是实现绿色低碳发展的最佳实践，通过科学管理和技术创新，绿色建造采用了与绿色发展相适应的新型建造方式，其中，建筑工业化是新一代建造方式的核心。目前，工业化建造方式主要体现为装配式建筑，它包括标准化设计、工厂化生产、装配式施工、一体化装修以及信息化管理等方面。这些方法和技术有助于提高园区建设的效率、质量和可持续性，促进绿色低碳发展的实现。新型建筑方式主要包含以下建设内容：

1）遮阳系统。园区建筑遮阳系统如图 4-1 所示，它作为重要的绿色建筑技术，既能提高建筑整体热工性能，又能提升建筑内部的舒适度。遮阳可对太阳辐射进行阻断，无须增加额外能量，在源头解决节能问题。在严寒和寒冷地区，供暖系统能耗在建筑全年总能耗中占最主要地位之一，太阳辐射虽然可以降低冬季供暖能耗，但也会相应增加夏季空调能耗。因此，严寒地区及寒冷地区南向外窗可以考虑适当的遮阳措施，同时在寒冷地区的东、西向的外窗也应考虑遮阳措施；在夏热冬暖和夏热冬冷地区，东、西、南向外窗等部位均应采取遮阳措施，其中东向和西向应作为重点考虑。遮阳系统可根据园区建设地区的气候特点、房间的功能、使用要求以及窗口所在朝向综合考虑。采用固定式或可调式遮阳措施，也可采用多种热反射外窗系统、镀膜玻璃外窗系统、阳光控制薄膜、低发射率薄膜等进行遮阳。除以上方式外，园区也可结合建筑整体立面设计和园区室外景观绿化设计采取自然遮阳措施，为园区场地和建筑进行遮阳，提升建筑节能效果和园区场地内环境舒适度。

图 4-1　建筑遮阳系统

　　2）高效暖通空调系统。高效的暖通空调系统如图 4-2 所示，它在园区建筑中起着重要作用。其主要目的是通过对空气进行过滤、加热、冷却、除湿、加湿等处理，确保空气达到要求后送入功能房间或区域，以消除余热、余湿和不符合设计要求的空气，从而确保房间或区域内的温度、湿度和空气质量符合设计要求。作为园区建筑中最主要的能耗之一，园区建筑的暖通空调系统需要具备节能能力，这对园区节能至关重要。在智慧园区中的暖通空调系统应优先利用可再生能源，从而减少一次能源的使用。可再生能源主要包括太阳能、空气源热泵、地源热泵和生物质利用系统等。为了提高能源效率，可以采取多种措施，例如提升制冷（热泵）机组和锅炉的效率，提高热（冷）回收系统的能量回收效率，改善相关空间的通风和排风效率，降低能源输配过程中的能量损失等。

图 4-2 高效暖通空调系统

3）节能照明。照明作为园区内重要能耗之一，在选择园区的照明设备时，应优先选择高效节能的光源。节能照明系统如图 4-3 所示，能够按需进行照明，从而降低照明能耗。对于公共区域的照明，可以采取声光控制、定时控制以及红外感应控制等节能措施。这些措施能够根据实际需要来调节照明，以提高能源利用效率。园区内外立面照明和大幅 LED 屏幕应根据需求配置减少浪费。为了确保园区地下空间的采光效果，可以采取一些措施，如设置采光侧窗和天窗、下沉式绿地或广场、太阳光导管等，以提供自然采光。此外，园区的道路照明系统可以根据场地照度自动启停，以实现节能效果。同时，在太阳能和风能资源丰富的地区，可以在技术和经济可行的情况下采用太阳能路灯或风光互补路灯作为园区景观和庭院照明的光源，这样既能满足照明需求，又能利用可再生能源，实现园区的可持续发展。

4）绿色无源全光网技术。绿色无源全光网采用光纤代替网线，具备体积更小、空间更省等优势，减少了铜开采及冶炼消耗大量的自然资源和能源，从而降低了碳排放。绿色无源全光网传输过程中采用无源设备，间接减少了弱电井内供电、空调等需求，从而达到降低碳排放的目的。

图 4-3　节能照明系统

5）装配式建筑。受国内环保与碳排放政策不断加强的影响，如何减少材料消耗、降低施工过程能耗和大幅减少建筑垃圾成为园区建设施工过程中实现"碳达峰"和"碳中和"的关键问题。在这方面，装配式建造方式通过工厂化生产和现场装配的方式能够非常有效地应对这些问题。装配式建筑如图 4-4 所示。与传统的现浇混凝土结构相比，它采用工厂化生产和现场装配的方式，大大简化了施工过程，降低能源消耗超过 40%，减少建筑垃圾超过 70%，缩短工期超过 20%，并显著降低了建筑现场施工扬尘和施工噪声污染。这与园区追求绿色低碳的要求高度契合。因此，装配式建筑成为建设行业积极推广的新型建造方式。目前，装配式建筑主要包括建筑主体结构装配化、围护墙和内隔墙装配化及装修和设备管线装配化等三个主要部分。在园区的施工和改造过程中，可以根据项目情况选择采用装配式建筑，借助装配式建筑作为载体，以新型工业化为路径，创新传统建造方式，实现园区的可持续提升。

6）园区太阳能资源。园区太阳能资源应用如图 4-5 所示。太阳能作为一种重要的可再生能源，在园区中采取多种手段应用，使园区建筑和场地与太阳能形成协调有序的关系，以实现更好的节能效果。园区中主要可以采用被动式和主动式两种太阳能利用方式。被动式应用太阳能主要关注园区和建筑物自身，设计和优化园区形态、布局以及建筑高度、倾斜度等，以使太阳光能够有效进入建筑内部空间，提供理想的照明环境和降低供热能耗，从而降低建筑能源需求。虽然这种被动式应用方式看似不起眼，但在园区的整个生命周期内，它能够节省大量能源。

图 4-4　装配式建筑

图 4-5　园区太阳能资源应用

　　主动式应用太阳能则通过太阳能光热和光伏设备将太阳能转化为热能和电力。目前较为成熟的技术包括太阳能热水系统和太阳能光伏系统。随着技术水平的提高，光伏建筑一体化技术应运而生，它将光伏发电功能集成到建筑材料上，具有更高程度的建筑一体化和更好的建筑性能。同时，通过使用光伏组件来替代部分建筑材料，例如用光伏组件作为建筑物的屋顶、外墙、幕墙和外窗，既可以作为建筑材料，又可以发电，从而节约了建筑材料，并在一定程度上提升了建筑的美学价值。

　　7）园区地热能应用。地热是地球内部的一种能源资源，包括蒸汽型、热水型、地压型、干热岩型和熔岩型等高温热源以及浅层地温能。浅层地温能具有可循环再生、分布较为广泛、清洁环保无污染、储量巨大、可根据项目情况就近开发利用等特点，适用于大部分园区作为可再生能源。园区地热能应用如图4-6所示，它是通过地源热泵技术，利用少量的高品位能源（如电能）可以实现从低品位热能向高品位热能的转移，为园区提供供热和制冷能力。

图4-6　园区地热能应用

地源热泵与制冷机的工作原理类似，它是一种高效节能的空调设备，利用浅层地热资源实现供热和制冷。通过输入少量高品位能源（例如电能），地源热泵从低位热源吸收热量并与高位热源进行热交换，以达到制冷或供暖的效果。目前地源热泵系统主要分为地埋管地源热泵系统（也称土壤源热泵系统或大地耦合系统）、地下水源热泵系统和地表水源热泵系统三类。通常情况下，地源热泵消耗 $1\,kW\cdot h$ 的能量（如电能），用户可以获得或排放约 $4\,kW\cdot h$ 以上的热量。因此，地源热泵技术的使用可以充分利用可再生的地热资源。未来地源热泵在园区的地热能应用方面将更加广泛，使用总量将持续增长，产业规模进一步扩大，市场价格逐渐降低，成为重要的节能减排贡献源头。

8）园区生物质能应用。如图4-7所示，生物质是一种重要的可再生能源，一般直接或间接来源于植物的光合作用。大部分生物质主要来自农林废弃物、生活垃圾以及畜禽粪便等材料。这些材料可以通过物理转换、化学转换以及生物转换等多种方式被转化为固态、液态和气态的燃料。由于生物质能具备环境友好、成本低廉及碳中性等特点，在目前能源相对短缺、环保和碳中和的双多重压力的影响下，全球各国政府高度重视生物质资源的开发和利用。近一段时间以来，全球生物质能的开发和利用技术取得了迅猛发展，应用成本进一步下降。生物质能的主要应用包括垃圾焚烧发电及余热利用、生物质焚烧发电及余热利用和沼气应用等领域。生物质能的有效设计和运用同样可以为适宜条件的智慧园区项目提供良好的服务，并成为未来园区能源问题研究和探索的重要领域。

图 4-7　园区生物质能应用

9）园区"光储直柔"技术应用。新型园区"光储直柔"能源系统如图 4-8 所示，它可以灵活调节园区用电量，提高能源使用效率。其中"光"为建设于园区屋顶及相关场地的分布式光伏系统；"储"为园区内建设的分布式储能系统，作为园区建筑配用电系统中重要的组成部分；"直"为在园区范围内将传统的交流配电系统改为采用低压直流配电系统，并在园区直流负荷中进行直接使用，不再进行交直流变换，提高能源使用效率；"柔"为在园区部分用电设施设备具有可中断、可调节的能力的智能化控制能力，使园区内建筑的用电需求从原来刚性转变为柔性，实现园区建筑电力负载的灵活调节，从而降低建筑对外部能源的使用量，同时系统通过削峰填谷使外部供电负载曲线趋于平稳。

图 4-8　"光储直柔"技术应用

伴随未来园区对可再生能源利用水平和强度进一步提高,"光储直柔"技术能够最大化地利用园区可再生能源,提升园区内可再生能源利用率,逐步减少弃光等情况,并通过储能系统解决可再生能源的间歇性和建筑物负载需求的矛盾。在建筑物电气化和直流化进程的趋势下,通过光伏的直驱直用,能有效减少交直流变换,进而减少能源的损失。此外,该技术能够综合协调源网荷储,可以实现建筑物柔性用能,供能端和用能端实现有效平衡、互补互济;在使用侧,采用低压直流技术可以降低人员触电风险,提升建筑物用电安全性,是智慧园区的最优用电方式之一。

（3）健康环境建设。

1）室内外空气品质提升。针对室内外空气污染物控制,从园区选址、污染源头、公共设施三方面入手,统筹规划设计和智慧运营管理,在重点污染源设置污染物浓度限值,及时公布污染数据,同时针对室内外环境,通过绿化净化和其他环保手段确保园区室内外空气品质提升。

2）园区用水质量提升。它是对园区水的不同用途进行分类,严格管理园区用水的安全和卫生,同时充分结合生态用水理念,优化园区用水环境。首先,为了保障水质,我们应优先采取预防措施,避免储水时间过长、储水设施清洗维护不及时、输配水管材选择不当、集中生活热水系统供水温度不足、储水设施安装施工不当、分质供水系统管道误接等问题。其次,我们可以通过设置水质在线监测系统和建立水质定期检测制度等措施，有效监控水质安全情况，及时发现水质超标并采取有效处理措施。最后，一旦供水水质无法满足使用需求，我们可以采用消毒、过滤、软化等深度水处理技术来稳定和提升水质。同时，园区可以采用综合提升用水品质的直饮水处理技术，确保用水安全和便捷。

3）环境舒适度提升。主要通过建筑布局设计、围护结构和楼板隔声设计、建筑采光设计及园区照明设计削弱或避免噪声、眩光等健康的负面因素。同时通过构建园区通风廊道、开敞空间、景观与微环境等方式，主动营造舒适的光环境、声环境和微气候环境，提高在园区内工作、生活的人民群众的整体舒适感受。

4）健身、人文环境提升。是在健康建筑基础上，在园区范围有效补充大、中型体育健身、连贯的慢行系统及文化交流设施与文化娱乐场地，加强全龄人群心理呵护服务，引导实现主动健康。同时强化园区无障碍设施的覆盖范围，提高交通便利与安全的设计等。

（4）智能交通建设。园区的智能交通建设涉及停车管理和交通控制诱导等方面。智慧停车管理系统是园区车辆管理和商业运营的重要系统之一。停车管理系统可以实时收集停车场和停车设施的多维数据，包括停车位的使用率和周转率数据、停车时长分布以及车位热力图等，这些系统的协作帮助园区管理人员更好地管理和运营停车设施。通过智能分析数据，并与车辆智能监控系统联动，可以及时处理园区内违停等事件，缓解园区停车空间拥堵情况，提高停车系统的整体运行效率，并降低运营成本。智慧园区交通控制及诱导系统包括对园区内机动车及行人的交通控制及诱导，通过设置出入口车辆闸机、LED 交通诱导屏、交通指示标识等实现对园区内交通流动态组织，辅助行人、非机动车等慢行交通安全有序，并与园区外周边区域的城市交通合理衔接。

4. 构建园区大脑，延伸数字孪生城市运营服务

建设智慧园区大脑统一平台，综合集成 CIM、GIS、BIM、IoT、AI、区块链等技术手段，整合园区内建筑空间、物联网设备感知、园区业务等数据，实现园区多种要素实体数字化、运行态势可视化、运维管理集中化和决策管理科学化。同时提前考虑数据安全与隐私保护，通过标准化数据接口对接城市大脑，全面对接下沉的政府治理数据和数字社会公共服务数据，赋能场景落地应用，建立数据迭代更新机制，通过高频应用推动数据资产挖掘使用，运用多源数据融合技术，在园区大脑 CIM 数字孪生底座上，实现人、物和空间的一一对应、虚实映射。最后，园区大脑承接城市大脑 CIM 底

座，实现城市运营服务到园区的延伸服务。

4.4　智慧园区生态运营

当今，全球经济贸易壁垒重现，面对复杂多变的国内外环境，园区产业更需形成聚集，抱团发展，应对经济挑战。在此环境下，智慧园区呈现多方参与、联合运营的趋势，运营范围也超出了园区本身，与城市政务和运营服务全面对接。在"新三通一平"新理念下，在生态运营阶段，主要围绕产业、人才、创新、企业、绿色等领域，构建智慧化、精细化、产业化运营服务体系，为园区管理者、招商人员、入园企业和个人用户提供高效、智能的服务，实现对园区的实时感知与动态控制、全生命周期数字化管理，不断提升智慧园区运营水平，赋能园区创新发展活力。

4.4.1　生态运营特点

1. 实时感知与动态控制

通过安装 Lora、LoraWan、ZigBee、NB-IoT、RFID、二维码等物联网设备赋予更多物联感知功能，以及智能化系统的集成及融合，更好地监测和管理园区设施设备。智慧园区指控平台具有远程控制功能，可以对园区设施设备按照需求进行集中监控，指控平台能迅速应对突发状况，对其做有效处理。

2. 全生命周期数字化管理

全过程利用数字化手段管理园区的规划、设计、建设、管理、监测和运维。使用这种管理模式，可以对整个生命周期的数据进行多方面的分析，包括规划、管控、运行、现状、历史，从而整体有效地进行园区管理，并可基于空间信息服务平台实现管理和服务的全景化呈现。

3. 信息服务与主动服务

从基于部门的内部信息化向整个智慧园区的管理信息化方向延伸，同时也把信息管理与服务结合起来，以服务为中心，实现协同一体化的信息服务，让用户可做到随时、随地、随需获取服务。园区的运营将实现设施故障能够迅速推送到相关责任人，也能实现商家精准营销的信息推送等。通过对智慧园区大脑积累的大量数据进行分析，园区运营方将会提供更加高效、全面、可持续的主动服务，包括企业孵化服务、投融资服务、产学研服务等，并且解决传统园区运营中所遇到的瓶颈，改变粗放的招商运营模式。

4. 园区与智慧城市融合

智慧园区改变了传统园区"重产业、轻人居""重工业、轻生活"等弊端，不仅注重生产、研发、办公等功能的完善，也着重于提供教育、医疗及文化等公共服务设施，同时致力于居住、休闲及娱乐等生活领域的完善。同时，智慧园区不再是一个封闭独立发展的个体，而是一个集生产与生活于一身的多功能综合体。园区生产与城市生活不再被割裂，边界逐渐模糊，城市发展将以园区管理为牵引，城市与园区互动发展，智慧城市管理与智慧园区运营的融合成为新的发展方向。

4.4.2　生态运营利益方

园区生态运营旨在为园区管理者、招商人员、入园企业和个人用户提供高效、智能的服务，促进园区管理者和招商人员提供智能辅助工具，为入园企业和个人用户提供一站式服务，提升管理效率并助力招商，打造园区人员良好服务体验，实现园区的长效运营。

1. 园区管理者

通过智慧化建设，可以提高园区管理者的服务水平和工作效率，进而促进招商引资等工作的开展。通过园区"产业经济一张图"的全景展示，面向企业、人才、公众进行园区品牌推广，让园区管理者可以从多维度、多层级角度对园区产业经济发展进行观察、追踪并决策。园区产业经济发展出现的问题或者一些发展的关键节点，会与园区管理者视角相关联，提示园区管理者关注。

2. 招商人员

为园区招商人员的招商引资提供充分的论证和精确的数据。建立招商引资项目库，实现项目管理办法和制度录入查看、园区资源分布填写、产业发展现状统计、已储备项目投资金额、数量、项目可行性分析报告整理；项目储备汇总统计上报，年度计划任务完成进度查看，工作经费申报等功能。为招商人员提供客户关系管理模块，引导招商人员科学系统地管理客户资源，为招商板块培育客群提供专业化工具与手段。

3. 入园企业

深入到企业的角度，展示园区现有企业，特别是重点企业的运营情况。对已入驻企业进行统计分类，结合园区目前的公共服务能力与公共服务资源，创造商务生态系统。展示园区内明星企业，展示企业示范标杆，同时介绍各企业的优秀人才，既能方便园区人才互通交流沟通，也能体现园区对优秀企业和高端人才的吸引力。

4. 个人用户

根据园区业态特性，为园区大众用户提供完善的配套服务，包含车辆服务、电子食堂、电子商超、线上订餐等一系列生活服务，打造完善的园区生活服务生态，方便、快捷、舒适地满足园区用户的日常需求。长远来讲，通过提供线上满意度调查和用户意见留言板，打通用户意见反馈渠道，密切关注园区用户体验，从而收集用户真实需求，作为改进园区运营质量的依据。

4.4.3　生态运营策略

智慧园区的运营，主要从智慧化、精细化、产业化三个维度，将园区闲散的基础设施、空间、产业配套、商业配套等资源进行整合，将人、空间、服务三者有效融合，最终形成园区可持续高效发展的智慧生命，实现园区管理降本增效、园区人员良好体验、园区企业产业聚集和创新生态发展体。

1. 园区智慧化运营

园区运营的核心是不断地对园区产品或服务的设计、运行、评价及改进。智慧化运营可以利用新一代信息技术，如物联网、人工智能、大数据和云计算等，实现园区内所有空间的在线互联和智能控制。通过有效的资源配置，为用户提供服务，进而实现园区良性、协调、动态、可持续发展。

（1）搭建智慧运营管理平台。智慧园区的运营基于园区服务和空间资源，建立智慧运营服务体系，包括大数据运营指挥中心、智慧园区管理平台、CIM 底座等智慧平台。针对不同园区定制高效科学的服务体系，实现数字化深度融合，将园区物理空间的信息资源转化为服务力。并以企业和人才为核心，建立产城生态圈，最大化地发挥空间、设施和资源的服务价值，打造智慧园区新生态。

（2）数字孪生语义化模型建设。要实现园区智慧化运营，需要对二三维数据进行语义化建设，才能更快更准地提取信息以实现量化索引。与此同时需要接入物联网数据，进行多源异构数据融合，并将其转化为时空知识图谱。利用人工智能算法，进行园区模拟仿真计算，以实现对园区的时空数据挖掘和智能分析，有效支撑智慧园区的管理和决策。

基于数字孪生模型结构化语义化的特征，建立园区的模拟仿真算法，对园区交通、排水、应急仿真模型进行模拟和推演。引入几何结构、语义信息，将仿真空间单元和仿真模拟数据以及实时数据融合在一起，并采用一体化和并行化的高效时空数据挖掘技术，以获取时空大数据中隐藏的知识，从而实现园区的高效计算和智能分析。园区系统运行可以通过以问题为导向的可视化分析、预测、诊断和模拟训练来进行，在分析问题成因并提出优化或解决建议的同时，支持智慧园区管理的优化和决策。

2. 园区精细化运营

当前，新一代信息技术已为园区精细化运营提供了技术基础，使得园区的运营更加有效，同时，也为园区的产业吸引和招商等提供准确的决策支持。

（1）精细化"服务"运营。传统的园区模式正在向更加灵活、注重企业需求的转型。以前的做法是只提供企业需要的基本服务，但现在越来越多的园区开始倾听企业的需求，主动提供符合其需求的服务。要想提供精准的服务，必须对企业和行业发展的真实需求有所了解，并持续地分析和提升服务质量。一方面，要深入了解企业情况，并提高运营能力，以便更好地服务于客户；另一方面，需要不断学习行业知识以及了解创新理念，以适应服务变化，从而提升智能化服务的质量。

（2）精细化"招商"运营。园区招商需要考虑多个环节，如产业规划、政策制定、项目引进、运营支持等，因此是一个系统化的工程。在园区招商中，关键是要进行精细化的运作，其中一个重要的方面就是要进行精准定位，建立产业项目信息库，以便针对不同类型的产业客商进行定向招商；第二个方面是系统运作，即依据产业招商构建全方位服务能力，进一步详细规范产业项目招商流程，以使整个招商工作更具有系统性和有序性。为了确保园区企业的可持续发展，需要对园区发展规划进行有效的招商运营，实现企业聚集、产业聚焦、人才保障、金融支持、创业驱动、政策支持、技术平台的聚集，从而实现产业集群化发展。

（3）精细化"资源"运营。每一个园区都存在空间上的局限性，因此需要对资源进行集约化配置，针对不同规模的企业不断调整园区的运营配置，确保有足够的资源储备。需要在园区发展时，提前预估客户未来几年的发展趋势，预留一定的时间和空间来优化资源配置，适当留出空白，为其扩大产能预留空间。为了持续改进精细化园区的运营服务，需要充分利用大数据进行迭代优化。

3. 园区产业化运营

迅速发展的智慧园区对于发挥产业集聚优势、优化产业结构、培育新兴产业起到了极为重要的作用。智慧园区的功能已不仅限于工业加工和科技产品制造，还涵盖了管理服务、商业服务、娱乐休闲服务、金融信息服务、政务服务、医疗服务等多种综合功能。

园区的产业化运营以行业需求为导向，目标在于实现园区的效益。这一过程依靠专业服务和质量管理，力求形成系列化和产品化的经营模式。通过园区智慧运营管理平台的建设，展示园区内聚集的产业集群及产业链，了解并分析市内及周边地区的关联领域发展，从而实现园区产业化经营模式。建设交流合作、投资基金、人力资源、营销支持、园区展示、商务服务、招商合作、科技支持等服务，打通园区运营服务体系，建立园区闭环体系，实现园区在品牌、运营、管理、服务、创收、模式上的主体升级。

结合园区多业务场景，通过智慧化运营，打造宜人、宜居、宜业的园区环境。政府在运营园区的产业时需要提供引导，并确保其市场化特性。通过建立适宜的平台和环境，形成完整的产业生态系统，并采用可行的商业模式，促进运营者和企业的合作，实现双赢。

（1）产业化运营核心理念及应用。园区产业化运营紧密围绕"新三通一平"，结合智慧园区产业化运营的核心诉求和发展要求，以园区政策服务管理、企业人才管理、产业经济管理为方案设计理念，分别从区位分析、政策服务、人才管理、产业链图谱、产业项目监督、产业地图、企业画像、产业经济监测及发展分析等维度对园区进行运营管理。园区产业化运营核心理念及应用框图如图4-9所示。

图 4-9　园区产业化运营核心理念及应用框图

（2）运营平台建设思路。产业运营，以各地政府产业园区发展政策为指导，借助大数据、物联网、工业互联等技术，搭建符合全省（市）整体规划要求的产业运营服务平台（简称运营平台），平台包括市级、区级或企业级平台。

运营平台的建设方案应在结合园区自身需求，深刻调研园区产业特色的基础上形成，并能够包括各项服务保障措施和线上线下平台运营内容。针对不同的产业定位和企业不同发展阶段，所提供的内容应也有所不同。

运营平台建成后将对接各类产业化导向资源，为园区企业提供包括（但不限于）产业链、服务链、创新链、资金链等方面的服务内容，并能充分整合政府、第三方、企业资源，打造产业生态圈，实现园区产业配套更丰富，园区产业关联度更高，产业服务落地周期更短，产业服务保障更专业。

首先，制定园区人口倍增计划。在争取大型企业进驻的同时，应评判好企业是否有带动地区产业链发展的潜质，是否具备符合地方人文环境、员工留守性好的企业文化特点。其次，制定增强园区人口集聚的相关政策和措施，带动城乡人口转移，匹配园区投资兴业、入园居住、创业就业、就学就医的环境建设。另外，可推进高等学府或知名学校入园，为园区汇聚人气。同时发掘当地历史文化优势，借助政府相关文旅产业政策，打造扶贫、农贸等特色小镇、体育训练基地及交流中心等，开辟特色旅游专线，吸引社会民众前来投资兴业、休闲旅游，优化消费环境，夯实人口红利。

（3）园区产业运营方法。利用线上和线下运营手段，园区的产业运营方法致力于实现服务专业化、产业智能化，帮助企业实现云端转型，推动产业高质量发展。

线上运营，包括打造园区供应链、对接协同创新资源、整合企业第三方服务、引入产业金融、推送精准政策、加速企业上云、打造企业样板店铺、建立企业数据库、同步资源对接等。线下运营，包括组织企业调研、开展线下培训会议、对接企业需求等。

围绕园区产业和特色产业，输出以服务和调研为核心的园区服务报告，包括线上平台、园区服务、企业服务的服务数据和分析结果；可以季度和年度输出运营报告。

园区产业化运营要构建全要素的规模化开发市场体系，打造园内共识经济，优化商业模式，实现园区社会化、无边界化发展，协助构建互联网信息之路，共建平台经济赋能引擎，为协同创新服务提供新动能。

4.4.4　生态运营要点

园区的生态运营主要涉及基础设施和产业经济两个层面，以促进园区的生态可持续发展，具体体现在产业运营、企业服务运营、人才服务运营、创新孵化运营、社群运营、绿色运营、平安运营等方面。通过智慧化建设，实现园区设备、事件、环境、业务运行状态的可视化管理，从而提高园区管理者的服务能力和工作效率，为招商引资等方面提供有力支持。

1. 产业运营

园区产业的运营是推动园区发展的重要动力，能够为园区的产业招商、孵化、成长、发展和壮大提供全周期的产业服务。主要包括产业研究、产业图谱、企业图谱、产业促进、产业资源定位、行业情报搜索、产业公共服务平台、创客空间、孵化器、产业联盟、产业发展联盟、产业交流展示等。

智慧园区建设集中统一运营管理平台，能为园区招商引资提供精确的数据，实现对企业招商、入驻和人、财、税、法等方面服务的全链路在线化服务。

智慧园区重视构建产业链，以此为价值导向，整合各种生产要素，形成具有稳定性的主导产业和上中下游结构特征的产业链。通过建立信息化交流平台，集聚企业，方便商务交流和对接，熟悉园区内产业的运营状况和市场趋势，为形成产业生态圈提供支持。另外，为了促进知识和信息的交流，增强园区和企业之间、企业与企业之间的合作，需要打造出良好的产业支撑和配套条件，组织企业参加园区企业大会、产品展销、行业交流会等商务活动，以实现资源的最大利用，共同推动园区和企业的发展。

智慧园区的迅速增长对于优化产业集聚、调整产业结构、培养新兴产业是至关重要的。根据现有的产业和资源基础，建立创新平台，以满足企业的核心需求。平台以空间物业服务为基础，并提供政策服务、科技金融、人才服务、市场营销和文化环境服务等多项服务，形成开放共享的生态系统。运营人员直接对接企业客户，线上线下服务相结合，推动高效的、系统性的、全方位的产业服务体系的构建，助力区域营商环境和企业生态的高质量发展。园区通过智慧化创新交互体验，营造创新氛围，助力园区可持续发展。围绕更有力的对外宣传、更充分的公众互动等需求，打造成招商引资的门户、信息公开的渠道、服务公众的阵地，实现连接在线、内容在线、场景在线、营销在线、产业在线，真正将园区建成可持续化高效运营的智慧生命体。

2. 企业服务运营

企业服务运营是企业发展的动力，让企业专注核心业务创新，主要包括创新资源协同服务、政务服务、人力资源、金融服务、法律服务、技术交易、知识产权交易、创新创业服务、非核心业务外包服务、工程服务、行政服务、IT 服务、采购服务、拎包入住、超级前台等。

智慧园区运营依靠一企一档的统一运营管理平台，利用"平台 + 数据 + 服务"信息化建设思路，实现数据和专业应用的中心化管理，实现多种应用在一个平台上管理的目的，以满足未来业务发展的需要，支持快速搭建应用的需求。

扩大园区内企业服务范围，可以通过与服务机构合作伙伴资源进行合作。将软硬件基础设施租用服务提供给企业，以降低其在该领域的支出。将线下资源整合有效，并采用一站式的线上行政事项申请代办模式，以规范服务内容和质量，为企业提供精准服务。通过整合平台，引入资本服务商，拓宽并规范企业的投融资渠道，以降低企业财务成本。同时，协助企业做好推广宣传工作，增强企业新媒体营销策略的丰富性。

积极与当地高等教育机构、科研机构等展开校企合作，共同建设高校实习基地，为园区企业建设人才库，有助于降低企业招聘成本。

为园区内的企业提供政策支持服务，定期为它们开展优惠政策的宣讲和申报服务。

3. 人才服务运营

园区提供人才服务，并为园区人才提供宜居宜业的便捷环境。这些服务包括衣、食、住、行方面的公用设施、社区活动、医疗和教育等生活服务。此外，还提供全面的消费、娱乐、文化、体育和健康服务，以构建一个便于生活且智慧化的环境，为园区居民提供高品质的生活体验。

根据园区业态特性，给园区用户提供完善的配套服务。包含车辆服务、地图导航、电子食堂、电子商超、线上订餐等一系列生活服务，打造完善的园区生活服务生态，为园区用户提供更便利、快捷、舒适的日常配套，实现对园区人员吃、住、行、娱等方面的生活服务、会员管理应用。

4. 创新孵化运营

园区的运营商和入驻的企业之间是一种合作关系，他们不仅仅是甲方和乙方，还是园区发展的"合伙人"。为了提高园区的创新孵化能力，可以从以下几个方面进行改进：

（1）人才服务。与当地高校、科研机构等合作建设学生实习基地，积极为企业建立人才库，可有效降低企业招聘成本，是人才服务的重要举措。

（2）金融服务。根据园区内企业融资状况，为企业提供金融领域的培训、讲座。

此外，还根据不同企业生长的规律和周期，提供融资帮助，例如组织企业与银行、信托等金融机构对接，从而帮助企业解决融资难题。

（3）政务服务。园区的政务部门提供政策支持服务，为园区内企业开办优惠政策申报服务，并定期进行优惠政策宣讲。

根据不同应用场景的需求，将服务能力模块化构建，以便为多用户提供多元化的服务。通过与服务机构合作，拓展园区内企业服务内容。通过租用软硬件基础设施，企业可以降低在该领域的投入成本，包括通信、IT等方面。通过整合线下资源，在线上建立一站式的行政事项、项目申请代办服务模式，以规范服务内容和质量，为企业提供更精准的服务。通过整合平台，引入资本服务商，拓展并规范企业的投融资渠道，降低其投融资成本。同时，帮助企业进行推广和宣传，拓展其新媒体营销渠道。

搭建园区管理服务平台，完善企业数据搜集和业务展示等措施，既为政府提供更多信息支持，又增强了园区和入驻企业的影响力。

5. 绿色运营

智慧园区是一个重要的发展集约集群经济的载体，必须顺应当前低碳化发展趋势，引入低碳管理理念，提升环境治理能力，以实现绿色发展的目标。园区需要通过绿色运营来降低成本，体现社会责任和使命，而智慧运营则能够为绿色运营提供支持。园区常见的绿色运营包括资源利用、垃圾监测与分类、空间资源利用、低碳出行、雨水回收、光伏照明、能耗管理、环境监测、废旧利用和智慧绿化等。

6. 社群运营

园区社群链接园区各类用户，提升园区活跃度，同时也可实现资源对接。常见的社群运营包括党群服务、党群服务中心、活动阵地建设、商圈运营、商业数据分析、会员积分体系、精准招商、读书圈、运动圈、企业家联盟等。如众创空间和孵化器类园区，创业氛围特别重要。在园区中，营造出一个积极向上的创业氛围非常关键，无论身处园区咖啡店还是办公室，人们都热烈讨论着项目、投资和未来。园区创建了一套完备的创业支持体系，为创业者提供各种支持服务，从而激发其创业热情。创业型公司来落户于一个园区，并不是被该园区优惠的租金价格所吸引，而是被这里的创业氛围、创业服务生态体系和支持系统所吸引。

7. 平安运营

园区的平安运营是园区发展的基础保障。智慧运营在平台运营方面主要体现在智慧警务、智慧治安、智慧消防、设备安全、信息安全、交通安全等领域。

建立基于安全监管和环境保护的监控预警体系，以监测和预防一些工业园区中的重大污染源、风险源、环境质量和重大作业。通过实时监测和管控污水、有毒有害气体、危险废料等危险源，实现涵盖排查、审核、整改、验收和复查在内的闭环管理。

建立"平战结合"的应急指挥体系，使用地理信息系统（GIS）、建筑信息模型（BIM）、物联网等技术，进行应急演练、应急值守和应急培训。在突发事件发生时，在线查看应急预案，调度应急资源，并利用三维模型实时分析，确保突发事件的损失最小。

4.5 智慧园区十大主要场景

在"新三通一平"即通感知、通数据、通业务、统一平台的新理念指导下，通过科学的规划设计、动态投资、品质建设和生态运营，智慧园区将形成多个模块化、标准化的场景，本书选取以下十个典型场景模块，着眼现状分析和基本内涵，构建总体思路和总体框架，总结应用场景和建设内容，细化实施策略，并对场景应用进行经济和社会效益分析。

4.5.1 交通人行

1. 现状分析与基本内涵

（1）现状分析。我国现代化进程加速，人们生活水平提高，导致车辆保有量激增，园区车流量剧增。人们对园区车辆进出的便利性、速度、效率、停车位数量提出了更高的要求，特别是对车辆进出的速度、效率和停车位数量等方面尤为关注。智慧交通建设是促进园区交通运行效率提升、改善居民出行体验以及促进物流运输体系发展的关键方向。随着园区业务场景不断丰富，需求日益增加。当前，交通领域各系统相互独立，数据不互通，导致人员、车辆出行不便，安全事故时有发生。

园区内部员工、外来人员难分离，车行、人行混道。员工进出刷卡排队，通行效率低。由于园区停车场地不足，很多机动车只能涌向路面停放，这对道路交通造成混乱和拥堵。同时，寻找合适的停车位也会增加道路交通的负荷，进一步影响车流速度，导致城市路网功能紊乱，形成一个恶性循环。

（2）基本内涵。智慧园区交通人行管理是通过利用新一代信息技术，依托园区智慧交通平台，收集车流、人流、物流等数据，对智慧园区的交通人行管理进行精准分析和深度挖掘，优化道路、车辆、车位等各种交通资源配置。从人员安全和车辆安全出发，围绕便捷出行、高效管理等刚性需求，搭建"统一管控、统一数据、统一运维"的管理体系，提高园区运营服务能力，打造科技化、人性化、数字化的智慧园区新生态，打造园区品牌形象。

2. 总体思路与总体框架

（1）总体思路。围绕园区车辆通行、物流配送、人员出行这三方面交通需求，提出园区"人车分流"交通组织管控、内部街区路网布局、对外交通衔接、智慧出行服务等服务场景。针对园区交通人行的复杂性和多样性，建设园区统一的交通人行平台，集成各出入口控制系统，统一标准和认证数据，构建交通人行平台系统框架，解决通行效率低、数据不互通和停车困难等问题。

（2）总体框架。交通人行总体框架如图 4-10 所示。

图 4-10　交通人行总体框架

3. 应用场景与建设内容

借助二维码、指纹、人脸、车牌识别等方式实现人、车的无感便捷通行，提升用户体验。同时，通过对智慧园区用户数据进行价值挖掘，对用户行为精准判断，以用户需求为导向，从业务处理，到个性化、人性化运营，提供运营决策的数据支撑。

（1）智慧车行。对园区停车位、道路和车辆进行关联对比和分析，实时记录车辆出入，监测车位动态，智能分析 VIP 车位违停、道路车辆违停、道路拥堵，全方位保障园区车行安全。上下班高峰期，平台会利用大数据分析各入口和出口的交通压力，并向员工推荐最佳行车路线。通过"智能找车位＋自动缴费"的组合应用实现错时停车、反向寻车等智慧停车应用，及停车位资源的服务一体化管理。

（2）无感通行。利用人脸识别技术和 AI 视频分析比对功能，建立畅通便捷的通行系统，实现园区内人流无感、安全自由地流动。无论以何种方式进入园区，系统都会快速记录信息并与人员管理系统对接，以实现企业员工无障碍出入管理，同时也能发出非法闯入警告，保障园区的安全。还可以实现电梯的楼层控制管理，访客可以刷卡或通过手机展示预约的二维码乘梯。

（3）访客便捷通行。访客通过线上预约，提前录入来访信息等相关信息，线上授权访客门禁、道闸、电梯、停车场等权限，提升访客通行效率和通行体验。同时，平台自动记录访客相关数据，生成统计报表，便于运营方统计分析和溯源。访客离园时自动导航寻车并推送最佳离园路线。

（4）企业员工无感考勤。借助 AI 摄像机、通道闸、门禁等设备的人脸识别功能，企业员工在园区可"一脸通行"，根据员工出行信息自动生成考勤记录，实现无感考勤，避免员工忘记打卡。同时，支持员工使用手机移动端进行考勤签到。

（5）班车智能刷卡。通过智能车载 POS 终端物联技术，可以实现识别乘坐班车的乘客身份。并根据员工不同类别设置不同的收费方式，实现刷脸或刷卡乘车。通过 AI 精准计算，智能规划最佳员工通勤路线，最大化利用资源的同时满足用户需求。企业用户可通过 App 或微信等方式查看车次、行驶轨迹、实时位置等信息，提升通勤效率。

4. 实施策略与效益分析

（1）实施策略。将门禁、停车场管理、通道闸、电梯等系统打通，实现各系统数据互通。借助二维码、指纹、人脸、车牌识别等方式，快速获知人、车信息，并将数据上传至智慧园区交通人行平台。以便利、高效、安全为核心价值，实现人、车的无感便捷通行，为园区提供舒适、安全、便利、环保的交通人行环境。

（2）效益分析。

经济效益：通过建设智慧园区交通人行平台，实现人、车的无感便捷通行，减少园区运营管理人员，降低园区管理和运维成本，提高园区运营方管理效率。

社会效益：通过园区智慧交通人行领域建设，进一步优化人员出行方式、车辆寻位泊车流程，打破交通出行各环节信息壁垒，强化整体性，全面提升园区员工、住户交通出行体验。同时，通过智能化手段减少园区交通成本，提高园区公共服务的水平，以此提升园区的智慧化水平，进而产生更好的社会效益。

4.5.2　环境安全

1. 现状分析与基本内涵

（1）现状分析。传统园区环境安全涵盖很多系统，如视频监控系统、门禁系统、入侵报警系统等，但是随着社会的发展，AI 学习、大数据、云计算等技术的崛起，传统安防在这些技术的加持下，已经向数字化、网络化的方向进行转变。通过机器学习和大数据分析可实现智能化判断、突发事件事前预警和事后精准追查，提高了安防效率，提升了环境安全等级。

（2）基本内涵。智慧园区环境安全平台依托于云计算、大数据、物联网、人工智能等技术，有效应对园区内自然灾害、非法入侵、重大安全事故等各种突发事件，建立以人为本、主动防范、应急响应、延时可靠的长效应急技术保障体系。

目前，智慧园区环境安全主要体现在以下两个方面。

公共安全：园区公共安全系统针对道路交通安全、园区综合管理、突发公共事件应急指挥、道路交通安全重点单位防护等方面，构成全天候、无死角、覆盖整个园区的安全监控体系。利用前端消防及安防探测设备，对园区设施、建筑内环境、来往人员等进行信息采集和动态管控，为园区上层管理决策提供依据。

防灾减灾：园区防灾减灾系统建立在综合信息管理系统之上，通过运用信息化技术，制定行政和管理策略，进行资源调配、防灾减灾决策部署。安全监测人员可通过消防、安防系统的数据，进行综合分析，依托数据分析结果作为决策依据，增强对灾害事件的应急处理能力。

2. 总体思路与总体框架

（1）总体思路。根据园区的建筑使用功能及相关要求，综合当地安全环境特点，以国内、行业规范技术标准为依据，参考相关国际标准做法，分析园区存在的安全风险，进行人力防范规划、风险防范规划和系统架构规划，构建安全可控、开放共享的智慧安防体系。

（2）总体框架。环境安全总体框架如图 4-11 所示。

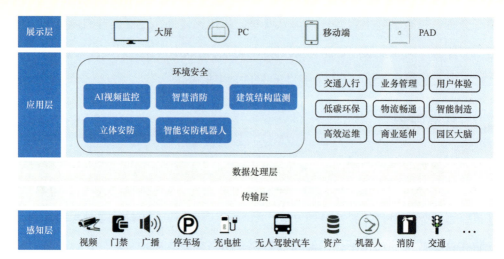

图 4-11　环境安全总体框架

3. 应用场景与建设内容

智慧园区主要运用 AI 视频监控、智慧消防、建筑结构监测、立体安防、智能安防机器人等技术来实现园区环境安全管理。

（1）AI 视频监控。在智慧园区主要出入口设置 AI 视频监控摄像机，系统中输入黑名单和社会危险人员名单、特征等信息，前端摄像机通过 AI 算法对进入人员进行分析比对，发现危险人员立即报警，并联动门禁禁止通行，通知安保人员现场处置。

（2）智慧消防。园区智慧消防通过实时监测园区内的主要消防设施，如逃生通道占道监测、消防水泵压力监测、消控中心在岗监测、居家燃气泄漏探测等信息，实现所有信息统一平台显示，消防状态可感可知，保证消防设施处于正常状态。在发生火灾事件时，自动报警并联动建筑的门禁、停车场系统，切换门禁、道闸为开启状态，为应急疏散和火灾的及时扑灭提供保障。

（3）建筑结构监测。在园区楼栋上设置水准仪、倾角仪及视频监测设备，实时监测房屋楼栋的沉降数据，并将该数据作为建筑物健康风险评估的基础数据信息，通过与三维实景信息数据进行数据融合，建立建筑物健康风险评估模型和健康风险变化趋势预测模型，实施有针对性的维修和改造，从而保障人民群众人身和财产安全。

（4）立体安防。利用 5G 技术，在园区设置巡检机器人、巡检无人机等设备，通过云平台实现远程监控，打破地理限制，形成空地一体，全方位、全时段无死角的安防系统。安防综合管理平台通过大数据整合相关信息，辅助安保人员作出决策，提升园区安全等级。

（5）智能安防机器人。智能安防机器人用于园区人员管控、定点巡查、车辆管控等业务应用。机器人采用云计算、人工智能、大数据、物联网、5G 通信等技术，集成监控模块、导航模块、运动模块、感知模块、自主充电模块、警示模块和通信模块等，实现车辆识别、危险行为识别、人脸识别、乱停放识别、杂物堆放识别、烟雾识别等，替代园区安保人员在夜间、低温、暴雨等恶劣环境中多频次、高强度巡逻值守，具备远程告警确认、远程事件处理等功能，能有效提升园区内的安全等级，同时也能提升安保巡逻效率和整体安防效果。

4. 实施策略与效益分析

（1）实施策略。基于园区的防范等级，按照均衡防护和纵深防护的原则，统筹考虑园区防范能力，采用由外到里、层层设防的措施，以前端感知、大数据分析、业务应用三层架构，建设园区环境安全系统。

（2）效益分析。

经济效益：通过集成、全面的环境安全平台，构筑立体防护体系，各系统互为依托，保障了园区内人民群众的人身和财产安全，也提高了安全防范能力和防护水平，降低了系统整体建设成本及园区管理成本。

社会效益：环境安全系统联动了整个安防系统，把整个安防系统结合为一个有机整体，大大提高了技防水平，大幅提升了园区治理能力和管理效率，使环境安全处于较高水平的同时节约社会资源。

4.5.3　低碳环保

1. 现状分析与基本内涵

（1）现状分析。当下我国面临节能减排（2030 年碳达峰和 2060 年碳中和）和人居环境改善（以人为本新型城镇化）的双重挑战。在绿色健康和节能减排双重挑战下，打造低碳环保的智慧园区成为主要的技术创新手段。建筑运营过程所排放的碳占据了整个建筑行业排放总量的一半。利用数字孪生、人工智能等技术激活智慧化楼宇，降低建筑的运行能耗，是实现"双碳"目标的必要手段。

同时，做好园区建筑的能耗管控，是智慧园区碳减排的重要工作。传统智慧园区对建筑的能耗管控方式过于简单，多数园区仅限于能耗监测，无法做到集中的能耗分配，难以提高能源利用效率，缺乏定制的园区建筑节能减排方案。如何量化园区建筑中各个场景、各个时段的能耗用量、排放量，提升园区的能源利用率，用更精细化的管理方法落实园区建筑的节能减排工作，成为智慧园区建设需要思考的核心问题。

（2）基本内涵。"零碳"智慧园区在规划、建设、管理、运营全过程中，充分地融入碳中和理念，采用全域双碳智慧管理系统，通过泛在化感知碳元素生成、消减全过程，实现碳中和目标和实践路径的精准化核算，依托数字化方式整合节能、减排、碳汇、固碳等碳中和切实措施，通过智慧化管理实现设施集成化共享、能源绿色化转型、产业低碳化发展、资源循环化利用，打造园区碳元素排放与吸收自我平衡，生活、生产、生态全方位融合的新型产业园区。

园区建筑是人才和产业集聚的承载体，利用智能化和数字化的控制方法，可使建筑更加智能和绿色。借助平台实时监测园区建筑能源消耗情况，实现即时的能效控制、能效优化、能源监管、能源调度，从多个层面实现系统性节能，根据数据的监控与分析，为园区能源调度提供决策支持。

2. 总体思路与总体框架

（1）总体思路。利用物联网、人工智能、数字孪生、大数据等先进技术，将智慧园区双碳管理与能耗管理相结合，打造多平台多场景融合的能耗管理态势，应用于新建、扩建或改建的不同阶段的园区。通过对建筑内设施设备的智能化改造，实现建筑用能可监测、可调节、可查询的"零碳"园区发展目标。

将园区建筑内的人、物、设备以及环境作为能耗数据产生的"个体"，利用温湿度传感器、智慧空开等智能设备，将建筑内所有"个体"产生的能耗、碳排放等数据汇总至平台进行实时可视化的展示，并对所有分时段、分区域的能耗数据进行分析处理，为园区运营方的用能策略提供数据支撑，通过远程控制，对建筑内智能终端设备的精细化管控，实现能源的合理分配。实时掌握建筑能耗情况，洞察能源流向，实现园区建筑的节能减排。

利用数字孪生技术，汇总展示园区内所有建筑物的整体状况和能源使用情况，将园区日常经营所产生的能耗全部转化为数据，进行精准的统计，绘制独属于园区的能耗"画像"，提供更具有针对性的用能建议，打造"安全、高效、绿色、舒适"的智慧园区，实现从监测、预警、决策到执行全过程节能减排的完整闭环。

（2）总体框架。低碳环保总体框架如图 4-12 所示。

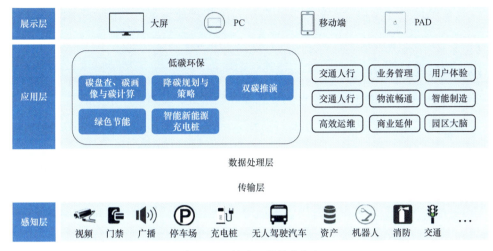

图 4-12　低碳环保总体框架

3. 应用场景与建设内容

绿色发展是实现碳达峰和碳中和目标的必要条件和主要途径。园区运营阶段作为碳排放占比最大的阶段，合理地利用新能源，是实现园区绿色低碳化的重要措施。采用物联网、5G、AI 等技术，使人、机、物、事具备自动感知、互联互通和系统联动能力，将智慧园区双碳管理与能耗管理相结合，打造多平台多场景融合的能耗管理态势，绘制园区的排碳、用能"画像"，有针对性地采取措施降低园区能耗，是打造"低碳环保"智慧园区的重要途径。

（1）碳盘查、碳画像与碳计算。

1）碳盘查。借助低碳环保平台，自动计算园区排碳数据，从时间周期、排放源类型、建筑业态等多个维度展示、分析碳排放数据，帮助园区运营商和企业及时获知碳排放源占比、碳排放趋势等信息。同时，帮助园区管理者梳理出所有可以减碳和固碳的区域以及减碳量，便于掌握减碳趋势。

2）碳画像。

碳源热力图：采用数据可视化技术，以碳源热力图形式，直观呈现全域内碳排放强度分布和碳源构成，对碳排放量大的区域，进行重点管控。

室内碳分布图：依据楼栋、楼层的碳排放量，帮助园区管理者追踪不同空间或企业的碳排放分布情况。确定碳排放大户，明确降碳目标，提高降碳效率。

3）碳计算。基于三维空间模型的可视化交互能力，在数字场景中实时框选特定区域，即时计算出该区域内的碳排放总量和碳源构成，实现高效化的碳排放追踪监测。

同时，可根据建筑业态自动汇算园区内各建筑的碳排放数据，并提供碳源排名，以及不同区域、不同排放形式（直接、间接、相关）所对应的排放量。

（2）降碳规划与策略。

1）降碳规划。借助园区绿色自然资源吸收碳排放，促进碳中和。在三维数字场景中，动态框选可建设绿地地块，实时计算出不同绿植种类和不同建设面积下的固碳数据，并分析该区域碳达峰和碳中和的趋势影响，为园区运营商及城市级减碳规划提供高效便捷的量化数据参考。

2）降碳策略。利用大数据技术，根据每日和每月的频率进行碳排放的动态监测和核算。通过对不同区域和主体的碳排放数据进行分析，能够动态跟踪碳排放的变化趋势，并采用灰度模型进行碳排放量的预测。运用数字孪生模拟仿真的能力，在园区企业设置方案后进行减碳方案模拟，为企业决策者提供数据依据。

（3）双碳推演。基于数字孪生技术构建的智慧园区，针对区域管理运行阶段的碳排放进行情景模拟，仿真推演出基础设施节能改造优化、可再生能源应用、建筑电气化和脱碳技术使用等不同节能情景、绿能情景和脱碳情景下的园区减排潜力，推演区域碳达峰碳中和的时间路径。以三维可视化方式预演组合方案在实施过程中对碳达峰和碳中和路径的影响。基于碳中和评估模型，结合不同场景的减排潜力，推演出零碳园区的减排目标和路线图。

（4）绿色节能。

1）能耗感知与优化。采用5G、AI、物联网等新技术应用，实现人、机、物、事自动感知，采集全场景、过程数据并传输至平台汇集处理，使所有场景能耗数据互联互通，形成能耗用量热力图，实现对建筑能耗的监测、统计、分析与对比。对于异常能耗情况，平台推送相关预警、报警信息。通过可视化图表，将真实设备和空间位置关联，查看实时数据，展示园区按照建筑楼栋、楼层统计的水、电损耗数据以及实际用水、用电量统计。通过对用能数据的深度分析，准确预测园区建筑内部不同场景在不同时段的用能规律，为运营方的能耗分配策略提供数据依据，动态演绎碳达峰、碳中和路径。

2）能耗减排。利用大数据、IoT等新技术，能效管理系统能够主动感知办公室、会议室内人员分布和变化，对末端空调和照明灯具实时动态控制，建立"人来灯亮，人走灯灭"新型智慧模式。通过需求驱动的精准供能模式，提供宜人的空间体验、精准的用电预测以及高效的能源管理，实现节能环保、绿色低碳的可持续发展空间。

（5）智能新能源充电桩。监测园区充电桩运行状态和功率，可以判断当前车位是否有车辆，并用线条流动动画模拟充电状态。通过采用模型染色、告警动画等方式，在充电桩出现故障时进行提示，并清晰展示故障充电桩的位置，为充电桩的使用和维护提供便利。

4. 实施策略与效益分析

（1）实施策略。针对园区低碳环保的发展诉求，充分应用新设备、新技术对园区进行智能化改造升级，降低园区能耗和碳排放，并通过园区能耗流向监测、碳排放计量、降碳策略规划等智能化手段，打造"绿色低碳"智慧园区。统筹政府、园区、企业三方的力量，构建新的低碳环保园区生态体系，推动零碳园区建设的快速落地。

政府引导：加大政策支持和制度保障力度，完全发挥政府引导作用，通过园区碳盘查、碳规划，为政府领导提供园区的碳排放态势、降碳规划策略，为政府决策提供科学化的数据支撑，助力政府充分发挥决策引导的效能。

园区统筹：结合园区自身特色，利用物联网、5G、AI 等技术，使园区末端设备具备自动感知能力，实现对园区建筑能耗进行监测、统计、分析与对比，并动态展现园区用户能效水平和能耗变化趋势。利用电能质量监测、用能设备运行管理、建筑能耗构成和成本分析等手段提升建筑能效水平，从而实现园区绿色、低碳、环保运行。

企业参与：利用园区碳管理和能耗分析，帮助企业了解其用能情况，分析并制定有针对性的节能策略，实现节能增效，共创"绿色节能园区"。

（2）效益分析。

经济效益：通过对能耗的分析和策略控制，有效降低园区能耗和运营成本，提高异常状况的快速处理能力。通过异常情况示警、动态感知智能用电管理等技术手段，大幅降低维护运营成本，节省人力资源，有效降低设备故障率，推动园区低碳运行，实现园区发展形态由工业驱动进入生态驱动。拉动大量的低碳环保金融投资，为园区、地方政府创造新的经济增长点，增加就业机会，同时也为国民经济发展注入新活力，具有重大的经济促进效益。

社会效益：通过绿色低碳智慧园区，快速推动"低碳制造"产业发展，加速了低碳产业示范基地和零碳经济发展示范园区的落地，推动国家经济向低碳环保的方向转型，为国家生态环保体系建设提供了巨大的助力，也为公众提供了绿色环保的生活环境，社会效益显著。

4.5.4　高效运维

1. 现状分析与基本内涵

（1）现状分析。当下，园区运维管理是以人力为主导的传统模式，存在整体效率低下、运维形式单一、各个系统间不兼容、园区内调度响应慢、智能分析手段缺乏、难以提前预判和节省成本等问题。

（2）基本内涵。智慧园区高效运维，是指构建具有整体性、创新性、生态性、个性化以及特色化等特性的整套运维系统。

整体性，指园区一体化规划，平台统一管理，划一监管。创新性，指结合园区主题，引入超前创新的管理理念，成为创新发展表率。生态性，注重绿色环保、节能减排，与园区可持续发展相结合。个性化，针对不同的用户群体，以用户体验为中心，提供适合的、差异化的信息化服务。特色化，强调园区特色，要求体现出和其他园区的区别，树立园区品牌形象。

智慧园区的高效运维，特点是能够融合"感知—智能—智慧"各个智慧园区智能体系，即能准确感知、透彻感知环境状态，精确检测不同用户行为。在感知基础上，通过推理、判断等方式，对信息进行处理和加工。通过基础设施与应用系统集成，深度挖掘信息数据，做出智慧决策，实现高度的智能化。

2. 总体思路与总体框架

（1）总体思路。在园区运维中引入数字运维的概念及场景。数字运维是基于物联网、大数据、AI 等技术的应用，通过对园区各要素网格化、数字化处理，增加自动化、可视化、智能化运维场景，辅助园区运维决策，使园区运维由被动向主动迈进，由计划驱动、事件驱动转为数字驱动，提升运维响应速度，增强运维态势感知能力，建立"智能终端 + 云 – 边 – 端技术"融合的智慧园区运维能力体系，提供多场景的服务解决方案，提供智慧服务，营造智慧环境，实现园区信息资源共享，促进园区的健康运维、持续发展。

（2）总体框架。高效运维总体框架如图 4-13 所示。

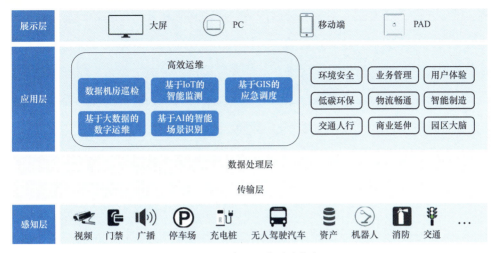

图 4-13　高效运维总体框架

3. 应用场景与建设内容

通过对园区不同场景需求梳理，匹配适合的前端设备，全场景、智能化地实时调度系统连通其他智能系统与硬件，实现园区的全场景智慧化赋能和高效运维。

（1）数据机房巡检。数据机房是智慧园区中算力承载的物理实体，是推动产业园区和产业集群数字化转型升级的核心力量，而目前园区的数据机房存在管理体系不健全、运维工作量大、专业人力成本大、运维管理手段欠缺以及能源消耗居高不下等问题。数据中心巡检机器人采用 5G、大数据分析、自动驾驶、图像识别、人工智能等技术，实现环境监测、红外测温、24 小时自主巡检、随工管理、资产盘点、系统联动等功能，提升设备感知、状态管控、主动预警、缺陷发现和应急处置能力，打造自动排障、独立诊断、防御升级的监控模式，赋能数据机房运维。

（2）基于 IoT 的智能监测。通过物联网技术，实现基础设施、设备及其监测数据的标准化接入，实现园区基础设施、设备运行状态的实时监测，解决园区运维中缺乏"眼睛"的问题。通过监控系统及边缘端传感器、监测设备的广泛使用，使园区运维的感知能力逐步增强。通过告警分析平台的建设，针对标准化的海量物联网数据，提供阈值告警、环比分析告警、陡升陡降告警、关联设备分析告警等多个监测应用场景，及时发现运行风险。不同园区可以根据运维关注的重点，灵活定义告警范围、告警场景，有针对性地化解运维风险。同时，提供告警与工单管理，知识库和预案库管理联动，便于快速建单，及时处置。

（3）基于 GIS 的应急调度。对于规模较大的园区，运维人员管辖的物理空间较广，设施、设备繁多，当出现突发事件时如何做到快速响应和及时处理是园区运维需要考虑的重要问题。除了事前需要完备的应急预案、定期应急演练外，事中的快速调度也需要准备充分的方案。借助 GIS 技术，运维人员通过携带定位设备，便可以在日常巡检、运维处置中实时上传位置信息。当出现应急事件时，调度人员可以根据位置信息精准判断，及时作出最优调度，快速化解风险。

（4）基于大数据的数字运维。基础设施、设备是园区运维的重点对象之一，如园区通信设备、电力设备、暖通设备等。针对这些设备，传统运维手段主要采用抄表巡检、例行维护等方式保证其稳定运行，运维动作均基于设备当前的状态，运维前瞻性不足，不能对可能发生的故障进行预警。数字运维基于海量物联数据，感知设备故障往往是个逐步累积的过程，表现为设备运行指标的逐步变化，通过对其历史运行数据的分析，平台可以提前获取异常状态，并作出预判告警。数字运维可通过整理设备关键运行指标，建立预测分析模型，通过对历史运行记录的大数据分析计算，评估设备健康度，预测设备各指标运行趋势，提前作出预判告警，提升园区运维的预测分析能力。

（5）基于 AI 的智能场景识别。目前监控摄像头已经在各类运维场景中广泛使用，基于摄像头的应用除视频监控、视频回放、人脸识别等典型场景外，还包括基于视频流的智能场景识别。通过 AI 算法搭建、模型训练、场景打标等步骤，实现园区运维关注的特定场景识别和及时告警。常见的如火焰识别、烟雾识别、人员倒地识别、人员聚焦识别、区域入侵识别、运维睡岗识别等场景。通过智能识别场景的搭建，对园区运维的重点部位或无法通过传感器获取监控数据的运维场景提供运维辅助，提升园区运维的智慧化程度。

4. 实施策略与效益分析

（1）实施策略。基于园区不同场景运维需求，采用"云－边－端"技术打造高效运维多场景解决方案，基于物联网、大数据、AI 等技术，对园区各运维区域及设备进行自动化、可视化、智能化运维，转被动为主动，实现智慧园区高效运维管理。

（2）效益分析。

经济效益：通过引入数字运维的概念及场景，利用数字运维技术全面提升设备状态管控力，强化对设备运行状态的监视、预警和实时感知，节约了维保成本；实现标准化、高效化的管理和一体化的资源监控，大大减轻了运维难度和复杂程度，降低了运维失误和人为失误的概率，减少可能造成的损失。

社会效益：数字运维提高了物业管理部门对运维风险的识别能力及效率，有效地提高了管理的时效性和准确性。提供了直观、快速、便捷的管理操作方式，使运维者能实时掌握设备设施的运行状态，为快速响应及决策提供支持。

4.5.5　业务管理

业务管理是园区差异化的重要手段，也体现了园区的核心竞争力。园区推动着企业孵化、区域经济发展，同时还肩负着培育新兴产业、聚集创新资源、推动城市化建设等一系列重要使命。只有不断提高园区业务运营管理的能力，方能为人才、企业、产业发展空间的生态化注入活力。园区也从要素驱动、成本驱动向运营服务产业创新升级转换。

1. 现状分析与基本内涵

（1）现状分析。目前，园区发展所面临的涉及各种规则定位、管理创新等方面的问题逐渐增多，主要表现在以下方面。

1）管理方式过于单一。以往传统的园区大多数都欠缺现代化的服务思维逻辑、管理理念和方式，信息化利用基准线低。

2）园区服务不到位。传统园区存在办事不便、信息获取成本高、园区生活配套设施欠缺、资源信息对接困难等问题，企业人才黏性低。

3）欠缺特色化价值。园区没有形成产业链，功能分区无法突出功能，综合配套过于机械、缺乏市场特色，无法形成特有的市场吸引力。园区入驻企业又由于欠缺规划，而陷入恶性循环。

4）运营模式不甚清晰。传统园区除厂房租赁、销售盈利外，园区的持续造血功能差，这种模式不利于园区长远规划发展，园区营收效益增长动力不足。

（2）基本内涵。受国内外经济增长放缓、新兴业态新经济模式蓬勃发展、实体经济及产业发展低迷、市场需求变化等多种因素影响，目前园区发展普遍遇到瓶颈。园区发展不仅亟须在市场机制、管理体制、运营模式上创新思维、深化改革、扩大开放，完成"二次创业"，也需要从发展模式、方式上进行立体化、全面化创新。园区的发展可以从以下方面进行业务管理和创新。

1）全需求化模式创新，把满足需要转为面向设计需求。园区的开发建设从满足现有的或现阶段发展需求，向引领、引导需求转变。做好高端服务，实现产业的发展引领。

2）全产业链模式创新，一以贯之抓落实。园区发展按照"构建园区产业链、形成园区产业集群、构建园区产业生态"的发展模式一贯进行。

3）全战略化模式创新，实现多重战略叠加发展。研究分析国家发展战略的同时，使园区功能定位与所在区域相匹配，立足自身园区产能与产业发展，从产业人才、技术、模式、资源、市场等多方面进行战略性规划。

4）全结合化模式创新，多层次结合发展。园区建设要实现轻资产运营与重资源导入的结合，要注重基础设施建设、土地开发，也应注重包括金融服务、科技服务、产业生态建设战略咨询服务等方面的软资源、软资产运营。

5）全价值化模式创新，形成多元化价值发展。园区发展应当设计系统化的园区价值实现模式，从产业导入培育、园区土地开发、园区运营、产业持续发展等来制定体系化、标准化、全流程的价值实现模式，有效防范园区出现不可持续问题。

2. 总体思路与总体框架

（1）总体思路。业务管理在全局服务模型基础上，以数据统筹整合、应用统筹整合、门户统筹整合来构建，目的是避免园区内的各个业务出现信息孤岛。人、信息和流程三个层面的全面整合是其核心，为政府、企业、人员提供统筹的服务渠道；将各种业务流程紧密结合，实现各应用系统间的互联互通；实现各系统间的系统统一和公共信息的共享。

业务管理建设要充分体现便民便商服务职能、产业发展职能、招商引资职能、区域经济带动职能、和谐发展职能，为园区及园区管委会等综合管理部门提供一个科学规划的平台，为驻园企业提供一个集约生产的平台。

（2）总体架构。业务管理总体框架应不断进行技术积累与创新，形成行业内领先的架构体系，总体框架如图4-14所示。一方面，需要承接云计算架构，屏蔽技术的复杂性；另一方面，系统需要提供成熟、丰富的园区应用，满足用户快速响应业务变化的需求。以PC端、App、小程序、公众号为应用载体，依托智慧园区生态新基建的数字中台，帮助园区重构数字化价值链。

业务管理应用包括为园区管理方（P端）提供了运营管理工具，管理园区招商、物业等业务。企业工作台打通园区 P 端到 B 端（企业方）、C 端（员工方）的通道，为企业提供了丰富的服务，以及为员工提供生活与工作的便利化。

业务管理为用户构建了招商、物业、运营、财务四大门户，实现园区基于场景化的千人千面的应用服务，构建工作台、App，以及 IoC 大屏，支撑园区的多种业务应用。

图 4-14　业务管理总体框架

3. 应用场景与建设内容

以园区智慧运营管理平台为基础，统筹数据、应用和门户来构建园区业务管理系统，能整合人、流程和信息，打破信息孤岛，实现各应用系统之间的公共信息统一共享。

（1）企业管理服务。园区向客户提供企业管理服务。其中，人力资源管理提供招聘管理、组织架构管理、劳动关系管理、员工档案管理、绩效薪酬管理、培训管理、报表统计等；财务管理包括提供预算编制、预算变更、预算执行控制、费用标准制定、费用申请、统计报表等。

园区管理平台为企业经营过程中各项金融需求管理、行政审批等事务提供一站式服务。严格按照《金融业机构信息管理规范》中要求对入驻园区的金融机构信息进行管理。管理平台能提供项目路演服务，包括路演组织、申请、审核、咨询、推荐、记录、复盘等服务应用。

（2）智慧招商。结合园区招商业务，围绕"线索—意向—协议—合同"各招商流程，采用数据共享、电子合同、自动计费、预警提醒、可视看板等手段，提供可视门户、佣金设置、渠道管理、计划管理、线索客户管理、意向客户管理、销售业务管理以及租赁业务管理等辅助功能。一方面，帮助招商专员提升招商工作效率、提高招商业绩；另一方面，帮助招商领导提升招商管理水平、提高招商规划能力，从而提升项目落地服务效率，推动招商客户入驻，强化招商引资实效。

（3）智慧物业。智慧物业应用在设计上考虑了与其他系统数据的互联互通，以"门户＋智能录入"的方式，为园区物业管理部门或企业提供物业工作管理、物业数据分析等功能。

物业管理在智慧园区中的应用有着举足轻重的作用，智慧物业以实用、完善、综合的物业管理应用，实现物业工作管理规范化、智慧化，最大化地提升园区服务竞争优势。

（4）业财管理。基于中台技术架构的业财管理，将不同的财务单元和业务单元架构在同一中台。各业务单元相对独立，通过中台底层互相联系，不再受财务规则的刚性约束，也不过多占用数据资源，因此确保了业务单元灵活度最大化，能快速地满足业务变化需求。由于财务单元对各业务系统数据都进行了转换、整合和校验，因此经营分析系统和财务核算系统能得到准确、统一的数据，大大加快了财务核算和分析的速度。

（5）资产管理。资产管理是一个全面、动态的管理过程，为园区资产建立"一物一卡一档"的台账，实现资产设备的全生命周期信息化管理。帮助园区资产从购置、入库、验收、领用、调拨、转移、检定、维修、清理到报废等环节进行全方位、智能化管理，对资产管理过程中涉及的相关环节进行信息化升级，从资产管理的申购管理、入档管理、维修管理、检定管理、流程审批、报表统计、基础配置的每个环节全景展现。结合资产统计表、资产卡片、维修统计、检定统计、处置统计等报表，真正实现"物、卡、账"相符，为园区提供完善的资产管理解决方案；实现资产实物管理各环节的管理和动态跟踪，提高了企业资产管理水平。

（6）园企服务。园企服务是园区方为企业提供的统一服务后台，在应用设计上遵循安全性、高可用性和开放性的原则，为园区管理方提供资讯服务、资源预定、服务受理、园区活动运营等服务管理功能，服务内容覆盖企业发展过程的多个环节和维度；提供统一用户入口，包括 PC 工作台、App、微信公众号、小程序，同时园企服务联通企业工作台和 App，实现多系统间的业务流程和业务数据链接。

园企服务连接了园区各方的沟通桥梁，园区企业可以实现在数据、业务、流程上与园区管理方的无缝对接与实时跟进，同时还可以轻松实现对企业内部的管理与统筹，全盘知晓企业各项运行数据，极大提高工作效率，降低沟通与跑腿成本。让企业在园区办事更便捷，服务更丰富，满意度更高。

（7）人才服务。企业的稳定发展离不开企业人才的作用，企业做好人才管理能够保持强有力的发展势头，在市场的竞争中能够稳住脚跟、逐步发展壮大。人才管理系统的作用就是为了帮助企业做好人才管理，也能帮助企业建立规范化管理制度，提高事务处理效率，进而从整体上提高企业人才管理能力。

人才服务提供功能有人才信息发布功能、人才对接服务、人才增值服务、人才培养服务、人才引进服务等。

（8）综合定位导航管理。智慧园区以"搭建智慧园区综合定位导航管理系统、打造智能化定位导航应用"为理念，围绕园区内人员、物资的安全管理、运营服务，依托先进的识别介质、出入口介质、精准定位导航、GIS、终端设备、智慧化管理平台及互联网移动应用技术，打造"智能 +"背景下智慧园区定位导航管理系统，帮助园区在信息化方面建立统一的定位导航管理平台和内外标准接口服务。以物联网为基础的定位导航系统，深化现有的园区 GIS 地图模型，以位置为核心业务点，完善园区内的 App 应用系统、小程序系统、地图导航系统、后端服务系统，使智慧园区实现标准化导航服务。

4. 实施策略与效益分析

（1）实施策略。业务管理的实施涉及业务广、工作量较大，因此需要良好的实施策略保障项目的顺利进行。

1）统一规划，分步实施。采用了统一规划、分步实施的策略，明确了项目每一阶段的实施范围，保障了项目建设高效、有序。在项目实施过程中，将提交项目实施的详细计划列表，确保论证调研、软件设计开发、安装、调试、初验、试运行、终验、培训等各步骤有序地实施。

2）版本控制，统一系统。将采用严格的版本控制方法，统一本项目的系统版本。

3）分层实施策略。建设信息化项目不只是简单的信息化技术改造与提升，更重要的，它包含对外部与内部的业务梳理和整合。信息化项目建设一般分三层：

一是认识问题，其中包括项目的目标、价值、意义、时机、重要性、利弊等方面，也就是项目组成员在许多问题上要达成一些基本的共识。

二是操作问题，其中包括如何做好系统、如何运行好系统，也包括规划、投资、管理、标准、组织、阶段性评价、运营和规范制度等等。

三是工程和技术问题，其中包括项目实施和方案的问题，包括安全、认证、软硬件、人员培训等。

（2）效益分析。

经济效益：通过统一规划、集约建设、信息资源共享，建立园区业务管理应用平台，按照统一的建设模式和技术标准协调运行，实现信息资源共享，优化再造流程。一方面节省人力成本，另一方面提高了工作效率、提高了信息的利用率和时效性，能产生直接的经济效益，为管理方业务系统的建设提供了很好指导，能直接降低生产建设成本。

社会效益：通过园区方提供内、外部资源服务，可以解决企业在融资渠道、人才储备、信息资源等方面的欠缺；通过产业链招商形成产业集聚，以及提供良好的创业和创新的生产、办公环境，利于中小企业做专做精，增强中小企业生存发展能力。这些为稳定地方就业提供了强力保证，减少了园区与周边居民的社会矛盾。

4.5.6 物流畅通

1. 现状分析与基本内涵

（1）现状分析。传统物流存在各物流单元割裂化、彼此间不能进行整合，导致物流运营效率低下、资源浪费严重的突出问题。智能物流利用智能化应用系统平台，全面感知并深度融合人、车、货、物等要素，使运营科技化、服务品质化、物流数字化，最终达到整合智慧园的目的，最大化各方利益，实现可持续发展。

（2）基本内涵。智慧物流以园区自有智慧运营管理平台为依托，共享园区信息并双向协调，以"平台构造节点化、业务服务全程化、园区管理智能化、行业效益长远化"特色为核心，为管理者提供便捷、高效的智慧化服务，为重要决策做强有力支撑。

2. 总体思路与总体框架

（1）总体思路。通过物联网技术、信息传输网络、智能感知设备，全面连接并感知园区人、车、物、货。利用摄像头、智能表计、烟感、压力、液位传感器、电子标签等感知终端，将园区内的"物"转化为数字，为智慧物流提供数字化基础支撑。从物理角度来看，具备丰富的底层技术，包括有线网络、无线网络、3G/4G/5G、GPRS、Bluetooth、ZigBee、RFID、NB-IoT 以及 LoRa 等，为万物互联创造连接支持。对于物联网设备连接到云端，有大量的问题需要解决，包括消息路由、设备与云的双向通信、设备元数据检索存储及设备状态同步信息、访问控制与通信安全、设备标识管理和设备连接性监控等。

（2）总体框架。智慧物流总体框架如图 4-15 所示。

图 4-15　智慧物流总体框架

创新智慧物流园区智能化应用场景，提供与业务需求、客户需求紧密结合的园区管理和服务应用。

配合建立智慧物流的运管服体系、标准规范体系、运维体系及安全体系等内容，从规划、建设、运营、保障等多方面做支撑体系建设。

3. 应用场景与建设内容

车辆管理、月台管理、仓储管理、运营管理等都是智慧物流的一些特性需求。由于这些智能化系统相对独立且分散，因此只能解决简单的"感知"问题，所以只有依托物联网、人工智能等技术，感知和管理"人、货、车、库"，将时间和空间等数据结合在一起，形成管理决策能力对"生命体"全生命周期进行监督管理，才能实现智慧物流。

智慧物流具备很多典型的智慧化应用场景，如场站调度、数字月台、数据接口服务、智慧仓储、无人物流车、配送机器人等。

（1）数字场站调度。传统物流园区的客户车辆入园后缺少引导，需要耗费较长时间寻找月台，且寻找月台过程死板不灵活，高峰期需要长时间排队等待。另外，车辆调度的信息司机无法及时获取，一定程度上加重了排队现象。

智慧物流通过对运输车辆进行合理调度，使其分散到不同月台进行作业，并提供挪车提醒、排队叫号等服务，疏导高峰期车流，提高场站的使用效率，减少车辆等待时间。另外，智慧物流实现了货物信息与车辆绑定，并且对干支线车辆全程跟踪，不仅提高了管理的针对性，也实现了货物全程可视化。

（2）数字月台管理。通过信息化手段将月台可视化，包括月台占用识别、月台车牌识别、通道占用识别等，及时发现月台的占用情况，优化调度，不但节约了人力成本，也能够准确获知车、货情况，提升月台作业效率。此外，通过可视化数据对月台实施动态管理和优化调整，提高月台利用率，降低仓库的租赁成本，月台管理与出入口管理联动，优化排队放行流程，避免发生拥堵现象。

（3）数据接口服务。智慧物流平台提供标准数据接口，可向客户系统提供园区场站公共空间所需的各类数据信息，客户系统可以通过接口快速接入，降低开发工作量，满足客户系统个性化的数据需求。同时，基于物流数据形成物流指数，为政府产业经济分析提供物流行业数据。

（4）智慧仓储管理。随着时代的发展，仓库作业和库存运营管理变得非常烦琐，传统的仓储物流模式已满足不了目前的物流发展需求。智慧仓储则是利用物联网、互联网、大数据、云计算等技术，实现对仓储的进出货、安防、人员、仓储环境可视化管理，将传统的人工仓储管理转化为信息化、智能化、自动化、可视化管理，同时共享机械设备，如叉车和托盘等，为客户提供高性价比的物流仓储基础设施。

（5）无人物流车、配送机器人。基于5G、C-V2X网络的无人物流车，可实现最优配送路线、紧急制动、车位识别、自动泊车、可持续工作、夜间配送等。配送机器人以5G、AI、高精度定位、实时导航等技术为基础，具备越过障碍、爬楼梯、爬坡、进出电梯、紧急避让、按门铃、智能识别、AI人机交互等功能，实现室内物流末端"最后一米"智能交付。无人物流车加配送机器人组成的园区智慧物流系统，可在完全无人参与的情况下实现将货物运送到室内用户，打通物流配送的末梢环节，完成真正的无人配送，大幅降低人工成本，高效、安全地完成物流运输配送，实现园区智慧物流的全场景应用覆盖。

4. 实施策略与效益分析

（1）实施策略。智慧物流的建设，首先要按照"统筹规划、分步实施"的框架进行建设。系统的设计需要具备可扩展性，用于满足未来新系统、新业务的扩展需求。

其次，园区智慧运营管理平台中的各项服务是智慧物流的基础。各项服务的能力好坏，直接决定智慧物流各应用的功能实现。所以，在智慧物流建设前，需对园区智慧运营管理平台进行充分调研，了解平台各项服务内容，为智慧物流的建设打下坚实的基础。

（2）效益分析。

经济效益：智慧物流集多种服务功能于一体，体现了现代经济运作特点的需求，即强调信息流与物质流快速、通畅的运转，从而降低物流成本，提高生产效率。

社会效益：智慧物流的建设，集仓储、运输、配送、信息服务等多功能于一体，实现集约化经营，优化社会物流资源配置。同时，将物流企业进行资源整合，发挥整体优势和规模优势。此外，这些企业还可以共享基础设施、配套服务和信息，获得规模效益。在物资辐射、集散能力上同邻近地区的现代化物流配送体系相衔接，打开企业对外通道，以产业升级带动城市经济发展，推动当地经济的发展。

4.5.7　商业服务

1. 现状分析与基本内涵

（1）现状分析。智慧园区的规划建设缺少不了商业部分的配套设计，而商业运营的好坏是检验园区商业建设是否成功的标准。传统园区对商业建设存在以下问题：

1）思想上仍停留在"配套"而非"商业"。思想认识的局限性导致从建设到运营都在以园区配套的思维做商业，导致后期招商引资难，运营效果不理想。

2）建设上仍停留在"商铺"而非"商圈"。在建设环节中，后期负责商业运营招租一线的同事和部门没有深度介入到规划建设环节，以至于存在商业上"条状"多，"块状"少，不符合园区商业建设的潮流，存在集聚度不高、品质感不强、开放度不够等问题。

目前智慧园区很多，经济下滑生存竞争压力大，在这量级下，如果能成功进行 TO B 和 TO C 服务整合，为园区商户提供专业化的服务，或许会成为新商业模式的契机。

（2）基本内涵。通过园区信息化建设与智慧化应用，整合 BC 端服务，加速智慧园区和智慧城市的融合，将智慧园区作为载体和着力点，随着运营管理经验的积累，不断迭代演进，创新业务场景，从而实现新的运营模式，最大化智慧园区价值。

2. 总体思路与总体框架

（1）总体思路。商业延伸通过建设信息基础设施达到推动智慧商业的应用的目的，同时通过数据信息的采集、存储、处理、分析的应用来优化整个商业环境。

1）面向消费者的智慧服务。首先包括通过营销导购服务，灵活运用微信、微博、App、第三方服务商、多媒体互动屏等渠道为消费者提供营销服务，推动线上线下的融合联动、引导和促进消费。二是综合配套服务，主要是通过全面完善交通、停车、商业设施、公共设施等智能引导系统来提供移动网络、物流配送、移动支付等服务。三是创新增值服务，积极尝试虚拟现实、增强现实等新兴技术在商业实体中的应用，为客户带来个性化、创新化、时尚化的商业服务体验。

2）面向商业企业的智慧管理和服务。一是开展营销平台服务。把商业企业纳入面向消费者的多层次营销服务体系，为企业提供接待消费者的有效平台，实现企业营销与商业营销的联动。二是消费配套服务。为企业提供物流配送、无线支付等公共性的配套服务，降低企业成本，提升运营效率。三是商业智能管理。促进互联网信息技术与 ERP、CRM、BI 等企业原有商业信息系统深度融合，持续提高实体经济的运营能力。

3）形成区域商业智慧管理和创新发展。一是客流实时检测。运用 Wi-Fi 热点、iBeacon、全球眼等设备，对商圈客流进行实时监测，全面掌握客流流动的结构。二是消费信息收集。运用多种方式收集商圈的消费数据、企业营收数据，基本掌握商圈消费结构和消费特色。三是大数据分析研究。结合客流监测、消费监测数据和第三方数据，深入研究商圈的消费特征和发展趋势，引导商业结构调整和提升企业的创新发展能力。

（2）总体框架。商业延伸总体框架如图 4-16 所示，主要建设应用有以下四部分：一是智慧化综合管理的建设应用，主要包括商户管理系统、智慧交通系统、客户分析系统、安全管理系统、应急管理系统等；二是智慧化消费类服务的建设应用，主要包括智能导购系统、便民服务系统、互动体验系统、智能营销系统、移动支付系统、售后服务系统以及一些配套系统；三是智慧化协同服务类的建设应用，包括综合管理支撑平台、大数据分析平台和消费服务支撑平台；四是智慧化营销展示类的建设应用，包括微信公众号、手机 App、微博以及多渠道线下服务平台建设和网站建设。

3. 应用场景与建设内容

经过这些年的发展，智慧园区已经成为集生产与生活于一身的多功能综合体，注重教育、医疗、文化等公共基础服务设施，以及居住、娱乐、休闲等生活配套设施的建筑。园区生产与城市生活不再被割裂，边界逐渐模糊，产城不断融合。在智慧园区中各类智慧商业的应用也将得到极大的发展，展现出更多的适用场景。

图 4-16　商业延伸总体框架

（1）智慧精准营销。以 5G 网络为基础，集成云计算、虚拟现实、增强现实，结合数据驱动营销策略、千人千面刻画客户画像以及虚拟现实营销等重构营销方式，不仅对园区和商圈等建设 3D 模型，同时充分对产品进行渲染展示，有力推动虚拟化、个性化、数字化和精准化营销。

（2）全息投影广告。以 5G 高速网络为基础，利用全息投影技术，在展厅或园区大堂等地点投放身临其境、画质生动的 4K、8K 高清视频，以此来打造具有十足科技感的全息广告场景，沉浸式购物消费，提升现场客户服务体验。

（3）可视化营销。基于 GPS 定位、Wi-Fi 探针、5G 手机信号等方式，抓取客户的线下位置数据，汇聚客户的线上访问行为数据，再融合处理后的用户年龄、性别、职业、收入等多维数据，利用机器学习建模、分析与预测技术，实现程序化营销。

复杂的营销知识则是通过挖掘数据、处理信息和绘制图形等方式实现营销可视化，并全过程服务于市场调研、竞品研究、产品设计、推广营销、客户服务等环节，让营销更有价值。

（4）智慧支付。基于人工智能和物联网等技术，为园区食堂、停车场、商圈带来"无感出入、无感支付、无人值守"的消费场景。人员可通过刷卡、二维码、人脸多种方式进行消费，管理方通过平台可便捷对交易进行管理，对商户资金进行结算。

（5）新零售。企业通过高效整合线上与线下平台以及有形与无形资源，采取"全渠道"手段清除各零售渠道间的重重壁垒，模糊化各个主体经营过程中的既有界限，打通传统经营模式下造成的时空边界、产品边界等现实阻隔，加速人员、信息、资金、商品、技术等的合理通畅流动，从而实现整个商业生态链的共享互联。

（6）智慧商街。基于 5G+XR+ 数字孪生等数字技术，搭建起一个同时具有数字世界与现实世界的商业空间，当消费者打开手机小程序，即可"穿越"至一个平行的"数字世界"，提升消费者体验感。智慧商街从消费者角度出发，将 AI 赋能实体店铺，升级服装、美妆、书城、珠宝等传统实体店应用，打造 AI 试衣、数字香氛、智慧书架、光雕投影等应用场景，大幅度提升顾客消费体验。

4. 实施策略与效益分析

（1）实施策略。商业延伸主要是以园区信息基础设施为底座，实现综合管理、消费服务和协同服务的智慧化建设。由于不同园区定位不同、个性服务需求不一，因此，需要园区管理者根据业务类型、收入规模以及建设需求方面存在的差异，科学选择园区特色智慧化应用进行重点建设，为园区带来最大的产业效益。

（2）效益分析。

经济效益：无感支付不仅提高了支付效率，同时减少了人工成本，智慧营销让管理层更能对业务进行准确定位，精准决策，通过分析各类数据可以发现不同消费者特征和喜好之间的关系，有助于针对性地向不同客户群体提供促销活动和个性化服务等，大幅提升商户销售收入，为企业带来直接的经济效益。

社会效益：园区商业在各种技术的相互结合和应用下，促进了传统企业的创新发展，加速了商业形态的迭代更新，为消费者提供更加丰富、便捷的购物、休闲场所，促进社会和谐发展。智慧商业的建设也符合绿色低碳的原则，有效节省资源，积极推动绿色社会的建设。

4.5.8 用户体验

1. 现状分析与基本内涵

（1）现状分析。目前大部分园区处于数字化转型的初级阶段，园区建设聚焦在物理设施层面，缺乏对用户需求的关注与分析，导致园区现有服务体系较为被动，用户体验感较差，削弱了园区在用户吸引方面的核心竞争力，也不利于发挥人才聚集带来的经济性溢出效应。

（2）基本内涵。智慧园区用户体验场景建设的基本内涵在于将机械化的物理空间升级成为有温度的生活空间，使用户拥有获得感、幸福感、价值感，具体表现在两大方向的转变。

在建设思路上，实现从管理驱动到服务驱动的转变。在园区用户需求多元化演进背景之下，以服务视角为主的建设规划模式成为主流，即从服务对象的逻辑入手创造价值，将高频需求转化为特定场景，用户只需下达一次指令便可将场景内所有关联服务贯通。

在提供模式上，实现从被动触发到主动服务的转变。主动感知需求进行预判，提供无感化的智能服务。这种主动型供给模式，将园区服务转化为如水和空气一般的自然要素，融入于用户工作生活的方方面面。

2. 总体思路与总体框架

（1）总体思路。在用户体验场景方案设计中，应秉承"以人为本"的设计理念，依据用户实际，以提升服务价值为目标，构建智慧服务体系框架。

以打造"高品质、高效率、零距离、有温度的沉浸式工作生活圈"的核心愿景为驱动，实现"智办公、乐生活、趣体验、泛社交"四大重点价值，围绕用户和访客从入园到出园、从上班到下班的全流程需求进行规划设计，落脚于"智慧办公、智慧生活、智慧会议协同、智慧场地预约"四大核心场景，打造一站式智慧服务。

（2）总体框架。用户体验总体框架如图 4-17 所示。

图 4-17　用户体验总体框架

3. 应用场景与建设内容

深入剖析用户在智慧园区中的各类活动场景，进一步挖掘其在生活、工作各个环节中的潜在需求，提取智慧办公、智慧生活、智慧会议协同、智慧场地预约四大核心服务场景，串联不同细化服务内容，实现园区一站式智慧服务体验。

（1）智慧办公。以社交能力、融合能力、移动能力、大数据能力等为显著特征，深度融合各种资源（包括人、财、物、信息、流程）业务。围绕"办文、办会、办事"等核心管理业务，提高园区管理方内部的沟通效率，消除在管理和协作过程中产生的各种壁垒和障碍。实现跨部门业务间的协作，人、财、物、业务的全面协调和无纸化办公，助力园区内部管理与沟通的信息化升级。满足员工在办公领域的多元化诉求，主要包括工位预约、信息共享等内容，助力提升办公效率、优化办公环境。

（2）智慧生活。深入剖析园区用户通用化与定制化需求，围绕智能迎宾、智慧食堂、智慧购物、生活娱乐和参观体验五大领域提供相应服务。

智能迎宾：依托智能迎宾机器人、自助桌面等设备，向访客提供主动问候、咨询讲解、交通引导、商业联系等服务，提供访客与园区企业实时互动的线上线下交流窗口，助力潜在商机的落地。

智慧食堂：支持通过微信、App 提前订餐，提供选餐、定制餐、加班餐等多种模式，安排食堂就餐时间与位置，减少等候时间成本。通过对用户的历史用餐数据分析，提出饮食合理搭配建议，助力健康管理。

智慧购物：依托物品识别和追踪技术，打造 24 小时无人商超，即时满足园区用户购物需求，并提供"无感支付"体验；支持人脸、二维码、验证码等多种存取快递模式，提升收发件效率，保障快递安全性；搭建园区网上购物商城，吸引优质商家入驻，并通过会员体系搭建提供多元化权益内容，提升用户黏性。

生活娱乐：通过搭建园区社交平台，包含兴趣圈、话题组、共享学习、活动预告、在线报名等多种应用，提升园区用户互动性，满足学习社交需求。

参观体验：围绕园区自身体色，构筑具备可视性、科技性、示范性、互动性的全数字化展示空间，借助 360° 环幕影院、VR 体验仓、3D 投影秀、全息互动等方式，为参观访客提供动态化的沉浸式园区参观体验。

（3）智慧会议协同。为了保证会议室资源的合理利用，提高考勤体验感和会议效率，智慧园区建设会议管理系统。

会前，支持 Web、App、邮件等多种会议预约方式，并对与会人自动派送会议通知，高效完成会议预定、通知、审核、议程等步骤。会中，自动开启会议设施、调节室内环境，支持通过视频、无线投屏等技术分享会议信息。会后，延时自动关闭会议设备，智能结算会议租赁、茶水零食、会议订餐等费用。

（4）智慧场地预约。以园区场地高效利用为切入点，提供园区场地预约服务，针对园区体育场馆、健身房等室内场馆进行有偿预约使用，支持微信、App 预约体育场馆、健身房，可根据用户习惯推荐音乐、调节器材强度、记录健身数据，提供运动建议。场馆工作人员能够利用后端管理平台对场地资源和配套服务进行维护，为场馆管理提供现代化管理手段。

4. 实施策略与效益分析

（1）实施策略。智慧园区建设是一项系统性工程，尤其在用户体验场景，涉及领域广、牵扯要素多，存在大量不确定性需求，因此在进行规划设计时，应充分做好需求洞察、框架设计及路径规划，为后续的施工建设与运营管理提供指导。

需求洞察：覆盖多方视角，深入剖析用户体验场景建设相关的因素，采集园区用户的基本特征、生活习惯、消费偏好、业务特征等，构建核心用户群体画像，明确智慧化诉求。

框架设计：围绕用户体验，开展园区的业务设计与系统设计。在设计模式上，以服务对象为中心，组织设计相关业务与流程，并以场景为核心进行业务架构设计。

路径规划：综合考虑各类用户需求的必要性、紧迫性、经济性，设计具象化、可落地的实施路径。

（2）效益分析。

经济效益：通过智慧化、集约化的应用服务，提升了园区空间资源使用效率，应用智慧化操作流程，全程无须人工参与，大大减少人工成本支出，也最大程度上避免了人工操作导致误差情况，提升整体运营效益。

社会效益：智慧园区赋予用户高效、舒适、安全的服务体验，满足用户生活、社交乃至于个人价值实现等多方面需求，助力将流动从业人口转向稳定居住人口，扩大人才集聚效应，夯实人力资本基础。智慧化操作流程在疫情防控期间，减少了人员密切接触的机会，也为疫情防控做出了贡献。

4.5.9　智能制造

1.现状分析与基本内涵

（1）现状分析。在科技不断发展的背景下，"中国制造"正在加速向"中国智造"转型。随着 5G 时代步伐的来临，多数中国科技企业迅速响应推动了"中国智造"的发展。

（2）基本内涵。智能制造是基于新一代信息技术与先进制造技术深度融合，贯穿于设计、生产、管理、服务等制造活动各个环节，具有自感知、自决策、自执行、自适应、自学习等特征，旨在提高制造业质量、效益和核心竞争力的先进生产方式，实现高效、优质、低耗、绿色、安全的制造和服务。

2.总体思路与总体框架

（1）总体思路。通过"基础共性"层，包括通用、安全、可靠性、检测、评价、人员能力等构成底层，在此基础上，通过各种关键技术，包括工业网络、智能服务、智能赋能技术等，将传统制造升级为智能制造，支撑各种行业应用。

（2）总体框架。智能制造总体框架如图 4-18 所示。

图 4-18　智能制造总体框架

3.应用场景与建设内容

以 5G 网络为基础，构建智能制造工业网络，通过"5G+ 应用"赋能智能制造各项服务，进一步激发智能制造领域的应用潜能。

"5G+ 应用"主要通过低时延高可靠、低功耗大连接、热点高容量和连续广域覆盖四种技术解决智慧园区四大需求，让不同行业的各种应用服务得以实现，极大地推动智能制造领域的发展。

（1）数字孪生。通过数字孪生技术对车间进行虚拟建模，以三维虚拟车间为载体，输入物理车间的运行规则，接收来自车间现场的真实数据，建立物理车间到数字虚拟车间的动态映射，基于数字孪生车间，分析和优化车间运行过程，将分析优化结果用来指导物理车间运行。

（2）智能制造能源平台。通过建设园区源网荷储智能化管理平台和运营指挥中心，应用大数据、AI、物联网技术，降低分布式电源对配电网的冲击，改善电能质量；低充高放获得增量收益，降低用电成本，多能互补协调，综合管理，节能降耗；实现园区高效多能调度、能源经济运行调控、安全可靠用电，促进园区生产数字化、高效化、绿色化。

（3）VR、AR实训。以智能制造工业网络为基础，通过 VR、AR 技术进行仿真实训呈现，高度还原真实场景。按照标准及一线作业要求教学和考核，教员动态实操教学，题库考核系统智能化检测学员操作流程是否正确，实现智能化实训考核，有效解决现实教学实训过程中"看不见、摸不着、搞不懂"的难题。

（4）生产监测。以 5G、边缘计算、知识图谱等技术为基础，对工业设备、系统、生产线进行改造升级，实现柔性生产制造、远程设备操控、设备协同作业、精准动态作业、现场辅助装配等，提升生产运行柔性、敏捷、协同能力。

通过 5G 结合机器视觉、模式化识别等技术，进行在线检测监测，加强识别分析、远程诊断、智能预判，机器代替人工进行视觉质检、近红外线成像分析、工艺合规校验、设备故障诊断、设备预测维护、智能巡检等工作，全方位保障生产质量与安全。

4. 实施策略与效益分析

（1）实施策略。根据国家政策指导，以中国制造为契机，推动制造业从传统模式向智能化、网络化、数字化转变，从粗放型向质量效益型转变，从高能耗、高污染向绿色制造转变，从生产型向"生产+服务"型转变。通过在各地搭建智能化、数字化产业基地，全方位整合数字制造、5G、人工智能等技术，以数据应用实现园区不同环节业务的集成统一，并在决策层基于产品、服务、设备管理，支撑智能决策，更好地推动制造业转型升级。

（2）效益分析。

经济效益：在企业层面及行业层面都能带来显著的效益。通过强大的物联网和数据分析能力，提高园区能源使用效率、减少流程周期时间、提升整体运营效率。仿真能力实现个性化产品快速设计、批量生产，对设计、生产、物流和服务等各个环节的数据打通连接，辅助管理者快速决策，显著提高运营效率和降低成本。

社会效益：智能制造可拓宽企业的潜在市场，为社会创造更多高技术含量的工作岗位，培养高技能人才，提升区域内的制造业竞争力，以点带面，推动整个社会加速迈入智能制造新纪元。

4.5.10　园区大脑

1. 现状分析与基本内涵

（1）现状分析。近年来，随着智慧技术的快速更迭，智慧园区的功能和意义被不断地重新定义，传统园区在规划建设中缺乏有效的顶层设计，导致系统独立分散、互不联系、效率低下，数据之间存在信息壁垒，无法利用数据价值进一步提升生产力。为了适应信息时代的快速发展和人民日益增长的多样化需求，亟须通过构建一个中枢指挥系统为管理方、企业和园区用户提供服务，依托全面感知、数据分析、自我学习能力来辅助园区管理者进行思考、决策，完成众多人脑所不能完成的复杂问题。园区大脑这一概念应运而生。

（2）基本内涵。智慧园区大脑（智慧运营决策中心）以空间科学、信息科学、人居科学和系统科学为基础，连接园区独立系统之间的信息孤岛，汇聚并融合各类数据资源；充分利用云端强大计算能力，将园区数据转化为园区发展的"新能源"；更有效地调配公共资源，向外连接智慧城市大脑，向内连接智能建筑大脑，助力优化园区的服务并提升其运营能力，推动园区与人的良性互动，实现园区可持续发展。

2. 总体思路与总体框架

（1）总体思路。智慧园区大脑是智慧园区建设的"中枢"，其综合集成三维可视化、GIS、BIM、IoT、AI、大数据等技术手段，通过整合园区内空间数据、物联网感知数据、业务数据等，以多源数据融合为驱动，实现园区要素实体数字化、运行态势可视化、运维管理集中化和决策管理科学化。

主要功能：

1）场景数字映射。通过对市政设施、绿化植被、园区建筑和企业设施等进行数字建模，结合基于 CIM 的三维可视化技术，还原园区实际环境，实现虚拟园区与物理园区的虚实映射。

2）数据全量聚融。整合园区内各系统信息资源，打通数据孤岛，实现园区内全量数据的汇聚、融合与共享，进行数据分析与应用，释放数据价值，支撑园区各类应用与决策分析。

3）运营可视管控。以三维场景为依托，通过"一块屏"全景展示、监测园区的综合态势及各项细分领域运行状态，把传统的"人管事"变成"事找人"，实现园区的可持续运营发展。

4）业务闭环联动。以业务需求为出发点，以应用场景为牵引，打破不同业务系统间的界限，业务流程与管理平台深度融合，实现感知触发、多维响应、协同联动的业务闭环。

（2）总体框架。智慧园区大脑总体框架如图 4-19 所示。

图 4-19　智慧园区大脑总体框架

3. 应用场景与建设内容

（1）大数据分析展示。智慧园区中的大数据分析展示系统，结合各类分析模块，通过整合园区积累的园区动态数据，企业行为数据，各层级政务共享的纳税、统计年鉴等数据，以及互联网、社会机构的融资数据等，形成完善的企业档案后，进行数据价值的深度挖掘，并引入产业分布分析、企业分析、产业链条分析等数据模型进行重构、横向多维度深入分析：围绕园区产业专题，构建多维发展专题分析图，直观查看园区管理及入驻企业发展情况，为园区管理方以及相关管理机构按需输出"一张图"，并通过建立产业地图，展现不同规模及类型的企业分布及贡献变化情况，判断产业集聚情况及发展趋势；构建企业画像，通过对各企业的发展核心信息及经营数据趋势展现，与行业关键指标对比分析，实现对企业的运营跟踪。

（2）态势呈现。通过收集园区内的数据，实现对园区运行状态的实时感知，再通过基于数字孪生的三维可视化渲染技术与各种方式进行综合展示呈现，为园区管理者和业务运营人员提供全局视角，为重大和突发事件处置提供全面的业务和数据支撑。

（3）运行监测。基于园区内各类传感器，实现室内外、地面地下运行形势的完整展现，人员实时位置与运动轨迹的长效监控，以及事件与地点等相关信息的全面挂接。

（4）应急指挥调度。针对智慧园区可能出现的各种安全风险，制定相应的应急预案，在出现故障和灾难的情况下能够及时响应，保证园区基本运营生产活动。在故障和灾难过后，园区能够快速恢复生产运营活动。形成整体解决方案，打造应急处理平台，为平时的应急演习、管控措施、复产评估与辅助决策起到良好的支撑作用。

（5）安全态势感知与分析。以智慧园区整体安全资源的集约化为基础支撑平台，并利用"实时、全样、精准"的安全大数据，建立全程在线、全域覆盖、实时反馈的智慧园区网络安全态势指挥地图即"安全监管智脑"，使得智慧园区网络安全变得可知、可感。

（6）决策支持。决策支持应用基于各业务数据进行可视化统计分析，通过仿真模拟系统、空间辅助决策、数据分析决策、节能诊断分析、环境健康诊断分析、AI图像分析预警，向决策者展示多维度实时准确数据和分析结果，为决策提供依据。

4. 实施策略与效益分析

（1）实施策略。通过三维实景建模，建立建筑外立面和室外环境模型、室内环境精细建模，为用户提供身临其境的实景体验，真实还原园区设备、建筑场景，整合园区运营服务数据，打造数字孪生平台。结合物联网终端感知设备，采集多维数据，包括智慧停车场、智能电梯系统、人脸识别门闸、智慧能源、智能照明和环境监测等。

以运维大屏作为运营决策指挥中心，结合运营数据报表形成驾驶舱，为一线执行层提供统一指挥操作台，同时辅助高层决策；依托园区总体态势呈现，实现软、硬件运营一体化，进行数据、设备、人员三者之间的动态监控和协同调度。

（2）效益分析。

经济效益：园区大脑通过各系统间汇集融合的数据，不断地进行学习、适应和优化，最大化地辅助园区进行各项决策并提供各种智慧化的服务，促使园区可以像一个拥有智慧的生命体一样，不断地进化和完善自身，为园区提供持续提升的监视、洞察、决策、指挥能力，降低运营管理成本，提高管理效率和效果。

社会效益：智慧城市已成为未来城市发展的必然趋势，智慧园区作为智慧城市重要组成部分，通过共享园区内的数据，将智慧园区大脑接入城市大脑，以三维可视化方式综合展现园区整体态势，便于职能机构实时掌握园区安防、消防、交通运行信息，针对各种安全风险可形成提前预警、动态监测、应急指挥、快速处置能力，完善城市应急管理体系。

智慧园区
高质量发展与标准化

第 5 章
智慧园区标准化

  智慧园区建设项目错综复杂、任务庞大，涉及基础设施、感知数据、技术平台、运营服务等多项建设领域，如果没有全面、体系化的规范和标准指导，将会造成设施重复建设、信息系统孤立、运维效率低等问题，为园区后续管理运营带来巨大阻碍。

  智慧园区标准化建设是引导各类智慧园区规范建设的有效工具，也是支撑智慧园区健康发展的重要手段。在构建智慧园区标准化体系的过程中，需结合我国智慧园区标准化工作现状，提出符合智慧园区发展趋势的标准化需求，构建智慧园区标准体系框架，为智慧园区建设提供具体、可操作性的指导和可参照的依据。对于可能存在的传统规范中没有相关标准或与传统规范有冲突的地方，需进行突破创新，从而使智慧园区建设"有规可依"，使标准真正落地实施和产生积极的影响。

5.1　标准化概念及内涵

5.1.1　标准化的内涵与分类

标准化是为了在既定范围内获得最佳秩序，促进共同效益，对现实问题或潜在问题制定共同使用和重复使用的条款以及编制、发布和应用文件的活动。按照标准的作用范围不同，并结合《中华人民共和国标准化法》，可以将标准划分为国际标准、区域标准、国家标准、行业标准、地方标准和团体标准、企业标准。

国际标准是适用于世界范围的标准，主要由国际标准化组织（International Organization for Standardization，ISO）、国际电工委员会（International Electrotechnical Commission，IEC）、国际电信联盟（International Telecommunication Union，ITU）所指定的标准，以及被国际标准化组织确认并公布的其他国际组织所制定的标准。

区域标准是世界某个地理、政治或经济区域内国家的有关机构，为发展本地区经济，维护该地区国家的利益，协调各国标准，推行统一的认证制度而通过并公开发行的标准。例如，欧洲标准化委员会（Comité Européen de Normalisation，CEN）所制定的欧洲标准就是区域标准。

国家标准是适用于一个国家行政区域内的标准，由主权国家标准化组织（官方、非官方或半官方）对需在本国范围内统一的对象制定的标准。

行业标准是指政府主管部门对行业范围内需要统一的对象制定的标准，如住房和城乡建设部发布的工程建设行业标准。

地方标准是在国家的某个省或自治区，对需在该地区范围内统一的对象制定的标准。地方标准是在没有国家标准和行业标准时，在该地区有效的标准。设区的市级人民政府标准化行政主管部门根据本行政区域的特殊需要，经所在地省、自治区、直辖市人民政府标准化行政主管部门批准，可以制定本行政区域的地方标准。

团体标准是依法成立的社会团体为满足市场和创新需要，协调相关市场主体共同制定的标准。

企业标准是指企业所制定的标准，用以规范该企业的各项业务活动。

5.1.2 标准化目的与原则

1.智慧园区标准化的主要目的

智慧园区标准化的目标以智慧园区规划设计为统领，综合智慧园区涉及的各类机构和人群、各层级、各类要素的需求和关系，确定智慧园区建设中需要标准规范统一的目标，通过标准化的活动制定标准并实施标准。

2.智慧园区标准化的基本原则

智慧园区标准化工作须遵循"有标贯标、缺标补标、低标提标"的基本原则。通过引入国家标准、行业标准、地方标准和团体标准，并结合园区当前标准化需求现状，支撑智慧园区标准体系的研究，促进园区现代化治理的提升，将各行业各项任务全面纳入规范轨道。

5.1.3 标准化研究方法

智慧园区标准化涉及软硬件、数据、管理服务、安全、应用等标准，许多不同层级和不同领域的标准内容可能存在交叉，目前在智慧园区标准化建设尚未出台国家标准，需要运用综合标准化方法，广泛地吸收相关学科知识与研究领域的已有成果，建立科学、合理的知识体系，构建标准体系，编制关键标准，使得标准化工作能有效支撑智慧园区建设。

5.2 国际智慧园区标准化概况

随着世界各国园区的建设和不断发展，国际上的标准化组织和一些主要国家的标准化组织都将智慧园区标准化作为重要的工作内容，积极致力于研制智慧园区及其相关领域的标准规范。

在我国，园区形态各异，有不同分类。有的按照园区主导产业来分类，有的按照园区内主要的建筑类型和功能来分类。政府在园区的形成中也发挥了非常重要的作用，以不同的政策引领促成了不同形式的园区，例如特色产业园区、高新技术产业园区、工业园区、文创产业园区等。但是在国际上，园区没有特定的定义与分类，只有泛化的园区概念，大多指的一系列使用先进技术并相互密切关系的智能工厂的聚集。本节列举九个在国际上具有权威性的国际标准化组织、委员会和工作组，以及五个主要国家的标准化行业组织。他们在国际和区域标准化工作中都做出了重要贡献，并且近年来有许多项研究成果对国内智慧园区标准体系的建立具有借鉴意义。

5.2.1　国际标准化现状

1. 联合国工业发展组织（UNIDO）

联合国工业发展组织（United Nations Industrial Development Organization，UNIDO）是联合国大会的多边技术援助机构，宗旨是同 170 多个成员国合作促进和加速发展中国家的工业化进程及实施可持续性发展战略。近年来，UNIDO 在智慧园区领域研制了多项成果，包括《工业园区国际指南》《生态工业园区发展手册》《中国工业园区建设最佳实践》和《利用新一代工业园区实现包容性和可持续发展——战略框架》。

2. 国际标准化组织——城市和社区可持续发展技术委员会（ISO/TC 268）

城市和社区可持续发展技术委员会主要负责城市和社区可持续发展的相关要求、框架、指导性和支撑性技术和工具等标准的制定，其国内技术对口单位为中国标准化研究院。该组织在可持续发展和智慧社区基础设施领域研制了多项标准，如《智慧社区基础设施——发展和运营的通用框架》《城市和社区的可持续发展——城市描述性框架》等体系框架类标准，《智慧社区基础设施——评估和改善成熟度模型》《城市和社区的可持续发展——智慧可持续社区成熟度模型》等成熟度模型标准，《城市和社区的可持续发展——智慧城市指标》《城市和社区的可持续发展——韧性城市指标》等评价指标类标准，以及《城市和社区的可持续发展——关于为可持续社区建立智慧城市运营模式的指导意见》等运营模型类标准。这些标准均对园区的可持续发展和建设具有借鉴意义，可用于指导智慧园区建设。

3. 国际标准化组织——建筑环境设计技术委员会（ISO/TC 205）

建筑环境设计技术委员会工作范围主要包括研制新建筑物的标准化设计和现有建筑物内部环境和能耗改造方面的标准，涉及建筑技术系统及相关设计过程和方法、设计阶段建筑使用的研究和开发、室内环境质量以及热、声及视觉因素的改善。该委员会下设建筑自动化和控制系统设计工作组（ISO/TC 205/WG 3），它的国内技术对口单位为 SAC/TC 426 全国智能建筑及居住区数字化标准化技术委员会。在园区发展和节能减排的全球趋势下，建筑自动化和控制系统设计工作组制定的节能建筑、建筑环境设计、楼宇自动化系统、能效评估及通信协议等相关标准可以指导智慧园区内建筑设计、环境设计和系统建设，例如《节能单户住宅和小型商业建筑设计流程框架》和《实现非住宅建筑零能耗（ZEB）的方法》等节能建筑类标准，《楼宇自动化和控制系统（BACS）系列标准》和《楼宇自动化、控制和楼宇管理中的开放式数据通信——家庭和楼宇电子系统——KNXnet/IP 通信》等楼宇自动化控制系统类标准。

4. 国际标准化组织——自动化系统与集成技术委员会（ISO/TC 184）

自动化系统与集成技术委员会主要负责信息系统、自动化和控制系统以及集成技术的标准化研制工作。该委员会下设工业数据分委会（ISO/TC 184/SC 4），国内技术对口单位为中国标准化研究院，负责设计工业相关数字孪生技术的标准规范制定，基于数字孪生技术，将园区业务数据与空间环境数据进行互联互通，实现对园区数据的有效整合管理。工业数据分委会在数字孪生技术方面的标准规范，如《自动化系统和集成——工业数据——数字孪生的可视化元素》《自动化系统和集成——制造业的数字孪生框架》等，可用于指导智慧园区信息系统的构建和相关技术的实现。

5. 国际标准化组织——建筑物和土木工程标准化技术委员会（ISO/TC 59）

建筑物和土木工程标准化技术委员会主要负责制定建筑和土木工程领域的国际标准，包括在设计、制造和施工过程中的组织信息，建筑物、建筑构件和组件的一般要求，与使用寿命、可持续性、可访问性和可用性相关的功能和用户要求，以及处理经济、环境和社会影响方面的标准。其下设建筑和土木工程信息的组织和数字化分技术委员会（ISO/TC 59/SC 13），负责包括建筑信息模型（BIM）等建筑和土木工程数字化相关的标准研究，尤其聚焦于在建筑和基础设施的整个生命周期内信息相关的国际标准化。该组织在对建筑的一般要求和规则以及处理与可持续发展有关的经济、环境、社会影响方面的规范可指导智慧园区中的建筑建设和处理相应问题的规则建立。

6. 国际电工联盟——智慧城市系统委员会（IEC/SyC Smart Cities）

智慧城市系统委员会主要负责智慧城市领域电子电工相关国际标准研究工作，宗旨是促进城市系统的集成性、互操作性和有效性。该委员会设有主席咨询组（CAG）、术语工作组（IEC/SyC WG 1）、市场关系工作组（IEC/SyC WG 2）和参考框架工作组（IEC/SyC WG 3），其国内技术对口单位为山东省标准化研究院。智慧城市系统委员会在研的和已发布的智慧城市系统标准有《智慧城市系统——概念构建方法论》《智慧城市标准清单和映射——第 1 部分：方法》《智慧城市参考架构》《城市服务连续性——城市服务案例和实施指南》和《智慧城市系统——国际电工术语　第 831 部分：智慧城市系统》。

7. 国际电工联盟——报警和电子安防系统技术委员会（IEC/TC 79）

报警和电子安防系统技术委员会主要负责的工作旨在保护建筑物、人员、区域和财产免受未经许可进入某个地方或与人员有关的欺诈行为。主要标准制定范围包括访问控制系统、警报传输系统、视频监控系统、集成系统火警系统、火灾探测和火灾报警系统、入侵者和滞留警报系统、远程接收和监视中心以及社会警报系统等。其制定标准类型包括术语，有关性能标准、可靠操作、安装、维护的技术特性，检测、监控、记录、触发警报和传输到远程中心的测试。该组织研制的对园区建设相关的标准包括 IEC 60839 报警传输系统、电子安全系统的要求系列标准、IEC 62642 报警系统中的入侵和滞留系统的探测器的设置要求系列标准、IEC 62676 安全应用的视频监控系统的建设指南、视频传输过程中的具体要求系列标准、IEC 62820 楼宇对讲系统系列标准、IEC 62851 报警传输系统中的社交报警系统系列标准等。

8. 国际电信联盟电信标准分局——物联网和智慧城市研究组（ITU-T SG 20）

物联网和智慧城市研究组主要负责 ITU 中物联网与智慧城市和社区相关标准化工作。该研究组下设两个工作组和七个课题组。ITU-T SG 20 对智慧园区建设和发展有借鉴意义的相关标准包括：ITU-T Y.4000–Y.4049 物联网与智慧城市和社区的总论系列标准、ITU-T Y.4050–Y.4099 智慧可持续城市中包含的术语和定义系列标准、ITU-T Y.4100 物联网和智慧城市的需求和应用系列标准、ITU-T Y.4200 智慧城市的相关平台系列标准、ITU-T Y.4250–Y.4399 智慧城市的多重服务设施和网络系列标准、ITU-T Y.4400–Y.4549 物联网和智慧城市的框架、参考结构和体系系列标准、ITU-T Y.4550–Y.4699 智慧可持续建筑、应用、计算和数据处理系列标准、ITU-T Y.4700 智慧城市的管理、控制和功能系列标准、ITU-T Y.4800 智慧城市的标识和安全系列标准、ITU-T Y.4900 智慧城市的主要绩效指标定义和评估评价等系列标准等。

9. 国际标准化组织 / 国际电工委员会的第一联合技术委员会——智慧城市工作组（ISO/IEC JTC 1 WG 11）

国际标准化组织（ISO）和国际电工委员会（IEC）的联合技术委员会（ISO/IEC JTC 1）主要负责编制信息及通信技术方面的国际标准。该委员会下设物联网与数字孪生分技术委员会（ISO/IEC JTC 1/SC 41）负责物联网（IoT）相关技术的标准化研制工作和发布传感设备和工业物联网等相关国家标准，智慧城市工作组（ISO/IEC JTC 1/WG 11）负责智慧城市国际标准的研制，在信息与通信技术参考框架、城市数据模型、城市数据利用、数字化抗疫、城市知识可信、城市数字孪生等优势研究方向持续推进国际标准的研制。智慧园区建设离不开物联网技术和信息通信技术框架等上层体系规划，因此在智慧园区标准化方面，可以吸纳 ISO/IEC JTC 1 SC 41 和 ISO/IEC JTC 1/WG 11 研制的相关标准用于规范智慧园区的相关建设工作，包括《信息技术——物联网（IoT）用例》《物联网（IoT）——工业物联网》等物联网类标准，《智慧城市概念模型——建立数据互操作性模型指南》等智慧城市信息通信类标准。

5.2.2　主要国家及行业现状

目前国际上比较关注高科技园区，各国在园区建设过程中关注的重点有一定差异，例如美国非常注重园区的基础设施和应用系统的建设，德国更偏重信息化技术在园区安全生产和管理方面，日本重视园区对生态环境的影响。因而，各国的标准化组织在智慧园区的相关标准研制中侧重点也就有所不同。本节介绍美国、德国、日本、英国和欧盟的标准化组织和其与智慧园区相关的标准规范。

1. 美国

美国最大的标准化组织机构为美国国家标准学会（American National Standards Insititue，ANSI），主要负责管理和协调美国自愿性标准和合格评定系统。该组织本身不制定标准，而是通过其他机构组织草拟标准草案，组织邀请专家或专业团体进行投票，再将结果报给自设立的标准评审会审议批准为国家标准。该组织的标准评定体系、指标、原则、方法等可借鉴用于优化我国国内的标准评定和认证体系。

美国机械工程师协会（American Society of Mechanical Engineers，ASME）主要负责发展机械工程及其有关领域的科学技术，制定机械规范和开展相关标准化活动。该组织发布的部分标准可用于指导智慧园区标准化体系建设的参考，例如 ASME RAM-2—2016《现有发电厂的可靠性、可用性和可维护性计划开发流程》描述了一种结构化的方法，用于以最具成本效益的方式识别和交付发电厂的可用性和可维护性（RAM）要求。其可靠性、可用性和可维护性的原则可指导智慧园区基础设施建设，其结构化方法和开发流程也有一定参考作用。

美国材料与试验协会（American Society of Testing and Materials，ASTM）主要负责研制与材料规范和试验方法相关的标准、与各类材料和产品的特点和性能相关的标准以及在试验方法和程序上的标准。该组织发布的一系列标准成果物对智慧园区的建设具有实践指导意义，可作为智慧园区内建筑物规范、标准和评级系统、可维护性标准做法建立的参考，例如 ASTM E2921-16a《比较与建筑规范、标准和评级系统一起使用的整栋建筑生命周期评估的最低标准的标准实践》，ASTM E1679-13（2019）《设置建筑物或建筑物相关设施的可维护性要求的标准实践，以及确定提供或建议的可维护性的标准做法》，和 ASTM E1527-21《环境现场评估标准实践：第一阶段环境现场评估过程》。

2. 日本

日本工业标准调查会（Japanese Industrial Standards Committee，JISC）是制定和审议日本标准的国家标准化组织机构，负责制定日本国内的产品标准、方法标准和基础标准，同时也与国际标准化组织（ISO）和国际电工委员会（IEC）合作制定国际标准。目前，该组织主导研制保障计算机系统或软件能够跨境无缝地交换信息的互操作性方面的国际标准对于研制智慧园区系统和互操作性的标准规范有参考价值。其研制的 JIS Q 14031：2000《环境管理—环境绩效评价—指南》，JIS Q 14015：2002《环境管理——场地和组织的环境评估》等评价类标准也可用于指导智慧园区环境评估体系、方法、流程等的建立。

3. 欧盟

为开展智慧城市相关标准研制工作，三大欧洲标准化组织欧盟标准化委员会（European Committee for Standardization，CEN）、欧洲电工标准化委员会（European Committee for Electrotechnical Standardization，CENELEC）、欧洲电信标准学会（European Telecommunications Standards Institute，ETSI）于 2017 年 1 月联合成立了智能和可持续城市及社区部门论坛（CEN–CENELEC–ETSI Smart and Sustainable Cities and Communities Sector Forum，CEN–CENELEC–ETSI SF-SSCC）于 2017 年 1 月联合成立了智能和可持续城市及社区部门论坛（CEN–CENELEC–ETSI SF-SSCC），作为欧洲智能和可持续城市及社区标准化活动的咨询和协调机构。在智能家居、智能电网、智能仪表等领域有一定的标准成果，如 CWA 50487：2005《智能家居实务守则》，CLC/TR 50608：2013《欧洲智能电网项目》，CLC/TS 50586：2019《开放智能电网协议》，CEN/CLC/ETSI TR 50572：

2011《智能计量系统》，EN 50491 series 智能计量仪 表系列标准，CEN/TR 16061：2010《智能燃气表》等。

其中，欧洲标准化委员会（CEN）主要负责制定欧盟地区需要的标准和开展电子工程、通信技术与工程领域的标准化工作。该组织制定的标准例如：prEN IEC 63339《智能制造的统一参考模型》，CEN/CLC/ETSI TR 50572：2011《智能计量系统通信功能参考架构》，CEN/TR 14381：2003《信息技术—字符库和编码转换—欧洲后备规则》，和 CLC/TR 50600-99-1《信息技术——数据中心设施和基础设施系列标准》均对智慧园区标准化体系建立具有参考作用。

4. 德国

德国标准化学会（Deutsches Institute für Normung，DIN）是德国国家标准化组织机构，主要负责研制建筑工程、采矿、冶金、化工、电工、安全技术等领域的标准。该组织研制的所有标准中有 85% 与国际标准和欧洲标准接轨，在数字经济和数字化社会等领域的市场创新方面发挥着重要作用。该组织的标准成果物对我国的智慧园区标准体系建设有重要的借鉴作用，例如：DIN CWA 17302：2021《城市韧性发展——信息门户》，DIN EN 15232-1：2017《建筑物的能源性能——第 1 部分：楼宇自动化，控制和楼宇管理的影响——模块 M10-4，5，6，7，8，9，10》，和 DIN SPEC 91367：2019《实时应用的城市交通数据收集》。

5. 英国

英国标准协会（British Standards Institute，BSI）是世界上最早的全国性标准化组织，倡导制定了世界上通用的 ISO 9000 系列管理标准。该组织形成了通过测试和认证服务获取的收入再投资于标准研发的自给自足的良性发展模式，是集标准研发、标准技术信息提供、产品测试、体系认证和商检服务于一体的机构。园区的体系结构与发展模式涉及多种技术、应用、领域、服务和对象，BSI 主导制定了许多涵盖这些领域的国际标准，因而我国在研制智慧园区的标准体系框架上可借鉴 BSI 研制的 BS ISO 37155-1：2020《智慧社区基础设施集成和运营框架——第 1 部分：从生命周期的相关方面考虑智能社区基础设施交互带来的机遇和挑战的建议》，BS ISO 37155-2：2021《智慧社区基础设施集成与运营框架——第 2 部分：智慧社区基础设施发展、运营和维护的整体方法与战略》，BS ISO 37156：2020《智慧社区基础设施——智慧社区基础设施数据交换和共享指南》，PD ISO/TR 37171：2020《ISO智慧社区基础设施——标准应用试点测试报告》和 PD ISO/TR 37150：2014《智慧社区基础设施——现有活动相关度量审查》等标准。

近些年来，英国也聚焦于智慧城市的建设，制定了一系列标准（PAS 181，PAS 182，PAS 183，PAS 184，PAS 185，PD 8100 和 PD 8101），旨在建立各国对建设智慧城市的共识，为实现智慧城市的构想提供了教育、就业、科技、交通、基础设施等多方面的标准。其中 BS PAS 181：2014《智慧城市框架——建立智慧城市和社区战略规划指南》已转化为国际标准 ISO 37106：2021《智慧城市可持续发展运营管理模型指南》，BS PAS 182：2014《智慧城市概念模型——建立数据互操作性模型的指南》已转化为国际标准 ISO/IEC 30182。

在建筑信息模型（BIM）领域，BSI 自 2011 年起协助英国政府编制了一整套的 BIM 管理标准，即 PAS 1192 系列标准，该标准得到了英国政府及国际标准化组织（ISO）的认可，成为 ISO/TC 59/SC 13 发布的 ISO 19650（1–5）系列 BIM 管理标准。两套标准均遵循质量管理体系（ISO 9001）计划—执行—检查—处理（PDCA）的原则，ISO 19650 标准中仍然遵循在 PAS 1192 中提及的信息传递环流程，把要求定义为一套包含逻辑顺序和时间线的实践流程，并且与工程建设领域的投标、设计、施工、交付等环节保持一致。自 2016 年 4 月起，英国政府要求所有参与政府投资项目集中招采的从业单位必须按照标准中规定的 BIM Level–2 的要求开展相关工作。

5.3 国内智慧园区标准化概况

目前我国智慧园区建设和发展在正处于稳定上升阶段，影响国内各地智慧园区建设的重要因素是缺失智慧园区标准体系指导其发展和建设。因缺乏标准依据，很多智慧园区在新建、改建和扩建过程中存在一定程度的盲目建设、错误建设的情况。随着我国对标准工作越来越重视，当前多个标准化组织和行业协会已经或正在开展与智慧园区息息相关的标准化工作，其中主要涉及信息技术、安全安防、园区建设等相关行业或领域，部分领域已取得了一些阶段性成果。

5.3.1 国家及行业标准现状

1. 全国信息技术标准化技术委员会（SAC/TC 28）

全国信息技术标准化技术委员会（以下简称"信标委"），原名为全国计算机与信息处理标准化技术委员会，其主要任务推进全国信息采集、标示、处理、传输、交换、表述、管理、组织、存储和检索等方面推进标准化工作，构建信息技术标准体系。信标委制定了国家标准和电子行业标准 700 余项，包括中文信息处理、软件、IT 服务、通信与网络、IC 卡、射频识别（RFID）、设备互连、计算机与外围设备、移动智能终端、电子政务、电子文件、生物特征识别、教育信息化、物联网、云计算、信息技术设备能效、数据中心、大数据等领域，其秘书处单位设在中国电子技术标准化研究院。

全国信标委智慧城市标准工作组于 2021 年 8 月成立了智慧园区标准化专题组，负责在组内开展智慧园区有关的标准、技术、产业等研究工作，主要包括：

（1）智慧园区标准体系总体框架研究；

（2）智慧园区建设、运营、评估等标准研制与应用实施；

（3）组织在智慧园区领域开展相关标准的宣贯、推广；

（4）开展智慧园区建设相关试点；

（5）研究智慧园区典型案例、产业图谱研究等相关工作；

（6）智慧园区产业（标准化）研究报告；

（7）智慧园区星级评价等。

2. 全国电子业务标准化技术委员会（SAC/TC 83）

全国电子业务标准化技术委员会由中国标准化研究院主导筹建，由国家标准化管理委员会进行业务指导，负责专业范围为负责全国电子数据交换（Electronic Data Interchange，EDI），开放式 EDI，并在相关行政、商业、运输业、工业领域业务工作电子化涉及的数据元与代码、数据结构化技术、电子文档格式（交换结构）、业务过程、数据维护与管理、消息服务、关键支撑技术等专业领域推进标准化工作。该标委会在智慧园区建设领域的标准化工作主要涉及数据结构化技术、数据维护管理和关键支撑技术等。

3. 全国安全防范报警系统标准化技术委员会（SAC/TC 100）

全国安全防范报警系统标准化技术委员会（以下简称"全国安防标委会"），是国际电工委员会报警系统技术委员会（IEC/TC 79）的对口单位，负责全国安全防范报警系统技术领域的标准化研究工作。下设实体防护设备分技术委员会和人体生物特征识别应用分技术委员会。全国安防标委会在智慧园区建设领域的标准化工作主要涉及视频监控、入侵和紧急报警、出入口控制、安防工程、智能建筑和智能小区安防系统、人体生物特征识别等。

4. 全国危险化学品管理标准化技术委员会（SAC/TC 251）

全国危险化学品管理标准化技术委员由国家标准化管理委员会筹建及进行业务指导。负责推进危险化学品的包装、储存、运输和经销等标准化工作。下设化学品毒性检测分委会（TC 251/SC 1），负责开展欧盟 REACH 关于化学品注册、评估、授权与限制等相关标准化工作。

5. 全国产品回收利用基础与管理标准化技术委员会（SAC/TC 415）

全国产品回收利用基础与管理标准化技术委员会负责开展产品回收利用基础与管理（不涉及具体的电工电子产品回收利用标准）相关标准化工作，主要包括术语、分类、图形符号、识别标志、统计指标及统计信息系统、计算方法、回收利用技术、环境要求、管理规范和评价指标体系等。

6. 全国智能建筑及居住区数字化标准化技术委员会（SAC/TC 426）

全国智能建筑及居住区数字化标准化技术委员会（以下简称"全国智标委"），是国内智能家居领域的标准归口管理单位，主要负责智能建筑物数字化系统领域国家标准化工作。全国智标委下设多个分委会和工作组，包括智慧居住区分技术委员会、城市综合管理标准工作组、智能网联基础设施标准工作组、智慧园区标准工作组、智能楼宇控制标准工作组、智能钥匙标准工作组、绿色智慧社区标准推广中心、绿色智慧物业应用推广中心、城市综合管理标准工作组和 BIM/CIM 标准工作组、智慧园区标准工作组、智能网联基础设施标准工作组九个分支机构。

其中，全国智标委智慧园区标准工作组（SAC/TC 426/WG 5）于 2020 年 7 月成立，旨在解决智慧园区标准碎片化、标准体系尚不健全等问题，主要负责开展智慧园区的设计、建造、开发运营等的标准体系建设、主导或参与相关课题研究、标准宣贯推广及标准应用试点等工作，发布了《智慧产业园区标准体系研究报告》等。智能网联基础设施标准工作组（SAC/TC 426/WG 8）于 2021 年 5 月成立，旨在加快推进城市智能网联发展等标准化工作，发挥行业协会、联盟团体的引导作用，组织编写了《智慧产业园区标准体系研究报告》《园区内智慧出行标准化白皮书》《社区园区无人配送智能网联基础设施白皮书》及《智慧停车发展及智慧停车系统建设需求白皮书》等，发布了《基于城市信息模型（CIM）的智慧园区建设指南》等标委会技术规范，组织开展"CIM+智慧园区"标准应用试点，在研编制《园区社区智能网联基础设施标准体系建设指南》等标准。

7. 全国通信标准化技术委员会（SAC/TC 485）

全国通信标准化技术委员会于 2009 年 5 月成立，由工业和信息化部进行业务指导，秘书处承担单位设立在中国通信标准化协会（China Communication Standard Association，CCSA），主要负责推进通信网络、通信基本协议和相关测试方法、系统和设备的性能要求等标准化工作。

8. 全国信息安全标准化技术委员会（SAC/TC 260）

全国信息安全标准化技术委员会是网络安全国家标准统一技术归口技术组织，主要负责推动网络安全专业领域的标准化工作，主要负责推进网络安全技术、机制、服务、管理、评估等标准化工作。

9. 全国城市可持续发展标准化技术委员会（SAC/TC 567）

全国城市可持续发展标准化技术委员会于 2017 年成立，主要负责推进城市可持续发展管理体系、要求、指南和相关领域国家标准化工作（不含城市建设标准），是 ISO/TC 268 国际标准化组织城市可持续发展标准化技术委员会的对口单位。

10. 全国信息化和工业化融合管理标准化技术委员会（SAC/TC 573）

全国信息化和工业化融合管理标准化技术委员会，主要负责推进信息化和工业化融合管理等标准化工作。2022 年 12 月下达了《数字化供应链　体系架构》《数字化供应链　成熟度模型》《数字化供应链　通用安全要求》3 项国家标准，能够为智慧园区相关数字供应链方面的建设、评价和安全提供一定的参考。

5.3.2 地方标准现状

地方层面已开展智慧园区评价指标体系、建设规范等标准研制工作，部分已发布的智慧园区标准见表 5-1。

表 5-1　智慧园区相关地方标准

序号	标准号 / 项目号	标准项目名称	发布地区	状态
1	DB37/T 2657—2015	智慧园区建设与管理通用规范	山东省	已发布
2	DB31/T 747—2013	智慧园区建设与管理通用规范	上海市	已发布
3	DB31/T 976—2016	公共停车场（库）智能停车管理系统建设技术导则	上海市	已发布
4	DB42/T 1226—2016	智慧社区　智慧家庭设施设备通用规范	湖北省	已发布
5	DB32/T 3160—2016	高等学校智慧校园建设与应用规范	江苏省	已发布
6	DB43/T 1163.1—2016	物流园区信息及交换规范　第1部分：基础数据规范	湖南省	已发布
7	DB43/T 1163.2—2016	物流园区信息及交换规范　第2部分：信息互联与交换规范	湖南省	已发布
8	DB37/T 2936—2017	建筑信息模型（BIM）技术的消防应用	山东省	已发布
9	DB5101/T 29—2018	成都市智慧园区建设与管理通用规范	成都市	已发布
10	DB4401/T 9—2018	民用建筑信息模型（BIM）设计技术规范	广州市	已发布
11	DB2101/T 0003—2018	装配式建筑预制构件 BIM 建模标准	沈阳市	已发布
12	—	重庆市智慧园区评价标准（暂行）	重庆市	已发布
13	DB3301/T 0291—2019	智慧社区综合信息服务平台管理规范	杭州市	已发布
14	DB4401/T 25—2019	建筑信息模型（BIM）施工应用技术规范	广州市	已发布
15	DB4403/T 43—2020	公安系统智慧园区建设导则	深圳市	已发布

续表

序号	标准号 / 项目号	标准项目名称	发布地区	状态
16	DB32/T 3825—2020	创新科技产业园区智慧平台建设规范	江苏省	已发布
17	DB44/T 2228—2020	智慧园区设计、建设与验收技术规范	广东省	已发布
18	DB34/T 3821—2021	智慧社区 公共安全数据交换与共享	安徽省	已发布
19	DB34/T 3820—2021	智慧社区 公共安全数据采集规范	安徽省	已发布
20	DB5111/T 15—2021	乐山市循环经济园区建设指南	乐山市	已发布
21	DB14/T 2267—2021	产业园区循环化改造实施指南	山西省	已发布
22	DB21/T 3406—2021	辽宁省城市信息模型（CIM）基础平台建设运维标准	辽宁省	已发布
23	DB21/T 3407—2021	辽宁省城市信息模型（CIM）数据标准	辽宁省	已发布
24	DB4401/T 130—2021	城市信息模型（CIM）平台施工图审查技术规范	广州市	已发布
25	DB4401/T 131—2021	城市信息模型（CIM）平台施工图审查数据规范	广州市	已发布
26	DB4201/T 648—2021	武汉市民用建筑信息模型（BIM）应用标准	武汉市	已发布
27	DB3501/T 010—2022	智慧园区规划、建设与管理通用规范	福州市	已发布
28	T—Z—03—2021222	智慧园区建设规范 第1部分：通用要求	湖北省	在研
29	T—Z—03—2021222	智慧园区建设规范 第2部分：平台建设	湖北省	在研

5.3.3　团体标准现状

目前许多行业协会在智慧园区标准化工作方面已研究并发布了一批成果。

1. 中国电子工业标准化技术协会

中国电子工业标准化技术协会（以下简称"中电标协"），英文名称为 Chinese Electronics Standardization Association（CESA）。中电标协在一些重点领域先后成立了高性能计算机、数字家庭、移动存储、海量存储、平板电视结构、企业信息化、汽车电子等十多个标准工作组，在智慧园区、智慧社区、智能物流园区、绿色工厂、工业互联网平台等方面发布了一系列团体标准。

2. 中国工程建设标准化协会

中国工程建设标准化协会（以下简称"中国建设标协"），英文名称为 China Association for Engineering Construction Standardization（CECS），主要从事工程建设标准的制修订、标准化学术研究、技术咨询、宣贯培训、信息服务、编辑出版、信息服务等，并与多个国际、国家和地区的标准化组织建立了合作关系，在国际、国内上有一定的影响力。2021 年中国建设标协成立了智慧建筑与智慧城市分会，在智慧园区、智慧住区、绿色智慧产业园区等方面发布了一系列标准。

3. 中国建筑业协会

中国建筑业协会（China Construction Industry Association，CCIA），是全国各地区、部门从事房屋建筑业、建筑安装业、建筑装饰装修、土木工程建筑业和其他建筑业的企事业单位、社会团体，以及有关人士自愿结成的全国性、行业性、非营利性社会组织。主要负责研究探讨建筑业改革和发展的理论、方针、政策等，在智慧园区方面发布了一系列标准。

4. 中国建筑学会

中国建筑学会（The Architectural Society of China，ASC）成立于 1953 年 10 月 23 日，是全国建筑科学技术工作者组成的学术性团体，住房和城乡建设部和中国科学技术协会为学会的主管单位。学会的主要任务包括为开展建筑理论研究和实践经验交流；举荐和奖励优秀科技成果与人才；组织国际科技合作与交流；提供行业发展政策与技术咨询等。学会于 2017 年 9 月成立了中国建筑学会标准工作委员会，旨在智慧建筑方面开展团体标准化工作。

5. 中国建筑节能协会

中国建筑节能协会（China Association of Building Energy Efficiency，CABEE），是经国务院同意、民政部批准成立的国家级协会，住房和城乡建设部为协会的业务主管部门。主要从事建筑节能与绿色建筑领域的团体标准研制工作、认证标识、技术推广、国际合作、会展培训等服务。协会于 2017 年 7 月成立了中国建筑节能协会标准化管理委员会及中国建筑节能协会标准化管理办公室，标志着协会在智慧建筑、近零能耗建筑等方面开展团体标准研制正式启动。

6. 中国科技产业化促进会

中国科技产业化促进会（以下简称科促会）于 2009 年成立，是经民政部批准设立的社会团体，主要由从事科技研究、科技金融、科技成果转化，以及致力于科技产业化发展的企事业单位和个人自愿结成的全国性、专业性、非营利性的社会组织。科促会下设产业政策研究委员会、信息技术专业委员会、标准化工作委员会、AI 大数据专业委员会、科技战略咨询专业委员会、建筑空间与健康专业委员会、区块链专业委员会、网络数字化专业委员会等分支机构，在智慧零碳工业园区、工业园区、产业园区等方面开展团体标准研制。

7. 中国通信工业协会

中国通信工业协会（China Communications Industry Association，CCIA）于 1991 年 7 月成立，由从事通信设备和系统及相关的配套设备、专用零部件的研究、生产、开发企事业单位、个人自愿联合组成的全国性、非营利性社会团体。协会的主要任务包括行业管理、业务培训、国际合作、信息交流、咨询服务等。协会于 2020 年发布了《基于物联网的智慧社区云平台　总体技术要求》团体标准。

8. 中国标准化协会

中国标准化协会成立于 1978 年，由原国家标准总局发起，经民政部批准登记注册，是从事标准化工作的组织和个人自愿联合组成的全国性法人社会团体。由国家市场监督管理总局和国家标准化管理委员会进行领导和业务指导。协会业务范围包括标准相关的学术研究、标准制定、技术交流与咨询、科普培训、技术评估、期刊出版、认证服务等，在工业（产业）园区方面发布了团体标准。

9. 中关村乐家智慧居住区产业技术联盟

中关村乐家智慧居住区产业技术联盟（以下简称联盟），是由中国通信工业协会物联网应用分会和中国勘察设计协会工程智能设计分会共同支持组建，在 2015 年经北京市民政局批准成立，是全国性、跨行业的法人社团组织。联盟先后承担了多个国家标委会秘书处，如全国智能建筑及居住区数字化标准化技术委员会智慧居住区分技术委员会（SAC/TC 426 SC 1）、国际电工委员会智能家居和办公建筑系统标准化评估组（IEC/SEG 9）等。联盟主要负责组织智慧住区、智能家居、智慧建筑领域科技和产业技术研究；制定与智慧住区、智能家居、智慧建筑领域相关的产品类、工程类国家标准、行业标准及团体标准；推动智慧住区、智能家居、智慧建筑关键技术产品的市场推广等工作。

10. 其他团体

中关村标准化协会、中关村数智人工智能产业联盟、山东省物联网协会、山西省数字产业协会、广州市智慧城市发展促进会、广州市标准化促进会、深圳市智慧城市研究会、深圳市深圳标准促进会、湖北省数字家庭产业促进会、宁德市标准化协会、北京长风信息技术产业联盟等团体在智慧园区领域也开展了相关标准研究，在智慧园区建设、运营、规划、设计、验收、平台对接等各个环节研制了团体标准。

5.3.4　面临的挑战

智慧园区标准化建设是一个综合性、系统性的工作，通过对国内外标准化发展状况分析，国际层面标准大多偏框架、理论和方法，具有一定的借鉴和指导意义，与实际落地实施还存在差距。国家层面国家标准委、各地、社会团体虽已陆陆续续出台了一些标准规范，但大多相对比较通用，须智慧园区建设单位根据地理位置、资源状况、产业状况等实际情况完善标准体系及关键标准。

1. 统筹规划缺失带来的挑战

当前很多智慧园区建设缺乏系统性和前瞻性的顶层规划，在指导思想上存在一定的局限性，比如智慧园区碎片化建设，甚至功能重复建设，没能从系统集约化、数据共享等规划建设；仅从信息技术发展的角度考虑园区的建设和运营，没有过多关注园区中组织机构和人的需求；智慧园区建设大多以业务流程实现为核心，"缺标准、先建设"现象普遍存在等问题，导致标准化工作往往被忽略。

加快智慧园区标准化建设，对于推动解决目前智慧园区建设领域相关基础设施、智慧化设备、信息系统、数据资源难以互联互通等问题，契合数字化中国战略，协同数字产业化和产业数字化转型具有重要意义。标准化工作应该在智慧园区建设中要做出切实可行的标准规范，按照"标准引领、有标贯标、无标制标、缺标补标"的标准化研制的核心工作思路，研究不同利益相关方对智慧园区的需求，兼顾后续对标分析梳理已有国家、行业和地方标准，构建符合园区自身特色的智慧园区标准体系。

2. 信息孤岛带来的挑战

智慧园区建设面临的问题和挑战还有传统信息化建设造成的信息孤岛，如园区的管理服务平台、视频监控平台、能源管理系统等，加之外部大量政务数据、社会数据分布在不同部门、机构的不同平台，相互之间没有健全的共享协同机制；同一对象所属的各类信息间，因为采集对象认知不一、被人为割裂开，导致数据无法共享；数据开放和共享程度不同，数据质量参差不齐，导致不能有效利用和开发信息资源；由于缺乏信息共享，促使信息服务的智能化、便捷化、产业化和高效化水平低，数据采集和存储的重复建设增加了园区的运营成本，也增加了园区用户的负担。智慧园区标准化建设的目的之一，就是为了解决园区之前各业务系统独立建设导致的"信息孤岛"问题，利用标准规范将上下游系统打通实现数据联动，使得整个的园区管理、仓储管理等流程管理和业务联系更加紧密，增强用户体验感的同时，提高了园区的管理的工作效率，降低人工成本及管理成本。

信息资源是智慧园区建设的核心竞争力。从当前实际情况来看，同一园区内的信息资源交换、共享、利用仍然是难题。建立统一的基础地理空间及人口、法人等信息资源，叠加整合内外部数据以及政务数据，才能更好地服务园区。同时，注重应用信息资源发展便民、实用新型的服务。数据标准化工作能规范信息资源的交换、共享、利用等过程，并能起到降低数据治理的复杂度，打破信息孤岛，提升数据质量，加快交换共享，释放数据价值等关键作用。

3. 网络安全威胁带来的挑战

智慧园区的基础是信息资源的高度集中，这也给智慧园区建设带来信息安全的巨大威胁。智慧园区建设依赖于网络和信息基础设施，移动互联网、物联网、导航系统等新技术的应用，更是给智慧园区安全带来巨大风险，一旦受到黑客攻击，大量信息资源将受到严重威胁，也将给园区日常管理和运营造成巨大损失。

智慧园区建设因高度依赖于网络和信息基础设施，所以网络的安全尤为重要。《中华人民共和国网络安全法》要求"网络运营者应当按照网络安全等级保护制度的要求，制定内部安全管理制度和操作规程，确定网络安全负责人，落实网络安全保护责任"等。目前，全国信息安全标准化技术委员会制订了多项网络安全国家标准，在规范智慧园区网络安全建设上具有重要指导意义。在法律法规指导下，通过标准规范指导系统建设、设备审查、信息保护、管理制度等，实现智慧园区网络安全目标。

4. 运营团队缺少带来的挑战

当前智慧园区的管理大多依靠现有的物业单位等进行管理，因为其不具备信息化专业素养，系统使用几年后由于无法迭代更新，就逐渐无法适应园区的管理和服务的需求，无法形成业务协同、信息共享的智能服务模式，投入产出不高，缺乏应用实效。因此有必要建设专业的智慧园区运营团队及其相关技术支持团队，主导与规划智慧园区，同时，能从引进品牌、并辅助规划具有专业性的品牌，与入驻企业共同成长。

5. 标准规范不实用带来的挑战

当前在智慧园区建设中，现有的标准使用在技术性的指导上存在不接地气、不好用、指导性不强等问题。另外，全国专业标准化技术委员会与企业之间的联系也不够深入，导致在标准的使用过程中存在脱节的情况。

目前国内的园区标准，主要基于各地建设实际且标准发布的时间不同，随着技术不断的发展，缺乏国家层面的标准体系自顶向下的总体指导，造成标准化建设工作目标各异、内容要求不一等现象，无法发挥标准化引领智慧园区建设的作用。随着智慧园区建设的力度逐步加大，智慧园区在建设、管理和服务等方面对信息资源共享开放的需求也将越来越强烈，而信息采集、信息交换共享、信息开放和应用等数据融合支撑智慧园区标准体系的基础标准均还有待制定。

园区本身应在已有标准基础上制定适合园区自身特色的标准规范。在制定标准之时，加强标准试验验证。同时，推进标准应用实施，促进标准不断完善和改进。特别是，智慧园区建设方应及时将标准实施情况反馈，不断优化跟踪标准实施效果，完善标准，才能实现在使用中检验标准、完善标准和提高标准，才能真正起到标准"化"的作用。

5.4　智慧园区标准化研究步骤

智慧园区是一个开放、融合、不断革新的生态系统，涉及各类机构和人群与智慧园区的规划、建设、服务和使用等环节，不同的利益群体有着不同的利益诉求，需要深入分析智慧园区利益相关方的需求。标准化工作的根本是需要和相关领域结合，协调利益相关方利益一致，积极主动服务发展，运用综合标准化的方法构建标准体系，主动迎合智慧园区发展模式，强化智慧园区标准的支撑作用，实现标准化与智慧治理、产业融合、科技创新等的融合发展。智慧园区标准化建设是一个不断完善和优化的过程，各个园区也可以采取不同的路径和方法，可参照《综合标准化工作指南》分解为四个阶段 10 个工作程序。主要包括准备阶段（确定调研对象、调研、可行性分析、建立组织架构）、规划阶段（确定目标、编制标准综合体规划）、制定阶段（制定工作计划、建立标准综合体）、实施阶段（组织实施、评价和验收）。这些环节相互影响和作用，下面主要介绍一下智慧园区标准化总体思路和主要内容，各个园区可根据自身情况适当调整。

5.4.1 准备阶段

1. 确定对象

（1）以智慧园区规划设计作为对象的标准化，可重点选择智慧园区总体规划、智慧园区评价等；

（2）以智慧园区建设施工作为对象的标准化，可重点选择园区管理和服务平台、感知网络、智慧园区基础设施（如网络设备、安防设备、视频监控设备等）、数据资源（如数据资源体系、园区 CIM、数据治理、数据融合与服务等）、智慧化应用等；

（3）以智慧园区运营管理作为对象的标准化，包括运营管理和服务、质量管控、环境管理、安全管理等；

（4）以智慧园区相关服务作为对象的标准化，包括园区服务、产业链服务、评估改进、创新发展等。

2. 调研

现状调研是摸清智慧园区标准化需求和建设目标方向的基础，主要针对以下几个方面进行调研：

（1）智慧园区标准化对象的发展现状、基础条件和国内外同类产品的水平；

（2）智慧园区标准化发展现状以及实施状况，如梳理已有国家、行业、地方标准和标准体系；

（3）国内外智慧园区有关科研成果。

3.可行性分析

针对智慧园区标准化对象，开展可行性分析，分析内容可包括以下方面：

（1）评估已有标准；如无标准评估技术科学性与合理性。

（2）人力、物力和财力等现状。

（3）项目实施过程中可能存在的管理、技术、安全等风险。

（4）能否获得预期的技术、经济和社会效益等。

4.建立组织架构

（1）人员组成与结构。根据智慧园区标准化对象的范围和特点，建立由园区管理部门牵头，标准化部门、园区建设运营相关单位的组成的组织架构，应根据标准化工作的需要，配备具有相应资质的人员参与标准化工作。

（2）职责分工。协调机构应负责智慧园区标准化的准备、规划、制定、实施、评价、总结改进等全部活动的协调工作，包括组织协调、计划协调和技术协调。统筹推动智慧园区标准化工作的组织实施，督促进度。

5.4.2　规划阶段

1.确定目标

以智慧园区发展定位的理念与策略为重点发展方向，以产业创新、产城融合为牵引，围绕园区各方对智慧园区的实际需求，梳理智慧园区现有标准，根据调研搜集的与标准化对象有关的资料，通过对比分析，结合智慧园区建设现状与掌握的国内外相关状况、发展趋势，明确智慧园区标准化对象应达到的目标，并逐步构建智慧园区标准规范体系，完善贯穿规划—建设—运营全过程的关键标准，依托园区网络，整合政府部门、园区企业等的信息资源建成智慧园区数字底座和应用服务，指导智慧园区信息化规划和建设，强化标准实施应用，共同推进智慧园区标准化工作可持续高质量发展。

2.编制标准化规划

根据智慧园区的标准化对象与目标，分析各相关要素、确定标准项目，系统设计智慧园区标准体系框架，标准化规划应包括目标、主要工作内容，并考虑人力、财力、物力的保障。

5.4.3 制定阶段

1. 制定工作计划

应由协调机构根据标准体系中各项标准的相互关系和轻重缓急，制定统一的标准制修订工作计划，确定工作进度计划。

2. 建立标准体系

依据标准化规划的主要工作内容，在国家智慧城市标准体系总体框架基础上，结合智慧园区自身发展现状、标准化需求，充分考虑现有技术和发展要求，系统性地梳理智慧园区及其相关要素，按其内在联系，同时兼顾功能需求，以实现智慧园区最佳效益，构建出协调优化、相互配合的智慧园区标准体系框架，如图5-1所示。

（1）总体标准：包括术语定义、参考架构、对象标识、应用指南、评价方法；

（2）技术与中台：新一代信息技术（如物联感知、网络通信、计算与存储、业务流程协同、园区数字孪生、智能决策、人机交互）、应用服务平台、时空大数据平台、AI算法平台等相关标准。

（3）基础设施：包括信息基础设施（如数据机房）、融合基础设施（如多杆合一）和创新基础设施（如数字仓库）等相关标准。

（4）建设与运营：包括规划设计、建设实施、评估验收、智慧运营等相关标准。

（5）管理与服务：包括精准治理、公共安全（如公共防范平台）、产业运营（如产业运营平台）、企业服务（如企业服务平台）、产业赋能（如仓储物流专项产业场景）等相关标准。

（6）数据：包括数据要素体系、数据模型描述、数据治理应用、数据资产服务等相关标准。

（7）安全与保障：包括通信安全、信息安全管理、信息安全评估、云计算和大数据安全等相关标准。

3. 标准明细表

智慧园区标准明细表能为支撑智慧园区建设提供一套系统的、科学的、具有操作性的标准明细表，包括但不限于国家标准、行业标准、地方标准以及团体标准，详情见表5-2。

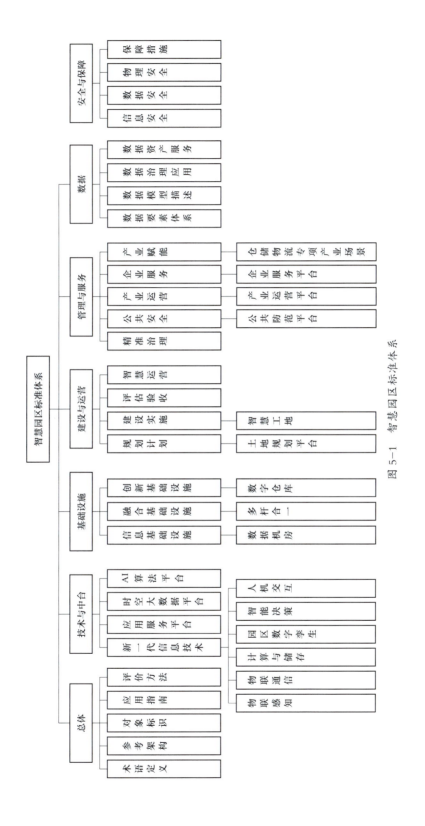

图 5-1　智慧园区标准体系

表 5-2　智慧园区相关标准明细表

（1）总体标准

序号	二级分类	标准号	标准名称	备注
1	术语定义	GB/T 25069—2022	信息安全技术　术语	国标
2	术语定义	GB/T 32400—2015	信息技术　云计算　概览与词汇	国标
3	术语定义	JGJ/T 313—2013	建设领域信息技术应用：基本术语标准	行标
4	术语定义	GB/T 37043—2018	智慧城市　术语	国标
5	术语定义	GB/T 29855—2013	社区信息化术语	国标
6	参考架构	YD/T 4042.1—2022	智慧化工园区大数据平台　第1部分：参考架构	行标
7	应用指南	GB/T 36445—2018	智慧城市 SOA 标准应用指南	国标
8	应用指南	GB/Z 42759—2023	智慧城市　人工智能技术应用场景分类指南	审查
9	评价方式	GB/T 34680.2—2021	智慧城市评价模型及基础评价指标体系　第2部分：信息基础设施	国标
10	评价方式	GB/T 34680.3—2017	智慧城市评价模型及基础评价指标体系　第3部分：信息资源	国标
11	评价方式	GB/T 34680.4—2018	智慧城市评价模型及基础评价指标体系　第4部分：建设管理	国标
12	评价方式	—	智慧园区　评价指标体系	拟研制

（2）技术与中台

序号	二级分类	标准号	标准名称	备注
1	新一代信息技术	GB/T 40689—2021	智慧城市　设备联接管理与服务平台技术要求	国标
2	新一代信息技术	GB/T 38637.1—2020	物联网　感知控制设备接入　第1部分：总体要求	国标
3	新一代信息技术	GB/T 38637.2—2020	物联网　感知控制设备接入　第2部分：数据管理要求	国标
4	新一代信息技术	GB/T 34068—2017	物联网总体技术　智能传感器接口规范	国标
5	新一代信息技术	GB/T 36620—2018	面向智慧城市的物联网技术应用指南	国标

续表

序号	二级分类	标准号	标准名称	备注
6	新一代信息技术	GB/Z 42670—2023	智慧城市　感知终端应用指南	审查
7	新一代信息技术	GB/T 36451—2018	信息技术　系统间远程通信和信息交换　社区节能控制网络协议	国标
8	新一代信息技术	GB/T 40015—2021	信息技术　系统间远程通信和信息交换　社区节能控制网络控制与管理	国标
9	新一代信息技术	GB/T 40017—2021	信息技术　系统间远程通信和信息交换　社区节能控制异构网络融合与可扩展性	国标
10	应用服务平台	GB/T 36622.1—2018	智慧城市　公共信息与服务支撑平台　第 1 部分：总体要求	国标
11	应用服务平台	GB/T 36622.2—2018	智慧城市　公共信息与服务支撑平台　第 2 部分：目录管理与服务要求	国标
12	应用服务平台	GB/T 36622.3—2018	智慧城市　公共信息与服务支撑平台　第 3 部分：测试要求	国标
13	应用服务平台	GB/T 40656.1—2021	智慧城市　城市运营中心　第 1 部分：总体要求	国标

（3）基础设施

序号	二级分类	标准号	标准名称	备注
1	信息基础设施标准	GB/T 38319—2019	建筑及居住区数字化技术应用　智能硬件技术要求	国标
2	信息基础设施标准	GB 50311—2016	综合布线系统工程设计规范	国标
3	信息基础设施标准	GB/T 51292—2018	无线通信室内覆盖系统工程技术标准	国标
4	信息基础设施标准	GB 50174—2017	数据中心设计规范	国标
5	信息基础设施标准	GB 50462—2015	数据中心基础设施施工及验收规范	国标
6	信息基础设施标准	GB 51195—2016	互联网数据中心工程技术规范	国标

续表

序号	二级分类	标准号	标准名称	备注
7	信息基础设施标准	GB/T 34982—2017	云计算数据中心基本要求	国标
8	信息基础设施标准	GB/T 36553—2018	智慧安居应用系统基本功能要求	国标
9	信息基础设施标准	GB/T 35776—2017	智慧城市时空信息基础设施 基本规定	国标
10	信息基础设施标准	GB/T 35775—2017	智慧城市时空信息基础设施 评价指标体系	国标
11	信息基础设施标准	20214492—T—469	智慧城市 城市运行指标体系智能基础设施	审查
12	融合基础设施	GB/T 40994—2021	智慧城市 智慧多功能杆 服务功能与运行管理规范	国标

（4）建设与运营

序号	二级分类	标准号	标准名称	备注
1	规划设计	GB 50314—2015	智能建筑设计标准	国标
2	规划设计	GB/T 36333—2018	智慧城市 顶层设计指南	国标
3	建设实施	GB/T 39218—2020	智慧化工园区建设指南	国标
4	智慧运营	GB/T 36621—2018	智慧城市 信息技术运营指南	国标
5	智慧运营	GB/T 51314—2018	数据中心基础设施运行维护标准	国标
6	智慧运营	GB/T 36762—2018	化工园区公共管廊管理规程	国标
7	智慧运营	GB/T 37845—2019	居家安防智能管理系统技术要求	国标
8	智慧运营	GB/T 32555—2016	城市基础设施管理	国标
9	智慧运营	GB/T 38550—2020	城市综合管廊运营服务规范	国标

（5）管理与运营

序号	二级分类	标准号（计划号）	标准名称	备注
1	精准治理	GB/T 43442—2023	智慧城市 城市智能服务体系构建指南	已发布，2024年6月1日起实施
2	精准治理	GB/T 42442.1—2023	智慧城市 智慧停车 第1部分：总体要求	国标

续表

序号	二级分类	标准号（计划号）	标准名称	备注
3	精准治理	20214284—T—469	智慧城市　智慧停车　第 2 部分　征求意见：数据要求	正在批准
4	精准治理	GB/T 42442.2—2023	智慧城市　智慧停车　第 3 部分：平台技术要求	国标
5	企业服务	GB/T 38237—2019	智慧城市　建筑及居住区综合服务平台通用技术要求	国标
6	企业服务	GB/T 40689—2021	智慧城市　设备联接管理与服务平台技术要求	国标
7	企业服务	GB/T 30428.2—2013	数字化城市管理信息系统　第 2 部分：管理部件和事件	国标
8	企业服务	20213309—T—469	智慧城市　公众信息终端服务指南	审查

（6）数据

序号	二级分类	标准号	标准名称	备注
1	数据要素体系	GB/T 29854—2013	社区基础数据元	国标
2	数据要素体系	GB/T 38840—2020	建筑及居住区数字化技术应用　基础数据元	国标
3	数据模型描述	GB/T 51212—2016	建筑信息模型应用统一标准	国标
4	数据模型描述	GB/T 51269—2017	建筑信息模型分类和编码标准	国标
5	数据模型描述	GB/T 51447—2021	建筑信息模型存储标准	国标
6	数据模型描述	GB/T 51301—2018	建筑信息模型设计交付标准	国标
7	数据模型描述	GB/T 51235—2017	建筑信息模型施工应用标准	国标
8	数据治理应用	20213297—T—469	城市数据治理能力成熟度模型	征求意见
9	数据资产服务	GB/T 36625.1—2018	智慧城市　数据融合　第 1 部分：概念模型	国标
10	数据资产服务	GB/T 36625.2—2018	智慧城市　数据融合　第 2 部分：数据编码规范	国标

续表

序号	二级分类	标准号	标准名称	备注
11	数据资产服务	GB/T 36625.3—2021	智慧城市　数据融合　第3部分：数据采集规范	国标
12	数据资产服务	GB/T 36625.4—2021	智慧城市　数据融合　第4部分：开放共享要求	国标
13	数据资产服务	GB/T 36625.5—2019	智慧城市　数据融合　第5部分：市政基础设施数据元素	国标
14	数据资产服务	GB/T 28847.5—2021	建筑自动化和控制系统　第5部分：数据通信协议	国标
15	数据资产服务	GB/T 28847.6—2023	建筑自动化和控制系统　第6部分：数据通信协议一致性测试	报批
16	数据资产服务	GB/T 36578—2018	产业园区循环经济信息化公共平台数据接口规范	国标

（7）安全与保障

序号	二级分类	标准号	标准名称	备注
1	信息安全	GB/T 35273—2020	信息安全技术　个人信息安全规范	国标
2	信息安全	GB/T 37971—2019	信息安全技术　智慧城市安全体系框架	国标
3	信息安全	GB/Z 38649—2020	信息安全技术　智慧城市建设信息安全保障指南	国标
4	信息安全	GB/T 25058—2019	信息安全技术　网络安全等级保护实施指南	国标
5	信息安全	GB/T 25070—2019	信息安全技术　网络安全等级保护安全设计技术要求	国标
6	信息安全	GB/T 22239—2019	信息安全技术　网络安全等级保护基本要求	国标
7	信息安全	GB/T 28448—2019	信息安全技术　网络安全等级保护测评要求	国标
8	信息安全	GB/T 28449—2018	信息安全技术　网络安全等级保护测评过程指南	国标
9	数据安全	GB/T 29765—2021	信息安全技术　数据备份与恢复产品技术要求与测试评价方法	国标
10	数据安全	GB/T 37988—2019	信息安全技术　数据安全能力成熟度模型	国标

序号	二级分类	标准号	标准名称	备注
11	数据安全	GB/T 37973—2019	信息安全技术　大数据安全管理指南	国标
12	物理安全	GB/T 2887—2011	计算机场地通用规范	国标
13	物理安全	GB/T 51314—2018	数据中心基础设施运行维护标准	国标
14	物理安全	GB 50174—2017	数据中心设计规范	国标
15	物理安全	GB/T 30285—2013	信息安全技术　灾难恢复中心建设与运维管理规范	国标

5.4.4　实施阶段

协调机构应推动标准及时贯彻实施，实现智慧园区标准化的目标。在标准体系实施后，定期进行审查与修订，不断更新迭代标准体系，在标准实施过程中由专人跟踪检查，并记录标准实施的有关情况，建立信息反馈机制。

1. 制定实施计划

协调机构应根据标准化对象的内容包括人员、过程管理以及服务保障等内容制定实施计划。

2. 标准化宣贯培训

组织相关单位及部门人员开展智慧园区标准体系及相关标准的培训工作，提高全员标准化意识。建立标准实施检查机构，建立人员管理、实施制度、检查制度等规章制度，对标准的实施工作进行指导和检查，对不符合标准化的行为进行督查整改，并做好记录。加大对标准体系建设工作的宣传力度。

3. 实施过程管理

协调机构应按照进度计划及时有效贯彻标准体系中的标准，并指定专人负责监督检查实施计划的落实情况，实施并做好记录。

4. 评估优化改进

协调机构应通过组织现场考核评价、第三方满意度等方式开展标准应用评估，主要评估标准应用实施情况、使用对象满意度、培训实施情况等。总结分析当前标准应用实施存在的问题，充分调查标准实施过程中各个环节存在的主要问题和不足，找出主要原因，有针对性解决和改进。

5.5 智慧园区关键标准

5.5.1 总体类标准

针对智慧园区标准化建设与可持续发展的顶层设计类、共性类、基础类标准开展研究，一是为智慧园区标准化的整体建设起到提纲挈领的指导作用，二是避免在园区标准化过程中的重复建设。总体关键标准主要包括术语、参考架构、对象标识、评价类等标准，其中：

（1）术语类标准是为统一智慧园区在新建、改建等领域的通用概念的术语及其定义。

（2）参考架构类标准对智慧园区建设的技术架构进行分析，提炼形成智慧园区建设、管理、技术等方面的架构，为智慧园区建设提供指引。

（3）对象标识类标准基于园区建设中的各类实体资源和非实体资源，建立统一的编码管理体系，便于实现在园区建设和运营过程中统一化对各类资源进行管理。

（4）评价类标准是通过建立统一科学的评价指标对智慧园区建设水平、效益等进行综合评价，并给出评价过程、方法和要求，指导智慧园区不断优化提升。

5.5.2 技术平台类标准

智慧园区支撑技术平台是实现园区智能化的关键所在，其主要作用将分散、异构的应用和数据资源进行整合，实现数据资源跨业务、跨平台、跨部门进行集成，通过连接数据资源、整合园区业务，实现园区的智慧化管理。关键标准主要包括新一代信息技术类标准、应用服务平台类标准、时空平台类标准、AI 算法类标准，其中：

（1）新一代信息技术是实现产业园区的设施智能化、运营数字化以及产业生态化的主要技术手段。该类标准基于园区数字化应用，对关键技术的实现路径等内容进行标准化研究。

（2）应用服务平台是实现园区各种智能应用、提升用户体验感知的终端系统，该类标准应基于园区具体的应用场景，对平台具备的基本功能进行规范，指导园区应用平台功能建设。

（3）时空平台类标准基于总体类标准中所规范的对象标识，规范时空数据平台的应用功能，实现园区内实体资源的平台化，建立实体场景对象与虚拟系统间的一一对应，并利用感知设施设备实现对实体场景对象的动态监测。

（4）AI算法标准围绕智慧园区建设的特定场景，规范AI算法应具备的设施基础、AI框架、算法选择、算力标准、数据基础等内容，为不同的AI场景生态建设提供参考，通过AI的加持，助力传统基础设施实现智能化升级，让智慧园区更智能。

（5）智慧园区CIM标准建设。目前，CIM在国内外多个行业开展探索应用，国内相关试点城市在推行CIM基础平台建设的同时，也在探索分类编码、模型交付、基础平台技术等标准，但尚未形成统一的CIM标准体系。智慧园区CIM标准应围绕CIM平台建设，以园区CIM数据库、园区CIM平台、园区CIM+应用等为重点，研制包含园区基础设施、静态模型、动态管理、自动感知和智慧应用等方面的标准，为智慧园区CIM基础平台建设及应用的标准化工作提供有力支撑。一是包括建筑和构筑物、智能设备、网络与计算存储设备的标准。二是包含数字孪生技术标准，构建园区数字静态模型（如建筑模型、设施模型和智能设备模型）标准。三是动态管理园区实有人口、单位和车辆的标准。四是自动监测感知园区环境卫生、公共场所安全、设施设备运行状态和建筑能耗的标准。五是面向公众、园区企业、服务者和管理部门各类角色，提供针对性的智慧化应用的标准。

（6）智慧园区城市大脑标准建设。城市大脑是互联网大脑架构与智慧城市建设结合的产物，是在人类智慧和机器智能的共同参与下，在物联网、大数据、人工智能、边缘计算、云机器人和数字孪生等前沿技术的支撑下的智能系统。城市大脑有助于提高城市的运行效率，解决城市运行中面临的复杂问题，更好地满足不同需求。2022年发布的《城市大脑标准体系建设指南（2022版）》明确了城市大脑标准体系建设总体要求，构建了城市大脑标准体系总体框架，并围绕机制建设、标准研制、标准实施、国际合作等方面提出了具体组织实施路径。结合指南内容与智慧园区建设实际，智慧园区城市大脑标准宜从总体类、园区基础设施、数据、关键支撑能力、园区应用服务、园区建设管理、保障机制等七个方面进行建设。

1）总体标准明确园区城市大脑定位、相关概念、边界、应用及相互间关系，主要针对城市大脑基础性、总体性的概念、框架、模型等进行规范，包括术语定义、参考架构、评价指标、园区对象标识等。

2）园区基础设施标准对城市大脑运行所依赖的园区物联感知设备、计算存储、通信网络等基础设施进行规范，在优先采用已有基础设施相关国家标准、行业标准及其他先进标准基础上，研究制定物联感知标准、网络通信标准和计算存储标准。

3）数据标准包括园区数据资源体系、园区数据模型与仿真、数据融合与服务等子类标准，作为"数据资源池"为园区城市大脑应用服务提供资源要素，涵盖数据的采集、存储、应用、归档等全生命周期需遵循的标准。

4）关键支撑能力标准包括算力支撑、人工智能支撑、业务支撑、人机交互能力、开放能力、共性技术等子类标准，主要针对城市大脑建设与运营所需的共性类、通用类支撑技术和功能等进行规范，为城市大脑应用服务提供能力支撑。

5）园区应用服务标准基于园区数据资源融合和关键支撑能力，结合各应用领域的特点，发挥城市大脑关键支撑能力对应用领域的支撑作用，制定各应用领域的服务标准、规范和指南，推动城市大脑在各领域的应用，为各领域赋能。应用服务标准由园区治理标准、民生服务标准、产业经济标准、生态宜居标准、应用融合标准、园区运行体征标准构成。

6）园区建设管理标准包括规划设计、实施管理、评估验收等子类标准，为城市大脑规划、建设、实施和验收提供基本保障，提供技术、方法、流程等方面的指导和参考。

7）保障机制标准主要针对城市大脑的运行管理和安全保障机制进行规范，包括运行管理保障、安全保障等，贯穿于智慧园区建设与运营的全过程，为城市大脑运行管理和安全建设提供依据和指导。

5.5.3 基础设施类标准

智慧园区基础设施是运营管理的基本保障。基础设施通过端到端的智能、端到端的无线、网络集成、实时监控，实现信息采集以及信息互联，组成了智慧园区运行的设施生态。开展智慧园区基础设施类标准研究，主要包括信息基础设施类标准、融合基础设施类标准。主要针对园区信息化运行设施的标准，是智慧园区建设的感知触角，包括建筑设备监管系统、空调通风系统、给排水系统、照明系统、电梯扶梯系统、供配电系统等感知设施以及包括视频监控、通信网络等相关设施设备。开展基础设施类标准研究，规范设施设备的技术建设要求，指导园区在建设时充分考虑实现园区建筑信息运行状态的数字化感知，丰富园区管理要素，让园区拥有掌握、运用数据的能力，从而能够有效提高园区管理运作效率与服务质量。

5.5.4　建设运营类标准

智慧园区的建设运营应综合考虑园区的顶层规划、建设实施、评估验收和运营管理等进行全生命周期的统筹规划，制定标准规范、保障和管理体系，实现智慧园区的规划、建设、评估、运营一体化建设，主要包括设计规划类标准、建设实施类标准、评估验收类标准和运营管理类标准。

（1）设计规划类标准主要考虑规划、建设、管理、运营和园区多个信息系统融合，实现园区内多种业务数据共享、园区与社会资源融合，提升园区在智慧城市中的地位和效用。

（2）建设实施类标准规范各建设参与单位的工作内容（监管方、建设方及施工方等）。

（3）评估验收类标准主要规范园区建设内容如何组织评估、验收，明确评估验收的方法、流程等。

（4）运营管理类标准规范搭建园区一体化运营体系，从产业园区运营服务维度角度，为产业园区建设、改造、验收和评价提供运营指导。

5.5.5　管理服务类标准

园区管理与服务标准主要是从园区管理与服务业务出发，深入挖掘各类业务（如公共安全、产业运营、企业服务、产业赋能、公共服务、电商服务等），研究制定相应的流程类标准、管理类标准和服务类标准。

（1）流程类标准主要规范业务开展过程中的参与角色、数据流转等内容，为相关业务参与者提供简洁、明了的操作指引，同时为智慧园区信息化平台建设业务的数据化提供参考。

（2）管理与服务类标准主要用于规范智慧园区管理与服务中的组织机构、职责范围、过程管控要求等，主要侧重于管理服务过程与结果管理的标准化。

5.5.6 数据类标准

智慧园区数据资源是开展园区治理的基础，而开展数据治理是释放数据价值的首要环节。当前园区数据资源建设跨行业、跨区域特点突出，但系统数据责任主体多样、数据共享困难，需要加快推进数据标准规范建设，摸清园区主题数据库的主题分类、数据对象，形成标准化数据，制定园区数据要素、数据治理相关标准。

（1）数据要素类标准分析智慧园区建设、运营、管理各阶段的业务，规范各业务范围内的数据，形成数据资源目录和数据要素清单，为智慧园区平台建设提供底层数据支撑。

（2）数据治理类标准旨在通过研究制定数据治理的方法和路径实现智慧园区建设过程中采集和汇聚的多源数据的治理，实现数据梳理归并、数据建模、数据交换、数据开放共享、数据质量和资产化等管理，促进数据服务创新和价值创造。

5.6 智慧园区标准化推进建议

5.6.1 完善智慧园区标准体系建设

智慧园区标准化建设工作首先需要从整体和大局出发，建立一套全面完整的智慧园区标准体系，确定智慧园区标准化建设的目标，制定实施标准化体系建设的路线图，指导智慧园区建设。智慧园区标准体系是园区标准化工作的顶层规划，应衔接业界产学研用各类单位资源，梳理形成标准体系，跟踪园区发展现状和未来发展方向，不断提炼梳理智慧园区标准化需求，从而确定具有园区特色的智慧园区标准体系。开展智慧园区标准体系建设时应注意：

（1）注重顶层设计，提前谋划。标准顶层设计对智慧园区建设成效有至关重要的作用。缺乏顶层设计指导，会造成各自为政、数据孤岛、重复建设等智慧城市建设通病，增加智慧园区建设失败风险。

（2）建立完善有效的评价机制。旨在构建基于项目建设、信息共享交换、运行管理等各环节的业务流程、技术架构、信息协同等方面标准化评价指标体系，实现智慧园区建设成果可量化评价。

（3）数据融通发掘，赋能发展。建立统一园区 CIM 平台标准、数据共享交换标准，有效保障园区数字化建设，打通数据壁垒，用统一的标准体系对智慧园区各专项应用之间的互通互联、信息共享交换、业务协同联动、安全保密进行指导。

（4）新型数字技术在智慧园区领域的使用应有相应的规范标准，实现智慧园区应用开发有规范，加强科技成果转化标准，推进智慧园区有力、有序、有效高质量发展。

5.6.2　加快推进智慧园区重点应用标准研制

在智慧园区标准体系指导下，结合标准化需求，按照重点突出、急用先行的原则，提出智慧园区关键标准。以智慧园区示范工程、智慧园区试点项目建设等为依托，围绕智慧园区顶层规划、建设实施、评估验收和运营管理的全过程，开展智慧园区的术语、对象标识、技术架构、数据治理、智能运营中心等重点急需标准的研制。制定标准研制计划，组织相关企事业单位和行业协会开展关键标准任务的研制、实施和评价，形成政府引导、市场主导、全社会参与发动全社会力量参与标准化工作机制，通过制定地方标准、团体标准等将典型的智慧园区应用实践经验固化为标准。标准研制过程中采用边实践边研究的途径，确保标准的落地实施和应用推广，同时通过定期组织召开论坛、研讨会等让更多的相关企业和个人参与到标准的征求意见、实施应用中。标准应用推广过程应加强宣贯培训、实施验证、标准试点及推广，提升智慧园区标准的适用性和实用性，以标准化手段推进智慧园区的可持续发展。

5.6.3　加快智慧园区标准化人才队伍培养

加快智慧园区的标准化人才队伍建设，夯实智慧园区标准化发展的基础。通过组织开展标准宣贯培训活动，提升智慧园区标准化工作人员的意识；鼓励园区通过联合共建、虚拟整合等方式，依托高等院校、科研院所以及行业协会等建立标准化人才的培养机制，大力培育标准化科研人才；依托行业协会开展智慧园区从业人员能力培养和评价方法的团体标准研究，引导企业制定标准化人才计划，积极培育和发展标准化人才，实现智慧园区标准化人才可持续发展。

5.6.4　促进智慧园区标准国际化发展

积极参与国际标准化活动，对标国际先进标准推动智慧园区建设发展，加强标准化工作和其他国家在智慧园区方面的交流与合作，参与制定国际标准，储备国际标准提案，提升智慧园区国际化水平，扩大智慧园区标准的影响力及竞争力。

智慧园区
高质量发展与标准化

第6章
未来智慧园区展望

  园区未来的建设发展，是要建立有韧性的、有温度的智慧园区，需综合考虑园区自身企业、用户、低碳发展以及与城市、经济、环境和周边设施的互动关系。一方面，城市、企业、个人、周边设施、地方经济及自然环境将促进（或阻碍）园区的智慧化进程；另一方面，园区自身的健康发展与智慧化升级也将反哺于城市、企业、个人、周边设施、地方经济及自然环境，促进城市及地方经济的转型与发展。园区与城市相互支持、相互促进，共同推动当地的经济繁荣、文化多元、社会和谐。

6.1 智慧园区自身未来发展趋势

6.1.1 注重循环发展与低碳转型

1. 智慧园区提倡循环发展模式，实现碳中和目标

智慧园区会囊括成百上千家入驻企业、大片住宅区以及工业厂房。生产作业产生的各种垃圾、废弃材料和生产尾气，需要以一种可持续的方式被循环利用起来，以实现碳中和（或净零）目标。例如，加工厂剩余的废弃塑料可以加工成一次性餐具。工厂排放出的气体也可以进行低碳处理。英国的绿色建筑委员会于 2021 年提出净零排放建筑框架。该框架将建筑行业的碳中定义为将其整个生命周期内的温室气体排放减至最低，并在必要时进行补偿措施，以确保净零排放的实现。现有研究已经证实，地球已经比 19 世纪后期高出约 1.1℃，且排放量仍在持续上升。科学家们认为为了避免全球气候变得更严重，全球气温上升需要限制在比工业化前水平高出 1.5℃。因此，为了将全球变暖控制在不超过 1.5℃ 的水平（如《巴黎协定》所要求的那样），到 2030 年，碳排放量需要减少 45%，到 2050 年达到净零排放。根据联合国官方报告，在 2050 年之前，全世界范围内要实现碳中和目标。要实现该目标，需要做到以下三点：第一，在 2050 年之前建立一个真正的全球碳中和联盟。第二，全球金融活动与《巴黎协定》和可持续发展目标保持一致，这是世界更美好未来的蓝图。第三，确保生产活动在适应和复原力方面取得突破。这些目标对于智慧园区的节能环保以及双碳目标的完成，具有重要的指导性意义，也为园区的可持续发展指明方向。

在智慧园区内，科学技术的作用可以推动以上目标的实现。专家对绿色氢的研究表明，它可以促进低排放和零排放重型车辆，包括氢动力汽车，以及水泥和炼钢等脱碳工业的发展。此外，电力可以通过电解转化为氢气，当电池或其他储存和运输方式不实用或没有竞争力时，为储存和运输其他方式产生的可再生能源提供了一种创新的方式。再者，新能源汽车和非机动车的普及将会大幅度降低园区内的空气污染指数。在这个方面，智慧园区内的交通和通勤系统完全可以效仿巴塞罗那、哥本哈根和阿姆斯特丹的交通规划措施，大力倡导共享单车、共享电车以及新能源公交车作为主要共同交通工具。鼓励大家步行替代单车、单车替代汽车、电车替代燃油车。

技术手段的使用还体现与人的主观意识的相互配合。加速废物利用和减少生产材料的过度消耗需要让园区内消费者意识到不良消费习惯的环境代价。生产企业在解决这个问题上可以起到带头作用，例如在产品中附加生态或者环境标签，提供足够的相关信息使得消费者可以意识到不良消费和使用生产产品对环境带来的影响。再如，将塑料袋等不可再利用产品替代为再利用产品，可以减少对环境的污染。

2. 全面升级智慧园区基础设施，实现低碳战略转型

技术手段和人的主观意识很重要，但全面升级园区的基础设施，才能使低碳战略转型变得长远。智慧园区内部的基础设施需要配备可监测传感器，并符合全球碳中和标准。智慧园区作为城市可持续发展的代表区域，需要优先利用技术手段实现净零。例如，智能垃圾箱（smart bins）的投放可以通过内置传感设备实现中央控制系统对垃圾投放、内容以及回收时间的管理和监测。

此外，园区可建立数据生态系统（data ecosystem），将各类环境、生产和运营数据通过数字平台进行数据整合和实施。其目的在于建立数字追踪体系，以监测并记录整个生产链上出现的任何环境污染和资源浪费有关的问题。例如，消费产品终端可设置二维码扫描，并关联员工和消费者个人生产和消费记录。在此基础上，量化和指标体系需建立完善，对生产各个环节设立指标，建立并利用奖惩机制引导员工和消费者的生态和环境意识。

向净零排放的过渡将需要经济和社会做出重大调整，同时经济和社会也能从转型中获益。园区的基础设施投资者和园区主要部门可以与政府和扶持机构合作，通过在扩展的规划和投资范围内采取协调行动来支持其中许多调整。其中，有三类调整将会格外引人注意。首先，在金融领域，相关园区企业机构可以通过开发新的融资结构、金融工具和市场来促进资本的重新分配，安排公共和私营部门之间的合作，并管理搁浅资产的风险。其次，园区感知环境的基础设施价值链中的组织可以通过建立对气候风险和机遇的认识，降低技术成本、培育工业生态系统、跨价值链合作、并能为商品生产商创造激励措施来管理需求转移和成本增加。最后，私营基础设施投资者可以帮助解决社会经济影响，如失业、再培训以及受影响工人的重新部署计划，而政府可能会考虑经济多样化计划、社会支持计划和其他补偿机制。

6.1.2 推动企业升级与经济发展

1.园区赋能企业数字化转型升级

智慧园区建设为企业数字化转型升级提供了新的路径。一方面，智慧园区建设需要海量的智慧基础设施、智慧产品和智慧设备等，由此会形成市场大、范围广、链条长的智慧产业链，为企业转型升级提供了广阔的市场。另一方面，智慧园区建设将促使智慧技术在制造业服务业等领域的深入广泛应用，并基于企业全过程的数据采集分析进一步提升企业的运营、营销能力，促使这些产业向智慧化转型升级。通过利用园区的整体解决方案，企业可以构建出具有高效率的数字化运营系统，从而提升其运营、管控、财务、资源的收集、整合和分析的效率，并且实施以数据驱动的自主运行模式，让运营团队更加灵活，从而实现更高效的运行。企业可充分发挥园区的数字化优势，借助客户关系管理（Customer Relationship Management，CRM）系统和应用程序编程接口（Application Programming Interface，API），将内部和外部的营销资源有效整合，创造出一个完整的、高效的、客户参与度高的营销矩阵，将CRM、小程序、裂变等多种营销手段有机结合，最终形成完善的企业数字化营销体系。

智慧园区的建设将促进企业资源配置的优化和完善。智慧园区建设也带动了大量的智能业务应用，如基于无线射频识别技术（RFID）、卫星定位系统、多维条码等智能传感技术的智能仓储系统；基于电商和大数据分析等信息技术融合的智能贸易系统；基于自动控制、云计算、物联网、移动网络等信息技术的智能交通等。新技术及其在园区发展中的应用，可以推动产业技术要素的集聚，全面集成创新优势。智慧园在园区管理的现状基础上，利用计算机技术，深入发掘、集成信息产业优势，进而对园区管理、产业开发、服务等各个领域的精细化管理，推动行业一体化管理，促进产业资源的最优化分配。

智慧园区作为数字经济的载体，信息交流和创新的中心，将会是企业科技创新的重要平台，并为企业的科技创新提供支持。一座拥有大批优秀人员、与高校和科研单位密切协作、可以方便获取信息和技术的园区，在得到充裕的资金和良好的政府扶持下，将迸发出巨大的创造力，从科技到工业、从教育到科技都将得到迅速发展。智慧园区内拥有丰富的先进技术企业、良好的管理人才、健全的经济发展平台，将政府部门、企业、技术人才通过互联网、现代化的信息基础设施等联系在一起，在多元化投融资体制和开放性宽松信息交流平台的支撑、推动下，各要素之间交织成信息有序交换的复杂社会网络系统。最终，这个人员、企业与园区交织的地方，可以帮助园内的各单位之间进行数据共享和科技交流与协作，促进了科技流、人才流、资金流和信息流等科技创新资源在园区内的有效流转，进而将智慧园区建设形成区域科技创新网络系统，以助力企业的创新。

2. 园区推动产业集群加速构建

智慧园区将对产业集群的构建起到重大的引导性作用。随着科学技术的飞速发展，以智慧理念为指引的经济体系正在迅速崛起，它的整合和运用将极大地提升传统行业的效率和效益加快其变革和提升，同时也将确保当前信息产业的长期稳定增长，从而构建出一个全新的、具备更强竞争力的智慧产业。随着科技的进步，园区的智慧化进程正在推动着其中的各行各业的变革，从而取代了以往的传统模式，从而实现了从传统行业到智慧行业的跨越式发展，从而实现了从传统到智慧的跨越。

通过建设智能工业生产项目，智慧园区能够促进高新科技的聚集兴起，从而充分发挥这些企业的资源优势，如地域资源优势、互相依存资源优势、迅速反应资源优势、大型资源优势等。此外，智能工业生产项目还能够构建起一个完善的交互网络平台，让企业能够迅速、有效地运作，并且能够吸纳到各种专业研究者，从而推动工业生产项目的可持续健康发展。此外，项目还能够通过建立完善的数据库系统，支持企业的快速决策、数据分析、数据挖掘等，从而有效地满足市场的需求。通过整合产学研资源，智慧园区能够充分利用科技的力量，从而推动高科技产业的蓬勃发展，并且构建起牢固的基础。

3. 企业支撑园区经济高质量发展

企业是智慧园区的重要主体，是智慧园区治理的重要组成部分。企业能够为园区的高效、低成本的运营提供有力的数据支撑，也能为园区的运营效果提供反馈，从而促使进一步改善园区的运营效果。智慧园区的建设不仅需要依赖政府的主导和协调，同时企业作为智慧园区的主体，在园区的建设过程中要充分发挥其主体作用，包括智能技术开发、智能产业制造、智能行业建设以及智能服务系统构建等都需要依靠企业的制定与实施。企业必须在政策的体制机制创新、政策支持等条件保证的前提下参与智慧园区的建设，为工业园区的发展和资本运营充分发挥民营企业的主体地位作用。随着科学技术的发展，企业可以利用这些新兴的工具建立起更加完善的协同管理体系，以更好地满足社会发展的需求，并且可以更加积极地推广应用，从而更好地改善园区的环境，促进经济发展。同时，企业还可以根据社会发展的需求，收集、整理、分析数据，为园区提供数据支持，进而改善智慧园区的服务效率，提高智慧园区的运营效能，降低智慧园区的运营成本，从而更好地推动智慧园区的发展。

企业的参与为智慧园区的可持续发展提供了坚实的基础，它们不仅仅是建立起一条完善的产业链，而且还为智慧园区的可持续性增长提供了强大的助力。为了实现智慧园区的可持续发展，必须摒弃传统的单向的信息化建设方法，而是将重点放在如何促进园区企业和智能产业的协作上。因此，在制定智慧园区的初步方案时，不仅要考虑到信息技术的因素，还必须考虑到其对于整个行业的影响。随着"扎根成长"的推进，智慧园区的发展进入了一个新的阶段，即以构筑完善的信息化基础设施为核心，结合园区现有的企业信息化资源，结合政府的政策支持，积极开展招商引资，以及积极吸纳和培养更多的外部信息化资源，以期达到更好的发展效果。在智慧园区初期，应该把焦点放在如何让这些地方变得更加有效率，而非只关注它们本来就存在的问题。应该努力推进智慧园区建设，并鼓励它们吸纳具有巨大发展潜力、具有良好市场前景的智能产业。这样，就能够在"智慧制造""智慧服务"两个阶段构建出一个综合性的智能产业体系，从而能够在保证园区内部运行正常情况下，向社会提供优质的智能产品。通过企业和产业规模效益的迅速发展，提升并推动园区经济的高质量、高水平发展。

6.1.3　促进园区与个人相互融合

智慧园区的发展无法和人的行为分离开来。这里的"人"强调的不仅仅是园区内的居民（即传统意义中的"市民"概念），还包括园区内的员工。正如在几年前当"智慧城市"的口号响起时，学界和业界讨论城市的发展如何更好地和市民参与相互融合，智慧园区的发展也同样面临这样一个挑战和发展策略。智慧园区虽然被赋予了科技的力量，但园区本身是由无数的个人组成的，正如每个城市由数以百万计的市民构成一样，所以成功将智慧园区落地需要认真考虑个体的角色，以及个体角色如何赋能智慧园区，反之亦然。本小节从两个角度来分别阐述，智慧园区的可持续发展要"以人为中心"，反过来，园区居民和员工也要"以园区为家"。

1. 智慧园区建设强调"以人为中心"

对人的主观能动性的重视，是智慧园区区别于普通园区的重要方面。从规划的角度来讲，园区的建设要时刻和园区内居民的意志保持一致，赋予居民足够的时空属性使其各司其职，同时又各享其乐。当人们穿梭于园区内的各个角落时，一种"智慧主权"油然而生。就像具有代表性的智慧城市巴塞罗那的城市规划专家讨论如何让当地市民拥有更多科技主权（technology sovereignty）一样，智慧园区的建设要把居民和当地社区的需求转化为具体的、实实在在的服务，让创新、技术和冰冷的机器用来服务于人，使其能够自发通过技术勾勒出未来生活的蓝图，而不仅仅局限于被动地享用园区服务和设施，对园区的未来发展置之不理。智慧园区建设过程中涉及的每一个独立的个体在园区建设过程当中都起着重要却不同的作用，不同的角色代表园区发展的不同方面。

智慧园区发展的决策制定需深度考察市民和社区需求，并做到自上而下与自下而上的有机平衡，需要遵循"以人为本"的逻辑。传统智慧园区的规划建设时主要采取由政府相关部门主导，下级单位进行配合的"自上而下"模式，容易忽视当地的实际情况，尤其是关于当地社区和居民的实际需求。因此，未来需要寻找自上而下总体布局和自下而上底层参与的中间平衡点，做到上至有章可循，下至因地制宜，以促进智慧园区可持续发展。智慧园区建设的平衡方案需要充分考虑市民作为数据源和服务对象这一特点，再由特定部门作为桥梁，将市民需求和政府政策紧密联系起来。所谓的特定部门可以作为政府的下级单位或者特设部门而存在，临时负责智慧园区的建设和指导工作。特定部门对上需要和相关市政部门保持政策上的高度一致，对下需要直接和当地居民和社区进行对接，走访并调研智慧园区建设的底层需求，并通过技术手段获取市民参与所产生的关联数据。例如，市民通过手机 App 产生的使用数据可以用来分析市民需求特征，进而改善园区内衣食住行的条件。智慧园区项目的推动需要依靠这样的特定部门统一领导和统一布局。

2. "以园区为家"提升个人参与

智慧园区的建设要"以人为中心"，同时园区里的个体也要"以园区为家"，具有主人翁精神。因为，主动地积极参与和被动地使用服务会使园区的建设朝着不同的方向发展，因此无论是园区里的居民，还是园区的企业员工，都应积极主动地参与园区的智慧化建设中，提升数字参与和可持续发展意识，逐渐实现智慧园区的共同建设和价值共创。

个体应积极响应智慧园区建设的战略和决策。"以园区为家"首先要让园区里的每个人充分理解并接受技术变革带来的生活和工作上的积极改变。智慧园区将会是先进科学技术的试验田，各种以物联网、大数据和人工智能等技术为依托的创新服务都会出现在园区的各个角落。作为智慧园区的个体，居民和员工都要跟上数字化转型的步伐，主动使用园区的各项数字化服务，例如数字医疗、智慧泊车、无人驾驶公交系统、移动支付等，否则这些智能化服务的存在将失去意义。此外，园区里的个人发挥主人翁精神，主动献计献策，参与到共同建设智慧园区的各项服务设施，以确保将各种园区个人和市民的偏好嵌入到园区的智慧化场景。

智慧园区的个人要做到"以园区为家"，不能仅做到"各人自扫门前雪"。园区的任何一个角落都是大家共有的，每一个生活和工作在智慧园区里的个人都有责任保护它的设施和环境。园区中的个人应摒弃避邻主义，主动与园区内部和周边设施进行互融。智慧园区的个体要认识到，园区是城市发展主要推动力之一，园区的发展会提高周边居民区的生活条件和便利度。当园区中的个体认识到这一点后，会接受并且享受园区给自己带来的各种潜在利益和价值，并且主动提高自己的个人素质，改善自己的言行举止，支持园区的现代化和乡绅化（gentrification）发展。

6.2 智慧园区与周边区域的相互作用

6.2.1 园区与区域经济同频共振

1. 区域经济发展程度影响智慧园区发展

数字化、信息化、智能化发展是智慧园区建设的基础和重要前提，而园区的数字化、信息化、智能化水平在很大程度上受制于周边地区经济发展程度。在智慧园区建设过程中，信息数据是其主要的支撑基础，区域的数字化发展可以为智慧园区建设扩宽信息采集的渠道，能够有效提高智慧园区信息管理水平。例如可以通过网络渠道获取信息，从企业渠道获取各类企业的内部信息，从政府渠道获得政策扶持信息等，然后借助大数据技术将信息进行处理和分类，使汇聚的信息更具有可靠性和兼容性。

此外，区域信息化水平还可对智慧园区基础设施建设提供基础支持。智能化基础网络设施是实现智慧园区建设的关键，它能够帮助园区管理者、工作人员和居民更好地传输、交流和共享信息，并为园区带来更多的智能化应用。通过这些技术，可以更好地整合园区内部的资源，提升管理效率。

2.智慧园区辐射区域经济发展

智慧园区能够有效地整合各类创新资源，充分利用其独有的产业优势，从而实现对全国乃至全球的经济增长。智慧园区的建立，使得科研人员可以更好地把握市场机遇，把握市场趋势，推动科研进步，促进经济增长，并且在全国范围内起到重要的带动作用。通过建立一个具有创新性的生态系统，将有助于增强企业的市场竞争力，改变传统的产业结构，促进跨界的经济联盟，激活当地的经济活力，并为周围的社会经济增长注入活跃的元素。此外，还将利用这种系统，汇聚各类专家学者，汇聚各类技术支持，以及利用各种政府、企业等组织的资金，来实现更好的经济效益。

此外，由于园区内的大量企业也和园区外的企业的经济发展形成了关联，园区的商业要素逐渐向周围扩散，在政府政策的正确指导下，由园区内形成的聚集功能逐渐向园区外扩散。从时间维度来看，在经济成长的初期阶段，国家智慧园区通过所拥有的政策优势引导着资金、人才等重要产出因素在园区内聚集，而随着时间的积累，园区内产出因素也开始逐渐向周围扩展，从而对周围地区经济造成了深远影响。而具体来看，园区内对周围地区的经济作用体现在三个方面：第一，引发外部经济。随着外部经济的发展，越来越多的企业聚集在智慧园区，这种经济活动的集聚使得企业可以以更低的成本获取到所需的原材料和服务，从而提高了整体的经济效益。第二，智慧园区的经济活动范围也在不断扩大，企业可以在产业链上的各个环节进行有效的分工，这样可以减少管理和服务费用等非生产性支出，进而降低内部成本的支出，并促进劳动生产率的提升。第三，引发区位经济。一方面，区位经济的形成主要来源于大量企业聚集在智慧工业园区，共同开展产业活动。另一方面，许多生产单位在一个地方集中开展生产劳动，共同负担企业新产品投入的融资支出可以减少企业的生产投入，另外，还可以形成庞大的产品、大规模专业化的机械设备等的企业规模，促进企业发展的良性循环。

3.智慧园区促进区域经济产业结构升级

智慧工业园区利用 IoT、大数据、移动互联等前沿技术，实现了信息的快速传播、资源的高效利用，从而增强了政府、中小企业、社会各界之间的联系。此外，智慧工业园区还将重塑个体用户的角色，让他们能够更多地参与到工业园区的建设、创新、经济建设之中，形成一种以人民为核心、充满活力的创新型、公平公正的市场氛围，激励中小企最终实现高质量的增长，让那些效率较低、竞争性较差的企业不断提升自身的竞争能力，竞争力弱的中小企业得到淘汰。从而极大地提升产业的生产效率，并且有助于改善经营环境，使得经济增长更有活力，实现产业结构升级。

另外，前沿信息技术的运用也为城市的可持续发展打下了扎实的根基，并且有助于建立和完善智慧工业园区。信息技术的应用，不仅可以激发中小企业的潜能，还能有效地解决经济发展的瓶颈，推动经济的健康增长。通过引入先进的技术，可以有效地解决传统产业中存在的资源利用率低下和管理方式落后的问题，可以帮助企业快速、准确地搜索、传输和共享信息，从而促进企业资源的有效整合和流程优化，实现无缝衔接和低成本运营，提升管理效率。

6.2.2 园区与生态环境和谐共生

1. 智慧园区对区域生态环境的影响

作为产业集聚的空间载体，智慧园区不断面临空气污染的挑战，这种挑战时常影响着园区内企业和工厂的正常运转。空气污染通常是由运输、工业、能源使用和废物产生引起的，同时缺乏相应的政策干预。根据世界卫生组织（WHO）的一份报告，每年有700多万人因空气污染而早死亡。对于智慧园区这种区域性生态系统来说，防治空气污染的有效措施之一是建立足够多的空气监测站点来实时记录空气质量指数。同时，卫星数据的使用还可用于获取有关大气变化和周边城市区域的更多信息。例如，许多物质或污染物与环境中的其他实体结合，产生烟雾或酸雨，并快速蔓延至整个园区。如果事先预测这种污染物的移动，就可以帮助园区管理者和区政府采取适当的行动来控制污染物的负面影响。此外，在智慧园区中使用绿色交通，设置更多的绿化带区域，使用更多的可再生能源以及阻止城市和农业废物的燃烧，也可以有效地减少空气污染。

智慧园区另一个环境问题是噪声污染，但这可以通过精心规划的城市绿色空间开发来轻松调节。绿地的规划和发展必须通过科学和社会评估来完成。它的随机和不均匀发展可能导致生态或园区内的社会层面的问题。也就是说，园区的绿地规划和设计将需要社会、生态、地质、地理和生物性质的数据。这些数据将涉及人口统计分布和对绿地的需求。规划和设计园区绿地将需要科学信息的辅助。

2. 智慧园区对自然资源的利用

众所周知，水是最重要的自然资源之一，随着全球气候变暖，其可持续性已成为 21 世纪最大的挑战之一。智慧园区获得清洁水受到多种因素的阻碍，例如缺乏足够的基础设施，水资源有限，全球变暖，水源污染，过度开采造成的高水资源压力以及浪费行为。目前有许多技术和创新实践可以帮助解决城市水资源短缺的挑战。除了手动钻孔外，还有智能水基础设施、基于传感器的水保护系统、用于实时质量控制的便携式测试套件、卫星技术和移动应用等更先进的解决方案，用以缓解城市用水压力。

对于智慧园区来说，重要的是要尝试实现水的可持续性，并为此寻找各种途径。园区必须明智地使用有限的水，负责收集、维护和供应给有需要的人的相关部门应负有责任。对园区内的居民和员工来说，要了解水的重要性、保护水的必要性，要保持水体的清洁。园区应该和当地自然资源管理部门协同工作，以保护水资源。

此外，城市能源生产和分配的社会技术系统高度依赖化石燃料燃烧，迫切需要向低碳和可持续的可再生能源过渡，特别是考虑到人口增长将逐步导致城市能源需求的急剧增加。这同样是智慧园区将面临的问题。在过去二十年中，使用可再生能源生产能源的势头越来越大。然而，与化石燃料相比，它们在能源结构中的份额始终有限。这一差距引发了对研发活动的大量投资，从而产生了引人注目的技术和非技术性科学、技术和革新解决方案，以解决不可持续的城市能源系统。

6.2.3　园区与市政交通相互依存

1. 周边市政设施满足园区用户基本需求

在园区初始培育期，园区的选址一般都位于离城区较远的郊区，园区只重视产业空间的建设，仅考虑了短期的产业发展利益，没有考虑相应的城市规划和相关的市政设施的配套。因此，早期园区空间的迅速构建是以社会空间的完全坍塌为代价，并由于职住分离等问题使得园区成为"产业孤岛"或"边缘城市"。随着园区的日趋完善，以及更多的人才带着家人安家落户，园区已由单纯功能性的园区逐渐向集生产开发、教育科研、市民生活于一身的都市复合功能人才聚集园区过渡。例如，杭州经济技术开发区提出由"建区"到"造城"的发展战略。园区周边市政设施的落后与缺失将深刻影响未来智慧园区的建设与发展。

向更加智慧的园区迈进，必须与城市功能对接，满足园区居民的基本生活需求。如何重新构建合理的园区社会空间和园区城市功能是智慧园区实现以人为本和可持续发展的关键。智慧园区周边配套设施作为园区企业和园区居民的公共物质基础，是园区内居民生活、单位和企业生产经营赖以生存的重要条件。重构园区的社会空间对园区周边配套设施提出了更高要求。

周边配套设施按照企业和居民需求可以分为生产性配套设施与生活性配套设施。生活性配套设施是教育、医疗、休闲娱乐和居住等设施，其与园区居民的日常生活密切相关，决定了居民的生活品质。完善的生活性配套设施有利于人才向园区聚集，开阔居民消费市场，带动园区周边服务业的发展。园区与城市功能对接需要园区周边提供水务、电力、医疗、教育、政务、商业中心和加油站等服务场所，以满足园区居民基本的生活与娱乐需求。未来园区居民的基本生活需要园区周边社会基础设施健全来满足，而未来园区产业的正常运转需要园区周边公共基础设施稳健来保障。此外，未来智慧园区也可以通过完善的配套设施，利用园内产业的支撑作用，吸引人才和企业，增加园区内的就业机会，提升园区居民的生活环境，从而推动智慧园区城市功能的完善，增加智慧园区的潜在效能。因此，完善园区周边的市政设施，实现园区周边的城市功能，是未来智慧园区发展与突破的必然路径。

2. 周边生产性配套设施增加智慧园区的潜在效能

区别于生活性配套设施，生产性配套设施是指保障园区内企业生产活动的周边排水系统、通信系统、交通系统、电力系统等工程设施，是支撑园区正常运转的基础条件。完备的生产性配套设施与生活性配套设施能增加园区的区位附加值。齐全的生产性配套设施有利于吸引更多的企业落户园区，降低园内企业的生产成本和运营成本，增加园区对企业潜在的吸引力。

此外，周边配套设施还能够在园区周边建立良好的生态环境，发挥园区的潜在效能。良好的生态环境是未来智慧园区发展的必然要求，也是目前园区发展和转型的瓶颈。许多产业对于园区周边的生态环境要求越来越高，如电子产业、半导体产业等精密制造业。通常需要园区布局在绿化率高、噪声小、有隔离带的优质地段。而初始园区建立的区位不可更改，这便要求园区周边配套设施建设更符合智慧园区发展的生态环境，如在园区周边建立合理的隔离带、绿植等。以此吸引高新技术企业的入驻，推动制造业升级与转型，带动未来智慧园区现代服务业的发展，优化园区内产业结构的优化。未来智慧园区的高质量发展不仅取决于园区本身配套设施和现有技术，其周边配套设施也会增加智慧园区的潜在价值，提升智慧园区品质。

3. 周边信息设施使园区与城市互联互通

在智慧园区建设中，信息基础设施被视为关键要素之一。园区周边的信息基础设施建设是增强智慧园区基础环境竞争力的关键之一，周边信息设施是园区与城市互联互通的关键环节。同时，智慧园区的发展能带动周边信息基础设施的建设。园区智慧化和数字化发展必然会对周边信息设施的建设提出更高的要求。因此，园区会助力其周边信息基础设施的发展，以满足智慧园区与城市联通的需求。例如，位于瑞典首都斯德哥尔摩北郊的 KISTA 科技园，园区内高科技公司大部分集中在电信、无线、微电子、软件等四个领域，园区内的产业辐射到斯德哥尔摩整个城市的通信网络和网络服务的建设，使得斯德哥尔摩曾因其完备的网络基础设施被评为"最智能城市"和"欧洲绿色之都"。

此外，基于物联网与互联网优化升级的园区周边信息基础设施能打通园区与城市，使园区更好地与城市进行信息交流与物质交流，实现园区的产学研一体化，成为激活园区经济增长的新动能。园区周边信息设施能通过光纤网络、无线网络、传感器等信息技术将园区与城市内的各主体无缝连接起来，使园区与所在城市原先分散和割裂的信息及资源要素有效联结起来，让园区与城市相互拥有透彻的感知和广泛的联通，有效提高园区管理运作效率与服务质量。

未来智慧园区的周边基础建设将更加重视周边信息设施的配备，规划构建高标准的城市基础设施。在未来城市信息基础设施建设过程中，要基于节约、高效、绿色、效益原则，建设和完善光纤宽带网络、无线宽带网络、政务专用网络等，为智慧园区构建稳定的园内园外网络运行环境，为应用系统提供计算资源、存储资源和网络资源服务，从而真正实现智慧园区智能化和数字化。

4. 周边交通设施保障智慧园区正常运行

周边交通设施也是影响园区智慧化建设的关键因素。一方面，交通对园区内生产要素流动起着重要作用。园区周边的交通直接关系到园区内产业与上、中、下游产业的物资交换与合作成本。另一方面，园区周边交通的变化与提升对园区空间扩展、形态演变发挥重要作用。交通是园区向外扩张的重要动力机制，园区对其周边的交通提出了更高的要求。

园区周边交通拥堵、停车供需不足等交通问题，将对园区智慧化发展造成负面影响。随着园区的不断发展，工作人员的增多，园区内停车设施因预判不足难以实现供需匹配，园区内居民就会去园区周边公共路面停车，导致园区周边道路被占用、道路违规停车，自行车、非机动车和步行者的空间被挤占，造成园区附近交通高峰时期的拥堵，最终给园区用户的生活与工作带来不便，降低园区的吸引力，园区的人口集聚效应随之减弱。同时，园区周边的交通网络的铺设也直接影响着园区的物流运输。因此，以园区为重点地区，全面排查园区周边交通乱点堵点，增设禁令标志、完善交通设施、调整信号配时、提前规划好周边交通道路和公共停车场是不可忽视的。

园区的周边交通网络建设是智慧园区正常运行的根本保障。交通路网建设是园区的骨架，对园区的空间结构规划和经济发展有着重要意义。道路交通设施的完善可以促进园区内生产要素的自由流动，更高效率地进行资源配置，有利于增强各地区产业部门之间的空间联系，实现优势互补。同时，周边交通的改善能有效解决园区内居民的出行问题。因此，丰富园区周边的路网形态，提高路网密度也是未来智慧园区的必然趋势。

6.2.4　园区与城市双向赋能

1. 城市发展推进智慧园区的产城融合

回顾改革开放四十多年，中国快速发展的动力归结为两个方面，一是工业化，二是城镇化。工业化与城镇化只有协调统一发展，才能使产业与城市相融合，继续为中国经济增添活力。近年来，随着智慧园区总体规划和顶层设计的不断深入，全国园区纷纷掀起了智慧园区规划与建设的热潮。在我国经济转型和城市智慧化转型背景下，"产城融合"是我国城市布局的新战略。"产城融合"的提出与我国园区的发展以及其承担的历史使命密切相关，是对产业功能转型、城市综合功能提出的必然要求，也体现了城市规划由功能主导向回归人本主义导向的趋势，由注重功能分区、注重产业结构，转向关注融合发展、关注人的能动性、关注创新发展的转型。

克鲁格曼的中心外围理论认为，城市需要经历外溢、布网、整合、耦合四个发展阶段，城市发展的最高阶段是产城融合阶段。只有当城市功能逐步完善、园区布局逐步合理、产业结构不断调整，才能促成产城融合的实现。一方面，智慧园区的产城融合是在城市发展的基础上发展产业，以产业发展为保障促进城市基础设施的配套和完善，推动城市和产业的共同升级，最终实现城市、园区、产业之间的持续稳定向上的良性发展模式。另一方面，产城融合是地区发展的必然产物，当城市发展到某一高级阶段，就将进入产城融合的发展阶段。因此，产城融合的基石是城市的高速发展，园区是产业发展的载体。城市对未来园区产城融合的推进作用不容忽视。

此外，智慧园区的建立往往取决于园区所在城市的经济发展。通常而言，城市经济规模越大，城市化水平越高，对园区的辐射带动力越强，越有利于促进产城融合。发达的城市聚集着雄厚的资本、优质的人力资源、先进的技术等，可以为智慧园区的发展提供要素支持，从而带动相关产业的发展。在一个经济欠发达的地区，一个可行的做法是从建立工业园区（出口加工区或保税区）开始，以城市低成本的人才、基础设施、土地资源、地理优势和政策优势，形成强有力的园区发展雏形。随着城市经济的发展，基于城市现有的研究能力、人力资源和创业环境基础，建立智慧园区以及促成产城融合就会变得相对容易，例如伊朗德黑兰市帕尔迪斯科技园、中国北京市的中关村科技园。

2. 城市发展为智慧园区汇聚产业与人才

智慧园区与城市的协调发展是未来园区与城市关系研究的重要议题。随着智慧园区的发展壮大，园区与城市将会趋近于双核式发展模式，两者的协调关系成为彼此未来发展好坏的关键。这种模式中，对于智慧园区的发展而言，城市的影响仍是根源性的，也关系到智慧园区未来能发展到何种程度。因此，城市的发展仍是未来智慧园区发展的重要影响因素。

城市的高速发展能够创造较多的就业机会，吸引高校毕业人才涌入的同时，有效地带动产业调整，改善地区产业结构，形成聚集效应。来自城市的离力增长是近年来中国沿海大中城市扩散的主要方式之一，这种扩散作用对智慧园区的发展产生了重要影响。快速城市化进程中的虹吸效应，会形成产业空间集聚态势以及科技人才的大量汇聚，从而促进智慧园区发展。即智慧园区通过核心关联产业和科技人才的聚集，达到产业规模效应、人才和知识聚集、生产力提升、供应链效率提升。例如，日本神奈川县汇聚了 6.3 万多名学术和研究开发人员，拥有日本第二大研发实验室和办公室；除了高度聚集的科技人才，其还吸引了包括日立和富士通等在内的龙头企业入驻，这些企业的入驻为日本神奈川科技园带来了一流的研发设备，通过激励本土创新活动，为神奈川科技园区的孵化活动奠定了基础。未来的城市竞争是产业与人才的竞争，未来智慧园区的建设也是产业与人才的共建。城市与园区的双核式发展，仍离不开双方的共生效应。

3. 智慧园区赋能城市永续发展

智慧园区作为智慧城市的重要表现形态，是智慧城市的缩影，智慧园区的建设是智慧城市发展的一部分，并服务于智慧城市的建设。

从发展历史来看，中国园区的发展与改革开放和城市化进程相伴而行，智慧园区建设尤为明显。在园区培育初期，工业园区选址一般都位于远离城区的郊区或农村，注重建设园区内的产业空间。在园区高速发展阶段，数字化园区开始重视吸引人才和内部空间规划，为员工配置居住和日常公共服务设施，通过人才集聚与产业和空间规划引导园区有序发展。进入园区发展后期阶段后，智慧化园区逐渐从单一的经济空间向融合了社会空间的社区或城区转型，开始大量配置员工住房、公共设施、基础设施等，渐渐智慧园区形成小的城镇或城区，城市功能建设完善。因此，园区智慧化是促进城市化进程与城市转型的重要推动力量。

在科技企业培育方面，城市中的研发活动、研发人才以及优惠政策条件等都促进了高新技术产业在智慧园区内集聚，创业和技术孵化在智慧园区里孕育。智慧园区承担科技孵化器或科技苗床的作用，不仅能在物理空间和硬件设施方面给予初创企业支持，而且在管理经验和投融资方面给予初创企业帮助，从而促使科技的不断迭代与创新。未来智慧园区会是科技创新与技术实践的苗床，它可以成为未来智慧城市各种新技术、新理念、新方案、新举措的试验田，促进城市智慧化发展。

智慧园区将通过打造全面透明的信息网络，深入推动优质人才与高等院校和科研机构的紧密合作，并提供充足的资金和政策支持，激发各类主体的创新活力，增强园区的创新驱动发展能力，使得园区成为整个城市的创新中心。智慧园区将通过激发城市中市场各类主体的发展新活力，促使整个城市转向现代的、集约的、生态的创新驱动发展新模式，实现城市的可持续发展。

智慧园区

高质量发展与标准化

第 7 章

中国智慧园区优秀案例（2022）

我国"十四五"规划中指出，要加快数字社会建设步伐，构筑美好数字生活新图景。中央多次强调智慧园区在数字化社会建设中的重要作用，并发布相关政策引导智慧园区的建设与发展。地方在中央政策的指导下，围绕智慧园区建设发展痛点与地方实际情况，积极推进相关政策举措的实施，重点关注资金支持、标准构建、平台建设、应用场景四大方面，多角度、全方位助力智慧园区产业的发展。截至 2021 年 6 月，我国共有国家级高新技术产业开发区 222 个，国家级经济技术开发区 217 个，并多次开展了智慧园区建设试点工作。从空间分布来看，中国智慧园区建设整体呈"东部向中西部纵深"发展态势，江苏、广东、山东、浙江等经济强省智慧园区数量较多，北京、上海两地高等教育资源丰富，大学科技园的占比远高于其他省份。总体而言，中西部智慧园区建设及东部智慧园区升级需求并存，园区内部智慧化场景进一步向智能化、精细化发展，园区功能更加复合、服务更加多元，园区与城市的关系更加密切。

　　从行业生态格局来看，系统集成商、解决方案商、专业平台商是智慧园区领域的核心参与者，通过三类核心参与者可以发现，智慧园区市场竞争的关键要素集中在专业资质、行业知识、人才团队、合作生态、技术水平、运营服务等方面。随着智慧园区向专业业务场景渗透、后期运营维护重要程度日益凸显，行业知识、人才团队、合作生态、运营服务等要素的重要性，预计也会有所提升。

　　为有效了解现阶段国内智慧园区建设现状，促进智慧园区科学、合理、有序、特色地建设与发展，全国信标委智慧城市标准工作组（智慧园区专题组）开展了2022 年度智慧园区优秀案例评选工作。此次共征集到 47 家智慧园区案例，经过专家综合评分，最终遴选出 7 篇创新能力突出、典型示范性强、应用成效明显、社会经济效益显著的优秀智慧园区案例编入本书，以期为园区高质量建设提供丰富的实践经验，引导园区沿着功能实用、信息共享、管理高效、服务智能、低碳节能的方向加快转型，持续提升园区核心竞争力。

　　本次以智慧园区优秀案例评选为契机，深入探索我国智慧园区建设实践总体情况，对工业、商业、物流、文化、教育等多领域、多类型的园区智慧化总体水平进行把握，通过案例分析，充分挖掘当前智慧园区建设发展的优劣势，为未来智慧园区的高质量建设与标准化提供参考。

案例一　上海临港桃浦智慧园区

1　项目背景

上海临港桃浦园区（中国—以色列创新园）是上海临港经济发展（集团）对上海桃浦地块大规模开发的重要试点之一。作为上海建设具有全球影响力的科技创新中心的重要承载区，同时也是上海全力打响"四大品牌"、打造工业区改造和产业转型升级新典范的重点建设区域，依托大数据与人工智能技术，基于先进的物联网平台，打造集约、高效的智慧园区管理体系，推进相关战略性新兴产业发展以及城市数字化建设。该项目依托科技研发、创新孵化、知识产权保护、科技成果转化于一体的创新服务平台建设，打造国家、市级重大战略任务"金字招牌"。目前，园区已引进了 36 家高科技企业及科研机构入驻，构建"寻—研—匹—转—孵—投—产"全生命周期的功能。上海普陀临港桃浦片区总览图如图 7-1 所示。

图 7-1　上海普陀临港桃浦片区（工业区改造和产业转型升级重点建设示范区）总览图

根据普陀区出台的《中以（上海）创新园建设方案》，园区给予基金、服务、载体等 18 项重点任务，政策扶持助力企业落地、创新技术转化；同时，园区通过建立以色列科技文化沙龙，举办中以创新项目路演、中以创新创业大赛、科技产业主题论坛等活动，促进形成文化、科技、资本、市场融合发展的优质营商环境，展现出打造国际创新合作示范平台、技术转移平台、创新孵化平台的优质潜力，助力园区企业在把握技术转移机会的同时，打造上海西部转型发展的示范标杆。

该项目英雄商办地块宗地总面积 3.3 万 m^2，总建筑面积 14.6 万 m^2，东至祁连山路，西至方渠路，南至真南路，北至永登路。该项目园区建设于 2019 年 1 月初开工，2019 年 10 月底交付自用，2019 年 12 月底整体完工，并于 2019—2022 期间分期建设桃浦智慧园区信息化新基建与应用，并于运营期间持续迭代平台能力与园区应用场景。

此外，作为桃浦园区首发项目的 604 地块，曾是"国民钢笔"英雄金笔厂旧址，即诞生于 1954 年的上海英雄金笔厂。英雄金笔厂是中国首个"国字号"，代表着我国自来水笔制造这一民族工业从无到有、从小到大的发展历程，完整记录了随时代演进不同历史时期的轻工业厂房的典型特点。通过对老钢笔厂房屋结构进行微调、配备现代化设施以及依托科技研发、创新孵化、知识产权保护、科技成果转化于一体的创新服务平台建设，使老区焕发出新的生机。而面向园区改造及智慧化建设，腾讯云微瓴以数字孪生新基建底座助力英雄钢笔厂变身现代建筑，让上海市中心又一个老工厂焕发新生。通过数字孪生运营平台，以英雄钢笔厂园区以及 U 形厂房的全景三维建筑模型为载体，采用宏观与微观相结合，由面及点的方式展示智慧建筑物联系统的全貌，如图 7-2 所示，该项目以"数实融合"的孪生体承载英雄金笔厂过往历史，并运用 BIM 技术为园区现在及未来的运维赋能。该数字孪生体结合物联操作、视频监控、智慧消防、电梯系统、智能门禁、智能停车、能耗监测、环境监测、空调系统、智能照明、智能配电等系统，各系统之间既可闭环运营，又能互联融通，形成完整的基于 BIM 的孪生运维体系。同时，通过一体化管理平台实现园区数字化运维管理功能，平台融合了管理驾驶舱、中控指挥中心以及运营中心，其中，园区中控指挥中心是园区的总体运营中枢，通过集成对接各智慧应用和服务，提供园区统一的总体态势呈现、综合运行监测、应急指挥调度、安全态势感知与分析及决策支持等功能，为管理和应急事件处置提供有力的支撑。项目通过 20 多个物联系统的对接，11 类 AI 算法以及 6 大智能场景形成基于 BIM 数字孪生的智慧运维决策平台，通过数字底板融合物联平台形成园区智能应用，以数据串联、连接智慧、强化管理、深化运营为主旨，赋予 604 英雄钢笔厂新的生命和智慧。

图 7-2　桃浦园区首发项目的 604 地块，保留英雄金笔厂结构，搭建孪生体承载智慧化应用

2　总体思路

2.1　建设目标

该项目在集团致力打造国际创新合作示范平台、技术转移平台、创新孵化平台的背景下，通过产业互联网及数字新基建技术，在桃浦智创城园区构建数字化转型样板，打造一个集成节能智控、立体安防、智慧运维、交通优化、敏捷服务等一专多能的数字孪生运营平台，为园区内建设智慧建筑群打造一个优良的示范性项目，并为园区开发建设、运营管理提供更加高效和高质量的数据驱动、孪生使能与中台沉淀的园区数字化转型解决方案。

2.2　建设思路

该项目是在具有标志性历史意义的英雄金笔厂原 U 形厂房建筑基础上进行商业化改造。为了应对园区和建筑的复杂的运营管理需求，在技术选型与场景设计上，腾讯通过 BIM、GIS、IoT、AI 等技术，为上海临港桃浦中以创新园打造了集成节能智控、立体安防、智慧运维、交通优化、敏捷服务等一专多能的数字孪生运营平台。

在节能智控场景设计方面，通过集成专家经验数模、大数据分析、机器学习等技术，结合人、物、事件、空间等要素，对水、电等资源进行多模态感知、多维度分析、能源数据建模及能效优化演算，并在园区全要素互联的基础上，结合数字孪生空间体系，助力大数据驱动的节能降耗技术进一步突破局域分析限制，实现园区案场的节能全局最优解。

在立体安防场景设计方面，通过融入数字孪生时空大数据，结合 AI 图像分析，在三维空间基础上叠加物联感知数据、运营业务数据、通过数据解析和语义推导、基于机器视觉和行为分析，实现对人群聚集、人员徘徊、火灾识别、遗留 / 遗失物、重点区域布防、人员跨镜跟踪、三维视频融合、模糊比对、轨迹追溯、视频浓缩等安防应用，实现重点场域的关键安全要素管控。

在智慧运维场景设计方面，实现多系统打通、多空间融合、多要素孪生的全真互联，提供多跨场景综合协同的智慧运营能力，实现园区管理的防微杜渐与迭代优化，助力园区管理团队通过人机协同与孪生物联，进行运营经验的积累沉淀与知识体系的复制迁移。通过空间治理工具、数据智能套件、零代码联动策略引擎等面向生态的共创套件，助力园区数字生态可持续发展。

2.3 总体架构

如图 7-3 所示，该项目总体架构包含感知层、平台层及应用层，智慧化建设着重打造平台层园区数字孪生操作系统及应用层的智慧运营、智慧管理、智慧服务。

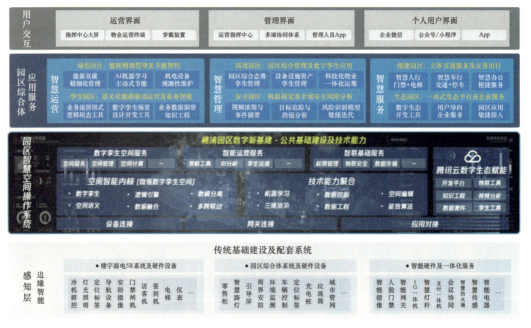

图 7-3　上海临港桃浦园区数字新基建及智慧化应用总体架构图

（1）感知层所包含的各项硬件设备，例如控制器、传感装置、工控机等可实现基础边缘运算的智能硬件，以及照明、摄像机、出入口闸机、停车场栅栏机等终端设备，通过网络直连或闸道器、网关集成等方式上报数据至物联网平台。在平台层与感知层的对应关系中，物联网平台需具备感知层数据采集存储、硬件设备连接、安全防护能力及开放生态中各项设备的聚合能力等。

（2）平台层基于微瓴新基建底座打造园区操作系统，具备全连接能力，基于生态开放协议支持接入各种硬件、传感器等设备，也能对接网页应用、小程序、公众号、App 等各形式的应用和系统。除了南北向数据连接融通功能，园区新基建底座具备语义化虚拟空间数据结构与数字孪生能力，结合地理信息系统（GIS）、园区建筑信息模型（BIM）及物联网智慧化应用，使虚拟空间与物理空间在静态属性及动态数据上建立映射关系，通过在实体世界以及数字虚拟空间中相互映射与协同交互，以及计算进程和物理进程之间相互影响的反馈循环，实现深度融合、实时交互，支撑未来对于实体世界全生命周期仿真还原和预测模拟的远景目标，构建园区全要素新基建底座。为利于设备和应用的接入及应对未来各种弹性扩展需求，需提供开放的 API 和完善的 SDK，以此开放生态的平台及类操作系统作为基础，进一步提供微服务拼装工具与业务逻辑编排工具，使园区应用得以通过调用平台空间语义、机器视觉、深度学习、生物特征识别等能力，执行预定的业务逻辑，改善传统信息化平台各系统自成体系的情况，实现门禁、梯控、环境、能源等各子系统在一套空间及数据标准体系下互联互通，形成协同联动、高效智能的园区运营管理模式。

（3）应用层基于平台层中构建的园区数字化公共基础建设与技术能力，打造面向智慧运营的能耗精细管理及节能智控、语义化数据驱动运营及业务智能，面向智慧管理的园区综合管理及数字孪生应用、机器视觉及全域安全风险分析，面向智慧服务的立体交通服务及友善出行、一站式生态平台及企业服务。从而实现高效园区一专多能管理、安全园区全域立体安防、便捷园区灵动空间服务、绿色园区模型驱动节能、孪生园区语义重塑资产等园区智慧化建设成果。

3　建设内容

3.1　高效园区一专多能管理

根据园区数字化转型总体环境需求，以及地产物业由传统重资产管理向轻资产价值运营模式快速演变的趋势，园区需要有能够与时俱进的物联操作系统、弹性兼容的开放平台以及广大有活力的生态系统，方能支撑未来弹性扩容及可持续发展的需求。该项目案例结合微瓴新基建底座及数字孪生相关技术，融合前沿科技及创新应用，实现现实物理园区与虚拟孪生园区全过程、全要素的数字化管理，实时化、可视化以及管理决策与服务的协同化和智慧化，有效支撑管理模式和应用创新。

该项目案例平台融合了管理驾驶舱、中控指挥中心以及运营中心。通过一体化管理平台实现园区数字化运维管理功能，包含园区资产管理、物业管理、能源服务、企业管理、政务服务以及安全服务等；丰富的园区管理应用场景，包括智慧照明、环境监测、智慧门禁、智慧安防、人脸识别、智能设备运维、信息发布、智慧停车、工单系统等；园区中控指挥智慧大脑是园区的总体运营中枢，通过集成对接各智慧应用和服务，提供园区统一的总体态势呈现、综合运行监测、应急指挥调度、安全态势感知与分析及决策支持等功能，为管理和应急事件处置提供有力的支撑。同时平台可实现大屏端、PC 端、手机移动端等多端互联响应、多维融通的高效运管体系，为园区带来高效、舒适、便利、节约的整体效益。

该项目智慧新基建基于微瓴新基建底座的数字孪生体系及运营平台，融通智慧安防、智慧通行、智慧双碳、智慧运维、智慧服务等五大应用场景，通过虚实交互运维，形成镜像再现、全域感知、主动预判、以虚控实、智能操控为一体的园区一体多专、一专多能平台，具体体现在以下六个方面：

（1）友好的客户体验。通过一码通 / 一脸通连接多场景，融合智慧访客预约、停车、门禁、电梯、会议室、餐厅等功能，实现"多跨场景无感通行"。

（2）不间断的安全保障。融合 AI 视频监控、环境监测、防疫测温、隐患预警、人员轨迹追踪、巡查巡更、实时派单等功能，打造园区"全时全域安保巡控"。

（3）智慧化的办公环境。融合一脸通行、智慧访客、停车、门禁、会议预约、签到、智慧环境、会议场景联动、视频会议等功能，总体体现便捷舒适的"灵动办公敏捷服务"。

（4）自动化的运维能力。融合 AI 能效、设备运维、备品保障、碳排放评价等功能，对建筑内设备设施实现动态控制与精准运维，落实"低碳运营高效维护"。

（5）数字化物业服务。融合建筑 BIM 数据、数字孪生、智慧能耗、设备、租期租金管理等功能，提升物业服务能力，打造数字化的"全方位一站式管家"。

（6）全方位的企业服务。融合智慧考勤、能耗、物业管理、个性化服务等功能，为企业高运营效能及高质量发展注入新动力，形成"用户导向优质服务"。

3.2　安全园区全域立体安防

该项目案例通过腾讯即视全域安防解决方案，基于微瓴数字新基建底座，构筑事前—主动预警布防、事中—实时告警提醒和处置、事后留痕快速取证分析的智慧安防全域全要素管理平台。

腾讯即视通过结合人工智能、大数据等技术为园区建立更智能化的安防系统，全面监管园区内人、房、企、物、事、情等要素，结合人工智能、大数据等技术为园区建立更智能化的安防系统，在人防、物防与技防三方面功能提升，预防和应对违规或异常行为。主要包括门禁系统、监控系统、消防系统等，利用高新技术设备去完成对园区内人员、车辆等元素的实时管控，安保人员在指挥中心大屏、操作台、手持式移动平台、穿戴装置等多终端协同联动的辅助下可更高效完成信息采集、安全巡视与风险侦察。一旦觉察异常情况，系统会自动报警，调派就近安保人员前往处置，锁定并发现可疑人员，追溯行动轨迹，辅助人员办案。

延展城市大脑安防综合治理理念，构建密布的"神经元"系统。该项目案例通过融合 AI 视频监控、环境监测、防疫测温、隐患预警、人员轨迹追踪、巡查巡更、实时派单等功能，实现对园区运营指挥中心安防平台的全要素升级，使之成为园区管理的数据枢纽、安全网络，以及运筹调度的大脑。聚焦于安全防护等痛点问题，借助多种前端系统所提供的信号数据，形成具有联动意义的指导性场景预案，为管理人员解决痛点问题提供了有力的决策支撑。

此外，通过视频监控、门禁、环境传感与消防系统的多维感知和多跨联动，构建了园区消防和安全一体，打破信息孤岛，在数字孪生空间基础上实现立体化场域风险隐患预警防控，各子系统实现联动，保障园区人员及财产安全（见图 7-4）。

图 7-4　通过机器视觉安防分析与数字孪生多终端人机协作提升园区安防等级

具体实施效果及运营效益综述如下：

（1）智能预警可降低风险系数。徘徊分析、人群聚集等智能视频分析算法，可在事件发生前发现画面异常，产生告警后，由工作人员再进行判断是否需要采取进一步措施，以免事故发生。系统针对陌生人员可以做到快速跟踪定位，当区域在特定时间被人、物闯入，则主动触发警告，弹出视频画面，实时查看并安排处理和问题解决，准确定位事件，帮助排除隐患。

（2）被动升级为主动预防预测。通过电子围栏、火灾分析等智能视频分析算法，可主动识别发现各类异常事件，在事件发生的第一时间迅速通知到相关人员，将事件损害降到最低。

（3）事后追溯效率提升。在事件发生后，通过视频浓缩、跨镜分析等视频分析功能，可快速定位到关键时间点或关键画面，协助管理人员快速取证。

（4）与综合管理平台无缝对接。打通和继承数据、鉴权、安全、空间等体系，除视频数据外，腾讯即视还能获取来自门禁、停车场、能源、消防等其他系统的数据，联动实现风险的多维度辅助判断，以发现更多未知风险。

（5）管理及应急成本降低。多种智能视频分析算法组合，实现事前智能预警、事中及时告警、事后高效追溯，在为管理人员提供全方位的场域安全风险管控的同时，通过多跨场景系统联动，也进一步提升园区自动化应急处置能力。

3.3 便捷园区灵动空间服务

该项目案例园区智慧服务建设包含了互联整合、管理升级、企业赋能、产业升级等创新模式。腾讯具备完善的微信—企业微信产品功能场景、用户量级优势和成熟的应用生态体系，结合腾讯云微瓴数字新基建底座及其产品体系，在园区中铺展安防、运维、双碳、通行、照明等完整面向的端到端智慧场景，B2B2C的技术和资源优势与不同定位的产业园区进行有机结合，推动园区管理和服务实现数字化转型，引领园区管理服务新模式与产业创新的发展，提升企业和用户对园区数字化变革的感知感受，探索形成可复制园区数字化转型应用典范。

智慧园区服务体系本着"用户导向优质服务"的理念，提供了全方位的企业服务。以智慧通行场景为例，系统针对不同身份的人员进行无感的鉴权的同时，维持最高的通行效率，同时具备防尾随、黑白名单以及乘梯权限等安全策略，实现无感签到、无感通过，无感管理，访客、贵宾、职员、厂商等不同角色都可以通过二维码实现人、车、室内外的水平维度通行及电梯竖向维度通行。同时，通过降低管理人员操作配置及运营使用的难度：本方案基于微瓴新基建底座的物联网操作系统，对各子系统软硬件解耦，模块化能力组合，从应用场景需求出发，将访客系统、门禁系统、道闸系统、电梯系统、人脸安防系统、室内定位导航系统进行跨系统数据融合，构建智慧通行，统一用户权限分级管理，实现单点登录、统一管理，实现预约、录入、识别鉴权、指引、定点输送过程无感通行，实现无接触抵达、支持轨迹追踪及身份核验。

此外，为降低终端用户获取通行服务的入门难度，该项目提供生态开放接口及接入工具。用户基于微瓴新基建底座接口，可调用整合腾讯地图服务，通过微信小程序导航，无须切换不同移动端应用，即可实现户外及室内导航的无缝衔接，形成室内外一体化导航的无缝式便捷体验。并基于数字孪生空间及基于位置服务（Location — Based Service，LBS），基于空间场景需求，从空间、数据、技术等维度提供对应服务，如导航导览、信息流、数字营销、智能设备应用、基于用户画像的环境参数设置等，实现可灵活扩展的空间即服务（Space as a Service，SaaS）理念（见图 7-5）。

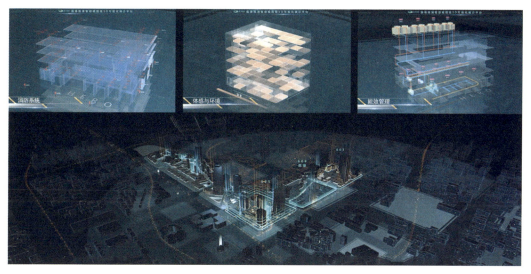

图 7-5　通过可灵活扩展的数字孪生空间即服务赋能园区便捷场景

3.4　绿色园区模型驱动节能

园区运营期间，建筑能源的管理水平以及室内环境的健康舒适是两项重要的指标。该项目基于腾讯云微瓴数字底座打造全域全要素互联的数实融合新基建体系，通过建设智慧能源管理中心，联动能耗计量系统、冷源群控系统、风机盘管系统、通风系统等，提供精细的能耗监测、多维度的统计分析、智能的设备控制、可靠的报警管理等服务，一方面利用物联网技术对建筑能源消耗实行精细化计量，在精细化计量的基础上，通过多维度分析，实时掌握能源使用动态，从而为能源决策提供有效的数据支撑；另一方面利用大数据智能分析技术，对建筑供冷供热系统进行优化控制，不仅可以有效提高系统运行效率，减少系统用能成本，还可以有效提升园区内部各建筑区域的环境空气质量。通过能源精细化管理、智能控制优化管理、智能设备设施管理，实现"三理"联动，助力"双碳"目标。

能效策略优化通过知识驱动与数据驱动相结合，基于能源系统运行大数据将能源系统进行数字孪生，并根据建筑能源使用习惯以及能源系统的运行机理，利用机器学习及深度学习算法，创建建筑能源系统 AI 智能优化算法模型，并通过算法模型即服务（Model as a Service，MaaS）对能源系统进行 AI 优化控制，实现多种能量协同调控，帮助运维人员自动调整系统运行模式，以获得比各能量子系统独立运行更高的效益，达到建筑节能减排、降低运维成本目的。

如图 7-6 所示，AI 优化算法通过能源中心获取空调系统运行数据、能耗数据以及建筑环境数据，通过对数据清洗、整理及存储，以数据驱动和系统机理搭建 AI 优化算法模型（包括温度预测模型和能耗预测模型），并对空调系统关键运行参数进行最优决策（包括主机台数、出水温度、水泵频率、新风机组的风机频率、风阀开度、水阀开度等），算法将控制指令下发给平台，实现设备参数的自动调节。

基于负荷预测进行前馈优化控制，自动调整空调主机冷冻水出水温度设定值、冷冻水系统最佳流量设定、冷却水最佳流量设定、空气处理机组最佳出风温度设定、新风量最优控制、送风量最优控制等。通过机器学习模型，输出最优参数组合，达到节能减排效果。

在稳定运行的基础上，通过 AI 能效系统使设备高效运行。根据实时采集的环境及设备数据对系统进行实时调优，利用数学模型，优化控制中央空调系统的运行模式，提高系统运行效率，延长设备寿命，降低系统维修成本。

根据历史数据，采用回归模型及时序预测模型，提取与能耗相关的特征，采用标准化的特征预处理，以能耗值作为目标列进行模型拟合，进而实时获取数据并预处理，其目标是为了在已知负载、环境变量（室外温湿度等）的前提下，预知各设备处于不同开关状态组合和不同的控制量设定值时系统将产生多少能耗，通过能耗预测值对接优化算法；以降低能耗值为目标，在满足约束条件的基础上，通过调整各可控变量，使得目标量降低，从而实现节能的目的。

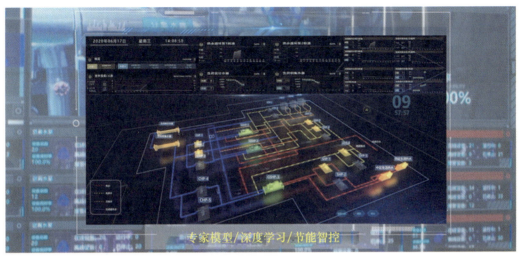

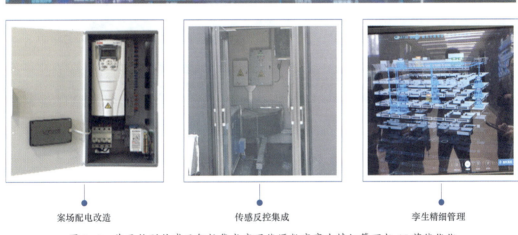

案场配电改造 　　　　　　　 传感反控集成 　　　　　　　 孪生精细管理

图7-6　基于物联传感及智控集成实现能源数字孪生精细管理与 AI 节能优化

3.5　孪生园区语义重塑资产

基于数字孪生底座 BIM 和 GIS 技术的融合，将数据颗粒度精准到园区建筑物内部的网格模块及设备点位，将静态的传统式园区信息化管理升级为可感知的、实时动态的、虚实交互的数字孪生空间运营管理，为综合管理和精细化治理提供关键的数据支撑，并且搭建空间语义数据库与资产语义库，支持灵活编辑适配行业计算逻辑与业务逻辑，达到空间及资产数据治理体系化与形塑方法论的目标和成效。在此空间数据仓库上可统一业务指标，进行更深层次的数据挖掘和数据洞察，发掘更多的数据分析场景与应用价值。

如图 7-7 所示，在数字孪生语义化基础上，进一步建立园区数据透视、状态可查、流程可溯的能力。在运营中心的数字孪生模型上直观展示园区的运营数据与面向物业运维业务流程，开展数字孪生融合指挥平台各大功能模块，包含运营中心、告警中心、安防中心、能源中心、设备资产中心、空间中心等多个场景应用，实现指挥中心大屏端、物业 PC 端、安保移动端等多屏交互联动控制。同时，根据领导驾驶舱统筹决策职能、综合指挥中心运营管理职能、物业 PC 端运维服务职能及安保移动端的处置职能进行功能设计，满足多角色使用及实时交互需求，最大程度发挥多端协同孪生运维的灵活性与高效率等优势。

图 7-7　基于园区要素建模及资产语义化构建数字孪生运营资管新范式

在数字孪生综合态势管理模块，通过大数据分析与机器视觉技术将园区的人、地、物、事进行多维度分析，支持位置定位、属性标绘，视频调用、信息查询等的数据聚合分析等操作。通过该模块，可实现对风险数据的分析和预警，并可通过运营数据驱动对安防算法布控与物防和人防流程体系进行评估，更全面地分析区域安全风险、分解风险成因、觉察薄弱监控点及优化应急响应机制等。模块能够辅助运营人员对园区智能安防措施进行合理的调整，帮助管理者精细掌控园区运行状态，并搭建了一套敏捷式区域安全管理体系，实现立体化的园区孪生安防、AI 赋能的安全事件识别与数据驱动的园区风险预警。

另以数字孪生融合能源管理为例，传统的 BA 自控系统因存在数据孤岛、局部控制等瓶颈，难以使空调系统长期稳定运行在最优水平。该项目基于微瓴操作系统构建了

AI 能效智控解决方案，整合园区供水、供电、供气、供热等管网系统数据，利用大数据技术实现三维管线数据、三维地表数据、建筑以及景观数据、能源设备数据的透视以及数据驱动的决策支持。通过将能源设备与管网位置、属性、运行状态等关键节点数据对接，动态采集空间环境实时数据，并结合历史运行数据，构建基于机器学习的机理能耗预测模型与数据驱动能耗模型，共同实现能源系统总功率的预测。通过数字孪生空间及语义化基础的融合，可突破一维数据局限，从空间维度的全局角度建立优化算法，并通过强化学习，生成系统 AI 优化算法。当建筑处于不同的环境状态时，系统会自动感知建筑环境、自动判断并决策系统优化控制参数，从而实现园区能源系统的自动感知、自动运行。在保证室内环境需求及安全的前提下，更大程度地节能降耗，辅助管理者对园区综合能源进行高效管理。

4　关键技术及创新点

4.1　基于数字孪生空间及资产语义化实现软件定义园区

该项目融合 BIM 和 GIS 技术，建立实时交互的数字孪生空间，实现虚拟空间与现实世界的无缝连接，并记录、仿真、预测对象全生命周期的运行轨迹等功能，实践软件定义园区（见图 7-8）。该技术通过微瓴操作系统进行三维空间语义化、物理资产和数字资产语义化，通过数据互联，实现对园区多维度海量数据的集成与管理，从而实现园区基础设施数据融通，形成可拼组的逻辑模块和业务组件，为园区应用提供高效迭代升级的能力，朝向软件定义园区的技术路径发展。

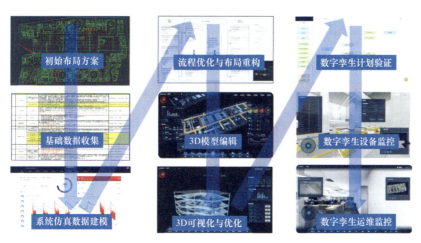

图 7-8　园区建设及运营全过程数字化支撑敏捷式软件定义场景

4.2　全域孪生物联底座与生态开放敏捷工具

该项目案例基于腾讯云微瓴提供完整齐备的数字孪生平台建设的引擎和逻辑工具，为构建完整的数字孪生体系提供完善的理论基础与全栈的技术支撑（见图 7-9）。该项目案例对接园区数以万计的物联设备，包括照明、监控、门禁、消防、能耗、冷热源、停车场、路灯等，同时实现空间设备点位叠加，将设备点位及实时数据，以数字孪生视图形式呈现，并把设备、系统、应用及服务与数字孪生体系组合为一体，实现连接个体、多系统打通、多空间融合的全真互联，提供综合协同的智慧运营能力。并通过空间治理工具、空间交互设计工具、三维场景设计器、面向数据指标治理的数据智能套件、页面布局组态工具、零代码的拼图式系统联动策略引擎等面向生态的开发工具套件，助力园区带动数字产业生态蓬勃发展与行业共创。

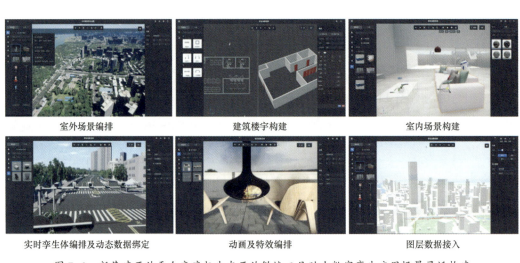

室外场景编排　　　　　　　　　建筑楼宇构建　　　　　　　　　室内场景构建

实时孪生体编排及动态数据绑定　　　动画及特效编排　　　　　　　　图层数据接入

图 7-9　新基建开放平台底座与生态开放敏捷工具助力数字孪生应用场景灵活构建

4.3　融合 AI 与多要素的跨系统运营综合节能

该项目案例通过运营分析能源管理，将园区公共区域内的用能进行监测，包括用水管理、用电管理、用气管理。因此，该项目中通过建设全方位的能源管理系统对园区的能耗进行实时采集以及能耗分析，基于人工智能在能耗分析方面的应用，横向对比同类型园区用能情况、纵向对比每日、月的用能情况，加强园区能耗精细化管理，发现园区潜在能耗大户。而在多跨系统节能管理方面，在园区掌握能耗数据的基础上，加强园区节能手段，并进一步结合已有的空调暖通、照明系统等能源基础设施及大数据分析、深度学习等前沿技术等手段，通过能耗数据的分析建模和预测诊断，提供园区能源管理统览视图及优化策略，实现能源精细化管理、设备能效提升和系统节能优化控制，构建持续迭代与动态优化的机器学习节能演算模型，为推动园区双碳进程和探索低碳创新应用提供前沿技术支持。

4.4　大数据驱动的能源设备运维管理与知识工程

该项目案例针对暖通空调系统的制冷主机、热泵主机、空调水泵的中大型设备，通过大数据建模与 AI 机器学习，结合设备的实时运行数据、电力数据等信息，对设备预期发生的故障时间、故障类型、故障危险程度等进行预测和诊断，辅助设备运维人员进行处理和维护（见图 7-10）。利用 AI 技术，以设备安全运行及节能为目标，自动监测相关信息，并识别设备运行状态是否正常。若有异常，确定故障出现的部位及性质，并预报故障趋势，预防恶性事故发生；对故障趋势进行预判，变被动维修为主动服务，减少安全隐患。在故障诊断技术路径部分，通过对资产管理领域提供结构化、专业的设施设备分类标准、保养标准、巡检标准以及设备标准的操作手册和故障手册，构成领域专业化的知识体系，指导资产管理活动，降低对人的要求，实现标准化。使设备的操作方式、故障处理经验等传统需要靠长时间积累的经验、知识转换为可复制、可学习、可传播的知识库，降低运维人员对经验丰富工程师的依赖，提高整体运维团队的运维水平，提高运维效率。

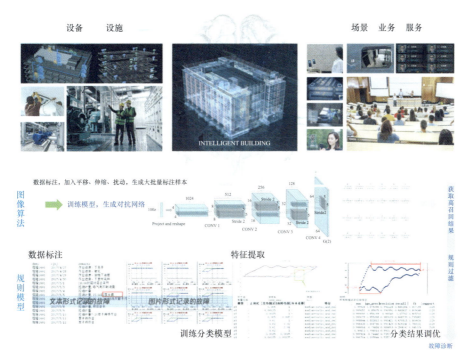

图 7-10　通过园区运维大数据分析与机器学习提升业务效率与服务质量

5 应用效益与推广

5.1 资产语义孪生空间

该项目案例构建映射真实世界维度的虚拟空间模型，在园区三维数字空间基础上，建立数据融通与贴合业务流程的闭环赋能体系，并通过全面感知获取园区运行的动态信息，整合云原生、人工智能、大数据分析、模拟仿真等技术，形成软件定义园区服务、孪生赋能运营决策、数据驱动模型迭代的虚实交融园区双体，使得园区的规划、建设、运行、管理、服务由实入虚，能够在虚拟空间准确记录、仿真、演化、操控，同时由虚入实，促进物理空间中园区资源要素的优化配置，从而形成智慧园区建设和治理新范式。

5.2 全域互联舒适便捷

该项目案例在数实融合与全真互联理念对应的新一代信息技术助力下，通过数字化运营提升效能，对楼宇设施设备进行数实整合与统筹监管，实现各系统联动控制与协同处置，降低运维成本，提升楼宇环境舒适度与设备设施健全度，实现管理精细化与效益最大化，通过智能化场景提升入住体验，打造安全、舒适、便捷的智慧园区。

5.3 智慧运营提质增效

在数字孪生、全域互联的坚实基础助力下，结合智慧应用服务，体现运营价值；基于人工智能、机器人、大数据、物联网等技术应用的导入，在安防、服务、运维等方面创造实体场景价值，并通过数据资产与数字孪生体系的多维度跨场域信息有机结合，提升总体运营综效，为园区业主及入驻企业提供更多便捷服务和智慧体验。此外，该项目案例在量化效益方面，通过智慧化建设和运营，可实现多层面的增效提质效益。据测算统计，园区管理方实施应急响应效率提升 200%；预计节约人力成本 20%；园区可节省能耗约 10%~20%，每平方米节省约 20 元 / 年。具体的场景如：门禁—人行闸机—梯控—自动派梯联动智能控制，综合降低电梯能耗 30%。通过视频浓缩算法、禁区入侵告警算法以及人员轨迹徘徊告警算法设置，减少保安巡逻岗位约 50% 的人员，降低人员成本。通过高效的能源管理系统，提高与优化暖通与空调的舒适度与工作效率。中以创新园区的暖通空调的综合能效将整体节约 10%~15% 的支出。

5.4 人工智能多维创新

该项目案例在人工智能与园区场景结合层面，探索理念、平台与场景等维度的创新。在理念创新部分，通过建设全生命周期智慧 AI 园区，突破传统园区局限，从单点感知到全局统筹、从系统集成到全面联动、从粗放管理到精细管控、从依赖人力到自主处置、从事后分析到事前预判、从普适服务到精准服务、从产业载体到产园融合，使园区演变成具有全面感知、人工智能的自适应、可拓展、可进化的智慧 AI 园区，形成整体解决方案并复制输出。在平台创新部分，该项目案例的平台向下联通底层设备、向上支撑园区业务应用，基于计算机视觉、知识图谱、人机交互、深度学习、生物特征识别等技术，支持 AI+ 园区的场景实现，发挥数据聚合、应用串联、自适应控制、演化升级、行业赋能等功用。在场景创新部分，通过计算机视觉、人机交互、机器学习等人工智能技术，创新 AI+ 园区应用场景，如 AI+ 能源、AI+ 一脸通、AI+ 会议室、AI+ 资产管理、AI+ 安全管理等，实现园区的精细化管理，提升用户的感知体验，整体性加强园区的科技感和现代化。

5.5　建设路径范式构建

该项目案例的智慧园区建设将传统弱电智能化建设模式"设计—实施—运营"，变更为"设计—模拟—实施—运营"。新增的"模拟"阶段的主要任务是搭建实验室模拟环境，将各功能应用在实验室中进行开发交互，实现互联互通。此外，在技术导向与需求导向的交互迭代验证方面，该项目将传统需求朝技术趋势向前延展，研发新技术适配、创新各种技术的组合应用，创新的关键技术包括异构系统集成及联动技术、视频浓缩技术、反馈调节和前馈优化控制技术、目标检测技术、云存储及云安全技术等，在实现 AI+ 园区新场景落地的同时，也辅以园区运营团队的工作流程创新，与智慧化系统进行人机交互协作与持续迭代优化。此阶段的主要作用是论证前期设计方案的可行性，亦是为后续的落地实施阶段提供坚实的技术支撑。

案例二　青岛自贸片区·中德生态园智慧园区

1　项目背景

1.1　中国（山东）自由贸易试验区青岛片区

中国（山东）自由贸易试验区青岛片区（以下简称"青岛自贸片区"）于 2019 年 8 月 30 日获批，实施范围 52km²，全部位于国家级新区青岛西海岸新区范围内，承担 106 项国家试点任务，集综合保税区、国家经济技术开发区、国际经济合作区等功能区优势。依托国家赋予的"新亚欧大陆桥经济走廊重要节点城市"和"海上合作战略支点"双定位，以制度创新为核心，以打造国际化、市场化、法治化营商环境为重点，挖掘改革潜力，破解企业难题，释放发展活力，现代海洋、国际贸易、航运物流、现代金融、先进制造等产业蓬勃发展，成为投资兴业、成就梦想、创造未来的活力乐土。

1.2 青岛自贸片区·中德生态园

青岛自贸片区·中德生态园（青岛国际经济合作区，见图 7-11）是青岛市重点功能区之一，于 2010 年 7 月在中德两国总理见证下签约，区域叠加青岛自贸片区约 12.86km²。园区承担建设青岛德国、青岛日本"国际客厅"职能，是青岛对外开放合作的重要门户和平台。园区重点发展以集成电路、智能制造、保税研发、保税维修、新能源材料、生物医药等为主的高端制造产业发展集群，打造先进制造业基地，深化制造业、服务业和互联网融合发展，以科学创新与国际合作为驱动，培育和增强发展新动能。

图 7-11 青岛自贸片区·中德生态园实景

1.3 数智化发展需求

青岛自贸片区自挂牌以来，不断加大数智化改革力度，致力将片区建设成为深化改革和扩大开放的试验区、打造"一带一路"国际合作新平台的引领区、推进高质量发展的先行区、建设现代化国际大都市的示范区。为进一步应用人工智能技术、提升社会治理水平，实现产业数字化与数字产业化双向赋能、联动发展，全面提升区域数智化层级，基于青岛自贸片区及中德生态园产业发展的整体数智化发展战略，2021 年开始启动数智自贸建设，在"机制体制再造、技术融合创新、赋能产业发展"三大层面主动创新，打造全国领先的新型数字园区创新示范样板。

首先，充分考虑片区智慧化应用系统的数量之多、种类繁杂、结构复杂等特点，通过建成平台化、集成化的数据标准、规范化设计，使得众多信息系统实现相互连通，避免硬件资源独立、数据共享困难等情况，通过完善数据互联的标准规范，提升片区相关服务质量，为整个片区的业务发展需要提供坚实保障。其次，在数智化体系建设的基础上，加强建成系统运营的整体规划，把运营管理理念与需求结合贯穿始终，使智慧体系各系统板块成为具有生命力的良性循环系统，让体系建设后，通过良好的智慧运营服务，优化片区运营环境，支持片区运转，推动数智化转型升级。此外，充分融合智慧城市和数字孪生等先进技术理念，以物联、数联技术为核心支撑，以人工智能推动智联为未来技术发展方向，以数据的采集、整合、集中存储、联动为主要突破点，解决片区运营管理难、信息孤岛严重、协同性差等痛点与难题。围绕"产业经济、政务服务、精准治理"核心需求，通过建立健全数智化应用体系，加强科技创新资源导入，赋能产业经济发展，提升企业服务能力，促进数据融合深挖数据价值，将青岛自贸片区打造成为全国一流数智化示范区。

2　总体思路

秉承国家改革创新、扩大开放战略使命，借助山东省实施新旧动能转化八大发展战略、青岛开启现代化国际化大都市建设新征程机遇，全面融入西海岸新区高质量发展区建设事业，青岛自贸片区数智化产业发展在雄厚基础上迎来新的契机与前景。根据各级指示和建设要求，在总结国内外智慧城市顶层规划利弊的基础上，拟定了"四要、四不要"的指导思想。"四要"是指"一要高起点、高站位，二要大视野、广角度，三要凸重点、不求全，四要讲价值、重落地。""四不要"是指："不要大一统的完美方案，不要完美的假设检验模式，不要不切实际的虚幻定位，不要缺乏经济思维的设计。"

2.1　建设目标

一是建设功能完善的片区。为管理者提供高效智慧的管理模式：对于片区的管理更加全面、高效、精细，实现各部门政务治理协同，促进信息汇聚融合，优化营商环境，提升政府服务水平。为片区企业提供智慧化基础设施及产业服务：通过数智化技术，有针对性地提供政策和产业支持。为社会公众提供健康、舒适、便捷的服务：采用信息化智慧化的技术和手段，为公众提供更加健康、舒适的环境，能够更方便快捷地获得高质量的服务。

二是对片区战略定位的有力支撑。以打造国内一流数智自贸区为总体目标，以数智化改革为手段，以标准化体系为指导，以创新作为引领发展的第一动力，促进片区新旧动能转换，培育开放型经济新动能，提高片区综合竞争力和可持续发展能力，建设产业经济发展新高地。以制度创新为核心，创造可复制、可推广数智化改革做法，发挥示范引领作用，为数字中国建设提供标准化案例样板。

三是挖掘运营价值。充分融合片区产业经济数据，实现数据资源的高效管理，促进数据要素到数据资产的转化。壮大数据要素应用体系，推动数据要素全面深度应用，挖掘数据资产价值，探索数据资产市场化发展新模式，为片区运营的可持续发展提供支撑和基础。推动数据安全监管体系建设，构建形成覆盖数据资源全产业链的标准化管理体系。

2.2 建设思路

一是建立顶层规划指导。数智自贸区的建设实施围绕着片区智慧化顶层规划设计进行，规划从宏观定位到微观场景，从底层架构到末端应用协同设计，明确指导思想、实施原则，为智慧建设提供方向、思路和方法，贯穿片区"规、建、管、运、用"全维度，打造智慧园区一体化服务能力。

二是构建基础支撑中台。加强数智自贸区底层系统支撑能力建设，构建统一的AI大脑、统一的数据底板、统一的物联接入、统一的应用门户、统一的城市信息模型底座，实现业务应用与系统数据的有机整合，为片区从规划设计到建设运营提供一体化中台能力支撑。

三是加强新型基础设施应用。以场景需求为牵引，应用为导向，聚焦集约建设与开放共享，推进新型基础设施设计应用。围绕基础设施云资源池、园区网络架构、边缘计算物联网、环境感知、AI安防等主要方向，从数据标准、物联网设备、计算模块等方面统筹规划。

四是建设核心业务场景系统。以"产业经济、政务服务、精准治理"为建设核心，在充分考虑政府各业务部门管理需要情况下，开展数字贸易、综合海事、经济运行、企业服务、一网通办、招引建设、安全防范、协同办公等专项领域需求调研，结合业内优秀产品及先进技术，构建专项应用系统建设规划。

2.3　总体架构

总体架构采用"1 核 +4 翼 +8 场景 +N 应用"的架构模式。在园区基础支撑中台"1 核 + 4 翼"的能力支撑之上，构建 8 大业务场景联动的数字生态体系，分别为产业服务数字赋能、多规融合一图管控、招引建设全程可视、经济发展一图总览、政务服务一网通办、城市运营一网通管、公共安全一屏掌控、生态环境动态感知。

3　建设内容

3.1　加强顶层设计规划

青岛自贸片区自开展数智化建设以来，稳扎稳打，充分论证，联合上海交通大学等 10 多家业内顶尖机构编制并发布《青岛自贸片区顶层规划设计方案》，指导片区数智化建设全过程。

成立片区数智化委员会，统筹构建生态联盟专家资源库。邀请京东、华为等业内优秀企业专家，联合青岛西海岸新区国有平台公司青岛城市大脑投资开发股份有限公司，成立"自贸数字智库联盟"（见图 7-12），为数智化建设提供专业支持。

图 7-12　数智自贸专家智库联盟

发布实施《青岛自贸片区数智化建设运营导则》，构建智慧园区标准体系（见图 7-13），指导参建单位业务应用与系统数据融合，规避传统建设模式下，应用碎片化、数据孤岛化等一系列问题。

图 7-13　数智自贸标准化体系

3.2　构建基础支撑中台

打造城市管理操作系统（City Intelligent Management Operating System，CIMOS），为数智自贸基础支撑中台。CIMOS 整合 AI 算法分析能力、应用服务集成能力、时空引擎支撑能力、大数据整合能力和物联设备管控能力，"五位一体"为片区从规划设计到建设运营提供一体化中台能力支撑（见图 7-14）。CIMOS 由青岛城市大脑投资开发股份有限公司自主研发，目前已发布第三代产品，提供 SaaS 服务且支持本地化部署，已面向 500 余家政企客户提供服务，日访问量超 30 万次。

3.3　AIM 片区信息模型构建

基于 CIM 技术，构建青岛自贸片区信息模型平台（Area Information Modeling，AIM）（见图 7-15 和图 7-16），建立与市级 CIM 平台融合模式，制定片区 BIM 建筑模型接入标准。平台整合自贸片区外 CIM1、CIM2 级矢量模型、片区内倾斜摄影模型、重点建设规划区域 BIM 模型等地理信息数据，按国际贸易、港航物流、现代金融、智能制造、集成电路、基因科技、土地规划、安全防范、绿色低碳、数字基建等 14 个专题进行业务数据汇集，涵盖 125 大类 344 小类数据内容。

产城融合区（功能区）、数智化平台功能架构

图 7-14　CIMOS 城市智能管理操作系统架构图

图 7-15　基于 AIM 平台的城市管理事件分析

图 7-16　基于 AIM 平台的在建项目管理及效果图

3.4　专项业务系统

围绕数字贸易、综合海事、经济运行、企业服务、一网通办、招引建设、安全防范、协同办公等业务场景，上线运行 30 多项数智化系统，创新构建园区数智化服务体系，本文列举部分业务领域进行概述。

（1）企业服务。围绕片区企业 360° 服务理念，构建企业服务平台，实现全链帮办、政策匹配、金融服务、法律咨询、人才服务、企业社群、诉求直达、商服超市等一系列综合服务，通过数智化手段整合服务资源，构筑片区 360° 企业服务体系（见图 7-17），提升企业归属感和满意度。从 2022 年 4 月系统上线运行至 2022 年 12 月，已累计完成近 2000 余次帮代办服务，入驻 36 家金融机构、5 家律所、80 余位行业专家，发布 100 多款商务服务产品。

（2）人才服务。构建人才服务平台，实现片区人才资源数智化管理，打造自贸人才港（见图 7-18），完成人才共享、人才时间拍卖、劳务外包招投标、企业用工登记与审核、平台资源"一张图"、国际人才社区等功能构建及运行，为企业解决人才需求，实现更加高效的人才配置服务。从 2022 年 12 月系统上线运行至 2022 年 12 月，已入驻企业近 400 家，撮合面试 437 场次，累计用工登记 2500 余人。

（3）一网通办。2022 年 5 月上线"3D 住所云集中登记地管理系统"（见图 7-19），实现集中登记地的实景三维模型搭建，补录入库登记地数据近 30000 条，实现对登记数据的分年度、分行业、分状态数据分析及展示。建设数智化"审批小厅"，具备远程直办能力可在异地办理审批大厅直办窗口业务。截至 2022 年 12 月，已完成 3 处点位 6

套设备安装，已自助办理 331 项事项能力，提升审批业务办理信息化及便利化。2022 年 3 月上线 AI 电话客服系统，上线审批热线自动接听及智能处理功能，实现 AI 客服接听 28300 多次，有效提升客服热线接听率。建设审批服务监管系统，实现案件办理的数智化管理和线上全流程审批，截至 2022 年 12 月，已入库 39 种类型的案件数据总计 2211 条，提升案件办理的效能和准确性，多维度智能分析加强片区统筹管理。

图 7-17　360° 企业服务系统

图 7-18　人才服务共享用工系统图

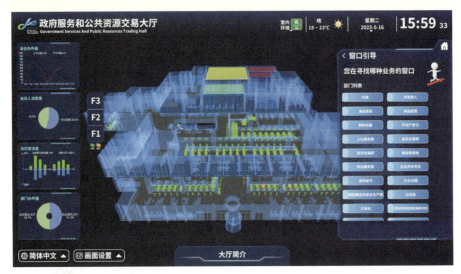

图 7-19　3D 住所云集中登记地管理系统 - 窗口引导

（4）精准治理。2022 年 4 月上线安全防范监管平台（见图 7-20），提升片区安全防范和应急处置能力，促进企业主动、自主落实安全生产主体责任，有效提升企业本质安全水平。截至 2022 年 12 月，已审核建档企业 1254 家，应急队伍 13 支，应急仓库 22 个，应急预案 319 个。2022 年 5 月上线"点靓自贸"事件调度系统，实现全域城市管理事件系统化流转，助力 50 余名网格员、8 个管理区域、10 余种城市管理事件的调度处置。

图 7-20　安全防范数智监管平台

（5）经济发展。建设公共信用信息服务系统（见图 7-21），完成"一网、一端、一微"开发，截至 2022 年 12 月，已接入 200 余项涉企信用数据，编制信用信息管理办法并初步建立风险预警模型，落实片区试点任务，为信用体系建设提供数字化基础。建设经济运行监测分析系统，实现经济运行数据一库整合和查询，强化企业一图管理，综合分析企业经济发展情况，助力园区经济运行稳定发展。

图 7-21　经济数据可视化看板

（6）生态环境。建设生态环境监测系统（见图 7-22），围绕大气、排污、雨水、工地等不同维度监测需求，结合新型基础设施，采集分析 PM2.5、PM10、TVOC、CO_2、工业四气、大气压力、温湿度、水质、土壤、噪声、pH 值、浊度、雨量、水流量等数十项多维度环境数据。

图 7-22　生态环境水环境检测系统

（7）低碳节能。引入德国被动房技术，建设被动房技术体验中心（见图7-23），推广节能建筑应用。采用太阳能、风能、空气能、地热能等可再生能源，构建多元化清洁能源供给体系。实施泛能网技术，打造"智能绿塔"模式，以能源低碳为切入点，构建双碳操作系统，体系化进行低碳园区建设。

图 7-23　低碳节能被动式技术体验中心

（8）协同办公。推动城投国企数智化转型升级，构建一体化运营管控平台，集成打通企业流程审批、全面预算、采购管理、财务管理、风险控制、人力资源等分散业务系统（见图7-24），以数智化技术促进城投国企数据资源整合与流程机制再造。

图 7-24　协同办公系统

（9）仓储物流。构建数字仓库示范项目，推动构建"数字仓储＋数字贸易＋数字金融"三位一体数字仓库建设（见图 7-25），促进大宗商品流通体系数字化建设，打造数字仓库提单转仓单质押融资新模式。

图 7-25　数字仓库系统图

3.5　数字基建

（1）基础网络设施。自 2021 年数智自贸项目启动以来至 2022 年 12 月（下同），完成 12 处主干光交箱建设、40km 主干光纤铺设、62 家仓储物流企业 15km 网络接入，为片区各项物联网智能化应用统筹提供底层网络支撑。

（2）基础智能终端。完成片区 1000 多套物联终端设施安装部署，物联网数据日均接入量突破 300 万条，视频数据日均超过 1TB，为片区产业赋能、精准治理、安全防范提供数智化抓手。

（3）无线数字园区。完成中德生态园范围内 120 个公共区域 Wi-Fi 热点设备部署，为周边用户提供免费网络接入服务，提升园区营商环境。

（4）新型多功能杆。布设 20 套城市智塔"多杆合一"设施，整合视频监控、无线覆盖、信息发布、环境监测等城市治理功能，市政资源整合，美化园区环境。

数字基建建设成果如图 7-26 所示。

图 7-26　数字基建建设成果

4　关键技术及创新点

4.1　体制机制再造：首创"数智委员会＋首席数智官＋数智专员"制度体系

坚持制度创新和市场化运作导向，从数智化的角度改革重塑政府运行机制，出台《中国（山东）自由贸易试验区青岛自贸片区加快数智化转型体制机制创新的意见》，创新建立起"数智委员会＋首席数智官＋数智专员"的制度体系，更好适应数字化、智能化时代的要求。组建数智化委员会，下设 12 个分委会、20 个专项工作组，涵盖青岛自贸片区所有部门和平台公司，总领平台规划建设和各领域数智化转型工作；引入专业数智化技术服务，聘任首席数智官，执行总体战略，推动平台建设和数据应用价值挖掘，建立全部门覆盖的数智专员制度，帮助谋划数字化、智能化流程创新和数字化项目，深入推进各领域数智化转型工作。

4.2　技术融合创新：首创"CIMOS 城市大脑"智能管理系统平台

平台采用大数据、云计算、人工智能等前沿技术，以"1 核 +4 翼 +8 场景 +N 应用"（1 个核心大脑、4 大城市基础支撑平台、8 大业务场景耦合联动发展及 N 个配套应用系统）为总体架构，实现了产业运行、经济发展、规划建设等领域数据"统一采集—统一配置—实时分析—辅助决策"的闭环管理。在政府应用端利用"国土资源一张图"，可关联查询地上建筑、管线配套、入驻企业，进而获取企业的工商、税务、社保等数据，分析亩产收益、辅助项目招引和精准制定产业发展政策。同时可围绕产业项目进行全流程管控，提供规划、报审、档案、税源等系列监管服务。在企业应用端，通过政策导览智能申报，可享受一网通办"不见面"审批及帮办代办服务，通过自贸金服、自贸人才港、科创服务、法律会客厅、商服超市等板块建设，打造闭环式企业服务体系，助力企业合规经营、稳健发展。

4.3　赋能产业发展，打造青岛自贸片区数智化产业联动发展新载体

通过数字技术对多规融合、项目建设、投资促进、经济发展、公共安全、政务服务、产城融合、城市运行等多领域赋能，优化营商环境，加速企业集聚，做大产业生态，提升产业质效和竞争力。在产业规划领域，通过地块信息及周边配套可视化管理，提升项目选址效率，自动生成选址报告，辅助规划选址工作开展实现土地资源节约集约利用。在经济发展领域，通过对片区企业运行数据分析重点对贸易、物流、仓储、制造等类型企业分类监管，出台招引扶持政策，提升安全应急管理水平，精准服务企业。在产城融合领域，建立统一客服管理渠道 AI 客服机器人通过与用户智能问答互动，解决通用问题，提升客服效率；建设商业消费平台，打通餐饮、购物、运动等商户，企业员工可享受线上商城、网上支付、统一结算等服务，便利生产生活。在企业服务领域，上线"链帮办"系统，实现了"一窗受理、一链办结、一次办好"的全程帮办代办功能，为企业提供从市场准入、工程建设、社会保障到财税金融的全生命周期服务，通过微信公众号、小程序、App 等多端口触达，实现"零跑腿服务"。

5　应用效益与推广

5.1　发挥新型机制作用，引入专业数智化服务，有效推动区域数智化转型

通过机制再造，清晰界定青岛片区各部门、技术服务单位、企业和居民用户在数智化生态环境中的角色定位，推动各方进一步融入"CIMOS 城市大脑"生态体系。首席数智官和 30 余名数智专员，已全程参与片区 30 余个部门的业务工作，共同深入挖掘出 61 条数智化系统开发需求，分批次启动政务应用系统的开发建设。同时，邀请 15 名业内专家和龙头企业加入数字智库联盟，为片区数智化规划设计布局及产业集聚提供重要咨询支撑。

5.2　基于 CIMOS 城市大脑，实现基础数据资源整合，助力城市精准治理

通过政务服务、安全监管、地理信息等领域基础数据资源整合，推动片区治理体系和治理能力现代化。在"一网通办 +360° 服务"方面，打通近 20 多个部门系统接

口，实现片区 360 多项企业服务"一网通办"，为 2200 多家企业提供"零跑腿"服务 8000 余次，有效提升了企业服务的质量和效率。在企业安全防范方面，面向片区 46 家仓储企业，实时收集企业安防监控、烟感火警及有害气体、生态环境、水环境、能源能耗等 8 大类数据，接入 800 余个仓储摄像头，异常数据实时监测预警，实现精准管理。在市政养护方面，整合市政、园林环卫三大行业，应用专业化运维监管平台，已累计上传并处置巡查事件 4443 条制定并完成维护任务 2939 条，保障片区基础设施安全运行和公共服务质量。

5.3　业务场景联动耦合发展，推动跨部门业务协同，全面提升产业质效

平台已全面覆盖片区管理部门及平台公司，并面向 3 万多家企业提供数智化服务（见图 7-27）。在产业规划领域，通过构建产业服务"九库一图"，有效整合了规划、土地资源、市场主体、楼宇厂房载体、建筑信息、政策信息、产业与人才项目市政基础设施、服务机构等 9 大类数据，实现了一图可视化管理。"项目选址线上超市平台"上线后，项目落地平均时间缩短 60%。在经济发展领域，通过对片区重点税源、产业结构、支柱行业、亩均税收等区域经济运行情况动态分析为精准决策提供助力。在产城融合领域，"AI+ 人工"客服年接听量突破万次，基本实现"当日受理、当日办结"，满意率超过 95%；片区内 50 余个餐饮消费档口已接入"CIMOS 一码通付"，日均服务企业员工 1600 余人次，企业、员工便利度和舒适度不断提升。在企业服务方面，"政策云"系统平台已上线各类惠企助企政策 484 项，已为片区 36 家符合条件的企业拨付资金 720 万元；政策兑现办理时限提速 70%，带动贸易、金融、高端制造、芯片、生物医药等领域 10000 余家企业机构投资落户。

图 7-27　数智化赋能数字经济发展

下一步，将继续深挖场景需求，全面赋能产业发展，加快推进建成全国领先的市场主体信用信息、航运贸易供应链金融、海事船舶、大宗贸易风控、企业智能安防等多领域公共服务平台，更好实现数字赋能产业经济发展。加强智慧园区标准化体系建设，形成理念先进、技术领先、科学规范、安全有效、体系健全的标准化体系，主动参加全国信标委智慧园区标准化工作，参与国家、地方、团体标准的制定。进一步探索创新平台建设运营模式，吸引更多行业头部企业、科研院所入驻园区，参与共建行业前沿课题研究，构建数字经济产业高地。

案例三　深圳特区建发创智云城智慧园区

1　项目背景

1.1　项目背景

创智云城项目（见图7-28）位于大湾区核心城市之一的深圳，且地处科技创新核心区——南山区，136万 m^2 新兴产业智慧之城矗立于湾区核心创新高地。项目所处西丽湖国际科教城最具发展潜力，规划全域面积约57km^2，一环一带三组团五片区布局。定位世界一流大学城，已布局清华大学、深圳国际研究生院、北大深圳研究生院、南方科技大学、深圳大学西丽校区等20余所高等院校。

图 7-28　深圳特区建发创智云城

创智云城雄踞广深港澳科创走廊关键节点，既享西丽湖国际科教城未来人才与科创资源优势，又享留仙洞总部基地已有的产业生态与顶级配套，坐拥两大创新高地，运筹产学研生态圈，重点布局新一代信息技术、生物医药、人工智能、物联网等产业，立足深圳，面向全国乃至全球企业，代言深圳创新力量。

作为深圳市国资委十大创新载体之一的创智云城，获广东省商务厅2022年跨境电商产业园区（成长型）认定，在深圳市商务局2022年新增认定投资推广园区名单、2015—2022年度投资推广园区总名单中均名列首位，获认定"智能终端产业链专业园区""国际化重点园区"；获深圳市中小企业服务局认定2022年"市级双创示范基地"。

1.2 项目面临的需求挑战

在规划建设阶段，创智云城智慧园区面临来自多方面的需求挑战。

（1）信息化支撑能力不足。作为集团体系内第一个大型园区，现有的企业信息化系统无法有效支持园区的运营管理，且存在严重的信息孤岛。

（2）设备设施体量大，资产运维管理难。项目总投资超过240亿元，园区设备设施体量巨大、结构类型复杂，如何实现设备实时运行监控及高效运维管理是重大课题。

（3）能耗成本居高不下，节能降耗缺少抓手。大型园区能耗成本高企不下，园区管理方能耗数据统计分析难，能耗治理不充分，数字化支撑能力不足是个难题。

（4）运营服务体系化程度低，管理半径大。信息孤岛及流程割裂，使得园区运营服务高度依赖于人，服务难以体系化、规范化、标准化，用户服务体验亟待提升。

（5）经营决策亟须数据支持。园区的日常运营管理、经营决策亟须数据支持，而数据分析依靠手工统计，实时性、准确性及可用性难以满足需求。

（6）安全与运维保障能力弱。随着业务的不断增长，园区运营、运维、IT系统设备愈发面临信息安全、运维技术及管理等方面的挑战。

（7）企业服务资源和手段匮乏。园区建设只做到简单的空间载体，已经无法成为吸引企业入驻的核心优势，因此不能高效地吸引相关行业和产业企业入驻园区。

基于以上问题挑战，创智云城智慧园区需要响应、满足不同用户角色的建设和服务需求。

面向园区运营方，需要通过智慧园区建设提升园区管理水平，提高园区工作效率，打破园区信息壁垒，降低园区运营成本。面向园区物业方，需提供物业资源管理，实现物业在线服务，提高物业服务水平，降低物业管理成本。面向园区内企业，需提升园区服务质量，增加园区服务维度，扩展园区服务资源，促进企业高质量发展。面向园区公众，保障园区公众的安全，提供舒适快捷的空间，构建人文和谐的园区，提高公众在园幸福感。面向政府部门，拉动地方产业发展，提供良好营商环境，加快促进产城融合，构建区域产业生态。

此外，作为集团旗舰园区的创智云城，需在先行探索打造自身智慧园区信息化平台之上，构建多园区一体化管控的能力，实现运营体系、数字化产品和能力的输出。

2　总体思路

2.1　建设目标

创智云城智慧园区建设以"数字化赋能园区，打造新一代信息技术的智慧园区高地，引领企业高质量发展"为愿景，以"基础设施集约化、设备管理智能化、业务管理数字化、园区服务生态化"为建设目标，通过新一代信息技术，使园区具备设施设备互联互通、数据资源开放共享、园区各方协同运作、园区产业创新发展的能力，实现对园区资源优化配置与集约化利用，实现园区全生命周期的数字化、智能化、精细化管理，提高园区运行效率，降低运营成本，并联动外部特色资源，实现园区的可持续发展，打造国有企业智慧园区样本。

2.2　建设思路

基于创智云城项目园区整体规划及工程建设时序，前瞻性开展组织架构部署和智慧园区顶层规划设计，形成整体思路与解决方案。

（1）专业团队建设。创智云城为大型综合体，具有定位高、业态多、体量大的特点，系统性建设智慧园区需统筹工程建设、招商运营、资金投入、技术发展、政策法规等多维度资源，组织架构部署及专业化管理团队建设对保障智慧园区规划设计、建设落地必不可少。创智云城在项目开发初期即搭建一支涵盖系统架构、网络工程、软件工程、数据管理、项目管理等专业的团队，项目规划设计、工程建设、园区运营等各阶段自始至终由专业团队统筹智慧园区建设管理，持续有力地推动智慧园区建设各阶段关键成果落地。

（2）顶层规划设计。传统园区的弱电智能化系统、数字化应用系统建设缺乏系统的顶层规划，会导致各系统难以集成，数据无法共享，系统间无法联动协同，后期改造难成本高。智慧园区规划建设是整体性、复杂度高的系统工作，规划建设过程中需统筹各参与主体的需求、考虑各维度因素，需要科学合理地制定顶层规划方案，有步骤有计划地推动园区建设实施落地。

创智云城项目规划先行，自上而下设计。项目战略规划阶段即对标国内外标杆园区，结合项目定位与资源禀赋，开展智慧园区专项顶层规划，形成专项文件，融入项目总体规划基因，指导园区规划设计、工程建设、系统集成和运营运维管理。在实施阶段，匹配创智云城工程建设及招商运营时序，分板块、分阶段逐步建设，并充分考虑业务需求的动态变化。

（3）总体思路与解决方案（见图7-29）。基于智慧园区典型技术架构、多元化需求，建设园区底层信息基础设施，有序构建服务于园区多方参与的统一技术＋服务＋运营＋运维管理的智慧园区数字化应用体系，同步打造专业适配的技术保障体系。

图7-29　创智云城智慧园区总体思路与解决方案

2.3　总体架构

创智云城智慧园区总体架构包括园区基础设施层、园区私有云、中台资源层、应用平台层、用户交互层以及信息安全保障体系、IT运维保障体系（见图7-30）。整体架构满足行业经典架构要求，并适配创智云城园区自身资源条件及业务特色。

基础设施层主要包括创智云城园区智能终端、传感器及园区基础网络，为智慧园区的底层基础，包括如监控、门禁、UPS、停车、网络、电梯、消防、楼宇自控等。

园区私有云为创智云城特色信息设施。作为国有企业项目，创智云城自工程早期即规划阶段起设置园区级数据中心，在IDC基础上部署园区私有云，实现IT基础设施集约化建设管理，有效降低IT成本。

中台资源层主要包含基于容器技术部署的流程中台、应用中台、服务中台，以及基于物联网技术的物联网（IoT）集成平台。

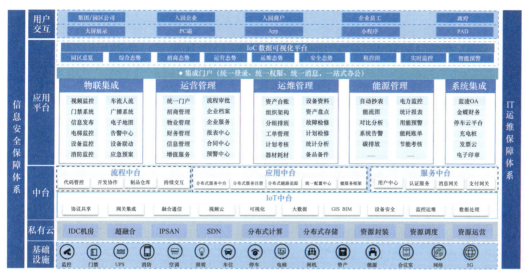

图 7-30　创智云城智慧园区总体架构

应用平台层主要覆盖园区运营管理、运维管理、物联集成、能源管理、系统集成各板块的丰富智慧应用及服务，以及上层应用 IoC 数据可视化分析平台。

用户交互层为面向智慧园区各相关参与方、服务方的交互、使用终端，如平台 PC 端、App、小程序、管理端、数据展示大屏等。

信息安全保障体系与 IT 运维保障体系是智慧园区建设、运行必不可少的两大基础体系。根据行业发展及政策形势，两大基础体系将发挥越来越重要的作用。

3　建设内容

创智云城项目为体系化、系统性建设智慧园区的案例。基于上述智慧园区整体思路与总体架构，按照园区整体规划及建设时序，创智云城项目建设内容覆盖信息基础设施体系、智慧应用体系以及技术保障体系，在园区物联与运维、绿色节能、园区运营管理、数据应用分析与基础设施与保障方面落地重点数字化应用及能力。

3.1　园区物联与运维

（1）园区基础智能化系统。创智云城以智能、安全、绿色、高效和可靠为目标，高标准建设 5A 级智能化系统，形成基础较好的智能化底层设施。共覆盖智能化集成、信息系统设施、建筑设备管理系统、公共安全系统和机房工程"5 个板块"，包括 20 余个智能化子系统，通过统一规划、统筹建设和接口预留，实现了系统耦合集成，建成运营中心、消控中心和营销展示中心"3 大中心"。"3 大中心"作为承办业务的载体和对外展示的窗口，配套建设数据大屏和远程视频会议系统等设施，支持日常运营服务、应急指挥、参观视察、安保服务、物业事务开展。

（2）园区物联集成与基础设施运维管理平台。园区物联集成平台（见图7-31）利用物联网、云原生等新技术，集成园区消防安防、智慧停车、楼宇自控、智能照明、机房管理等系统，形成以设备运行监控、故障信息自动推送、安防应急事件处置为核心的解决方案，建立人、车、物、环境、服务的全连接，全面感知园区的综合设备运行监控态势、运维态势。

图7-31　创智云城智慧园区物联集成平台

基础设施运维管理平台（见图7-32）接入创智云城园区大体量设备设施，实现设备设施信息统一线上管理，通过各类设备自动上报数据、规则引擎故障判断和告警推送，支持和监督资产盘点、信息维护、告警处理、任务分发、巡查和维保等工作开展，实现设备设施全生命周期管理。平台可支持及时发现系统设备故障隐患，缩短故障运维处理时间；通过周期性设定运维、巡检任务，分派工单；主动检查设备系统运行情况，定期保养，减少计划外停机时间，延长设备使用寿命。

图 7-32　创智云城智慧园区基础设施运维管理平台

3.2　园区绿色节能

能耗精准计量与统计分析、机电设备智能控制是园区绿色节能的必经之路。创智云城项目在建设阶段就充分考虑园区运营节能降耗的需求，在用水、用电公共回路、用户回路上共计安装近万块智能电表、智能水表，在此基础上建设综合能效管理平台（见图 7-33），支持水电等分类能耗的计量采集和能耗分项计量统计，实现能耗数据结构化统计和对比分析。同时提供能耗数据查询、统计分析以及能耗指标统计等实用功能，另外还根据园区需求，提供分类能耗的计量计费、能源成本统计管理、重要能耗设备的运行监管分析等功能。根据能耗数据的深度分析，创智云城项目有序开展设施设备节能技术改造，对中央空调等开展节能改造专项工作，降低单位产品能源消耗，降低二氧化碳排放量，促进园区节能减排。

在设备节能控制方面，创智云城目前实现了对超过 800 台空调新风、送排风，60台给排水泵，8 组冷热源机组等完成了自动化控制；实现对地下室、公共区、景观、泛光等超过 1500 个照明回路完成了智能照明控制。

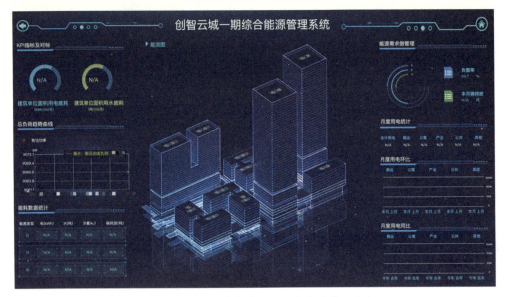

图 7-33　创智云城智慧园区综合能源管理系统

3.3　园区运营管理

创智云城面向园区综合运营管理，建设多园区运营管理平台，支持多园区接入扩展，基于多园区架构实现集团化管控，按照"建平台、聚资源、筑生态"的思路构建园区运营服务线上抓手。创智云城运营管理平台实现了园区智慧办公、智慧招商、智慧物业、智慧财务、增值服务、合同中心等丰富功能板块，助力园区运营管理提质增效，服务于园区全生命周期的智慧化运营管理决策。

（1）园区小程序等服务客户端。园区开发上线智园通 App、园区 Smart+C 小程序等客户端（见图 7-34）触达各类用户，面向入园企业及公众提供物业服务、政务服务及增值服务，实现了园区临停缴费、金融超市、物业报修、活动报名、访客申请、广告预订、会议室预订、场地预订、企业账单查询、增值服务申请等功能，实现了重点高频服务及集成生态资源，丰富了创智云城园区的运营服务体系。

（2）全场景财务管理。运营管理平台全方位梳理创智云城多业态下的各种财务场景。租金、物业等费用从录入的合同中自动每月推账；水电等能耗费用自动采集能源表数据计算用量，并支持每月配置动态水电单价，从而实现能源费推账；预收款、费用抵扣、临时费、费用减免等灵活功能，实现快速方便推账；客户费用账单、客户欠费账单一键生成；对接易票云，实现实时线上开票；打通运营管理平台与集团财务系统，实现业财一体化管理。

图 7-34　创智云城智慧园区小程序等客户端

（3）增值服务管理。增值服务是园区基础运营管理外创造多种经营收入的运营重点。创智云城运营管理平台结合业务部门拓展空间、园区广告等服务管理需要，定制化开发了增值服务管理板块。增值服务板块实现了对商业外摆、合作分成、广告等资源的在线运营，以及增值服务合同管理等主要功能。

（4）物业全面管理。针对园区日常物业服务各场景，运营管理平台提供房源管理、能耗管理、合同管理、账单管理、运营管理等功能，覆盖园区物业管理全流程，实现从客户招商、合同签批、入伙入驻到日常运营、物业服务、续租退租等全流程线上操作，打造全面信息化的物业管理应用。

（5）报表中心。创智云城项目通过运营管理平台等针对园区经营分析、财务分析等业务需求实现多个常用定制报表并打造统一报表中心（见图 7-35）。报表中心支持模板自定义，提供报表分析、数据探索、数据填报、数据下载、报表上传等功能，可满足不同业务板块不同数据报表分析及报送需求，有利于清洗运营平台和其他系统的相关基础数据，统一各业务指标的数据口径。

3.4　数据应用分析

创智云城项目建设多园区 IoC 数据可视化分析平台，以数据推动经营决策科学化。IoC 数据可视化分析平台（见图 7-36）是园区多维态势的综合展示及数据分析平台。平台整合园区各系统的数据资源，覆盖园区招商运营、运维、安全各业务板块，实现园区态势监测及经营指标分析。

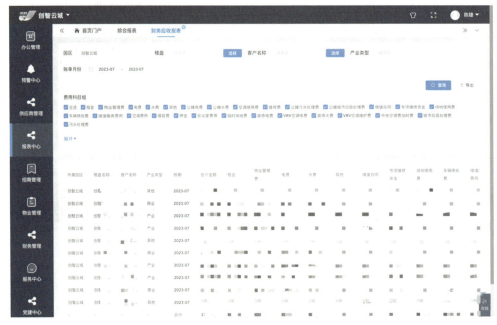

图 7-35　报表中心

图 7-36　IoC 数据可视化分析平台

通过 IoC 数据可视化分析平台，可以从园区综合态势、招商态势、运营态势、安全态势、运维态势各个维度展示、分析园区，实现创智云城园区全景画像。

招商态势实现招商与产业态势分析，直观展示包括园区产业分布、上市公司分布、园区租售情况、明星企业等招商数据指标，通过租控图功能，可直接查看楼层各房间当前的租售情况。运营态势实现多源收入态势分析，对园区的整体收入、合同签约情况、增值服务收入等进行了综合的分析展示，支持对未来 12 个月收入进行合理预估，有利于辅助管理者优化调整经营策略。安全态势实现综合安全监控分析，集成接入安防系统数据及智能化集成数据，支持在线直观展示园区视频监控、安防告警数据处理情况，可感知各个智能设备及业务子系统的运行状态，确保园区平稳运行。运维态势实现能耗等成本、设备设施运维的态势分析，通过接入综合能效管理平台和园区物联集成平台，可以实时获取园区智能设备的运行状态，并且实时感知最新园区能耗情况，对园区的能耗用量及成本进行整体的统计分析，辅助指导园区实现节能减排。

3.5 基础设施与保障

（1）园区云数据中心及企业级私有云平台。创智云城项目早期时即做规划部署，自建了园区数据中心，在同时期深圳市内产业园区较为少见，具有一定稀缺性及前瞻性。数据中心按照 A 级机房标准建设，IT 设备采用"2N+1"配电结构，精密空调采用"1+1"配电结构，微模块精密空调按"N+1"配置。整体建筑面积约 1600m^2，可容纳 12 个微模块，总机柜数约 162 个，建有两个高低压配电室和电池室，柴油发电机房、监控室、气瓶室和器材室各一个。在该数据中心部署有园区运营级超融合云平台，提供 IaaS 服务，架构弹性可伸缩，满足扩展要求。创智云城智慧园区各数字化应用平台等部署于该园区私有云平台。

（2）信息安全保障体系。创智云城项目以等级保护 2.0（三级）要求为标准，从技术体系、管理体系、运维体系三个方面系统性构建信息安全保障体系。在防护、检测、响应和恢复等方面具备信息安全技术能力，同时通过信息安全规章制度编制、组织机构建立和信息安全培训等措施完善信息安全管理，同安全技术体系和信息安全运维相配合。创智云城数据中心及核心网络系统、园区私有云平台、多园区运营管理平台均取得了三级等保认证证书。

（3）IT 运维保障体系。创智云城以信息技术基础架构库（Information Technology Infrastructure Library，ITIL）及 IT 服务管理（IT Service Management，ITSM）等最佳实践及标准为核心指导思想，从工具、流程、组织三个角度建设运维体系，持续推进 IT 运维流程化、规范化、标准化。

运维工具是提升运维效率、降低运维成本的关键手段。参照行业经验，创智云城为实现 IT 资源的统一管理、统一监控，建设了私有云管理平台、PaaS 平台、IT 运维综合管理平台等运维工具，实现了 IT 资源统一调度、私有云内配置自动下发、IT 拓扑可视化、机房动环可视化、网络流量实时监控、资产健康状态实时监控、IT 故障告警实时监控以及运维流程化管理等功能，并结合运维目录等，持续完善以形成适配的运维流程及运维制度，不断推进 IT 运维保障体系建设。

4 关键技术及创新点

4.1 关键技术

创智云城智慧园区建设采用了主流、先进的前沿技术，从底层信息基础设施到数字化应用包含了数据中心、云计算、物联网、大数据、信息安全、微服务、容器等关键技术（见图 7-37）。

图 7-37 关键技术

基础设施层面，同类园区中，创智云城较早地建成园区自有数据中心，采用微模块化数据中心建设模式。基础平台层面，应用云计算技术，创智云城建有园区私有云，智慧园区各数字化应用均部署于园区私有云平台；应用物联网技术，园区建设物联集成平台、基础设施运维管理平台，实现对智能化系统、物联网设备、传感器等终端设备的物联集成、各种资源的实时监测、数据采集和信息传递。应用平台层面，应用可视化技术、大数据等技术，建设多园区 IoC 数据可视化分析平台，将抽象的数据和信息转化为易于理解和分析的可视化形式，并通过打通、汇集园区中各类数据，如业务经营、安防、设备等方面的数据，利用大数据分析技术进行实时分析处理，实现跨系统数据汇聚，为全方位管理决策提供高效的数据支撑。

4.2　创新点及特色

（1）"国字号"项目系统性实践。创智云城智慧园区为市属国有企业项目，是国有企业发挥自身禀赋和底蕴，在城市基础设施开发运营数智化及国有企业数字化转型方面的有力探索和积极实践。创智云城智慧园区的规划建设贯穿自项目开发规划、主体设计、工程施工到园区运营运维全过程，建设内容全面、系统，涉及智慧园区领域广，内容丰富，为园区业务提供了全方位的保障。

（2）技术开放性与应用丰富度。创智云城项目建设周期较长，智慧园区建设过程中充分考虑持续性与开放性，实现了对主流新型技术、信息设施的持续应用、迭代，同时面向园区招商、运营服务、设备运维与物业管理等场景支持数字化应用的持续丰富。

数据中心为新型信息基础设施，创智云城自建园区数据中心，采用微模块建设方式，拥有双电路等较好资源配置，具有一定稀缺性及前瞻性，是智慧园区的重要底座。此外，多功能智能杆及 5G 基站等新基建项目均在创智云城落地、使用和推广。利用物联网技术，建设园区物联集成平台与基础设施运维平台，实现了空间与智能系统可视化管理、设备电子地图与视频联动、紧急报警弹窗与地图定位、远程控制与自动化运行、设备自动及手动报修等功能亮点。园区物联集成平台将实体建筑内安防、消防、电梯、空调等智能基础设施设备联网，对物理设备的运行状态、报警状态、控制能力抽象建模数字化，结合轻量化 BIM 模型，实现对建筑空间、机电设备、安防系统、其他智能硬件的三维可视管理。将物业日常管理工作进行全面的智能化、线上化、协同化的升级和对接，既聚焦了物业日常重点工作，同时又将园区设备运维和安全管理进行了可视化直观展示。设施运维平台针对园区大体量设备进行全生命周期管理，推进完善设备设施的体系化运维能力，从预防设备故障到发现设备故障，从解决设备故障到积累维保经验，设备设施全生命周期管理可持续实现园区运维的降本增效。

另外，利用大数据等技术，创智云城在基础设施、业务平台的基础上持续推进多园区 IoC 数据可视化分析平台等数据应用。智慧园区建设规划及平台设计充分考虑技术开放性，允许新的技术方案、第三方应用开发接入，支持多园区的统一接入，从而促进园区管理各领域的技术迭代、信息资源共享和协同，实现数字化应用的不断丰富。

（3）融合业务，联动特色资源打造运营服务生态体系。智慧园区建设的落脚点及目的是园区管理与业务经营。创智云城智慧园区建设深度结合公司经营管理及园区运营服务，在满足主流应用需求的基础上，结合园区实际，进一步联动特色资源和园区企业生态，打造园区特色运营服务生态体系。

创智云城项目已落地"粤港澳大湾区特色职业教育园区"、公共法律服务中心、政务服务中心、园区属地工会街道联合党群服务中心等，推动了政产学研一体化，丰富了智慧园区的内涵与服务载体。创智云城基于企业发展需求搭建全周期全链条的运营服务体系，是数字化应用和创新的沃壤。智慧园区可配合持续开展园区运营场景探索、资源聚合及服务提升，如园区内各银行的金融服务合作可结合智慧园区通过多种方式合作推广，联动政企资源可基于大数据赋能，持续提升企业服务精确性及品质，推动企业科技创新与园区差异化服务能力，实现多方共赢。

（4）经济性与实用性。创智云城智慧园区建设过程中统筹兼顾经济性与先进性，实用性与创新性。智慧园区投入与效益是行业重要的难题，创智云城智慧园区建设重视控制成本合理投入，如 IoC 可视化分析平台未实现数字孪生三维可视化高品质显示，平台重点聚焦大量经营数据集成与指标分析等实用功能。

5　应用效益与推广

5.1　应用效益

实现全方位融合业务，促进园区运营数字化转型。创智云城智慧园区底层基础设施、上层数字化应用以及基础能力与园区招商、运营、财务、物业、公众服务等全面融合，实现业务闭环。

技术赋能管理，构筑企业核心竞争力。通过智慧园区建设实现经营决策数智化、业务管理体系化、基础设施集约化、园区服务生态化、运维管理自动化、技术支撑能力化。

降本增效，助力企业高质量发展。通过流程优化及信息化，提升审批效率；通过报表及数据可视化，提升内部管理效率；通过服务资源线上运营、客户需求线上受理、自动抄表、无人值守停车等应用，减少物业外包成本，降本增效；通过能耗数据结构化、可视化，能耗数据统计分析，针对能耗规律、耗能异常、用能漏洞，指导节能降耗技改以及管理策略，数据赋能节能降耗，节省园区成本。

5.2 应用推广

在产品方面，创智云城主要数字化平台均采用多园区架构，实现低成本横向扩展。基于创智云城的建设成果，形成了统一的智慧园区平台，可根据不同园区自身特色、建设重点等进行适配，逐步向集团及公司旗下其他园区横向扩展，有效降低边际成本。

未来，创智云城智慧园区将在系统全面应用的基础上，聚焦核心能力及特色资源，形成智慧园区方案能力的"专、精、特、新"，提升品牌力及核心竞争力，实现用户需求、技术能力、资源要素等的有机统一，进一步为技术创新、场景创新、模式创新奠定基础，为园区的转型升级与创新发展发挥重要作用。

案例四　中建科技产业园（中建·光谷之星）

1　项目背景

中建科技产业园（中建·光谷之星，见图 7-38），位于武汉光谷中心城、中国（湖北）自贸试验区武汉片区双核心区，光谷发展主轴高新大道北侧，建筑面积 108 万 m^2，是中建三局"中建之星"和"中建产业园"双品牌联动的首个产城融合示范园区。园区集三局总部大楼、超 5A 甲级写字楼、中国建筑科技馆、光谷万豪酒店、国际会议中心、市民运动中心、商街等于一体，中建科技产业园依靠中建三局集团总部及下属投资与专业平台企业入驻，快速形成产业龙头效应，已经形成了以世界 500 强霍尼韦尔新兴市场中国总部为代表的建筑科技产业集群，以腾讯（武汉）数字产业总部、微众银行、建设银行等为代表的数字经济产业集群。

园区的运营目前面临着以下三个方面的挑战：一是园区管理难度大，园区占地 650 亩，覆盖范围广，且存在博物馆、商业街、公园等多个业态，管理难度大；二是客户服务场景复杂，由于各经营业态的存在，访客、游客、企业员工等人员数量庞大，服务需求多；三是产业发展要求高，园区在建筑科技、数字经济领域已形成产业聚集，需有针对性地提供产业服务以促进产业发展。

图 7-38　中建·光谷之星实景图

2　总体思路

2.1　建设思路

为了应对上述挑战，中建星云智慧园区平台应运而生。该平台由园区运营主体中建三局云服科技武汉有限公司规划设计、中建三局智能技术公司研发实施，以 CIM 打造全周期、全时空、全要素、全过程空间底板，构建了 6 大态势、56 类 147 个应用场景，实现园区的一体展现、多维感知、立体管控。

2.2　总体架构

中建星云智慧园区平台，依托管理中台、IoT 中台、数据中台，融合大数据、CIM、5G 等技术，结合三维图形、生物识别等算法，搭建智慧公共安全、无界便捷通行、预测性设备巡检、远程能效监测、高效资产运营等智慧化场景，为园区提供一体化服务方案，实现智能化、空间化、可视化管理。

平台采用"1+3+6"框架体系：1 个中心、3 个中台、6 大态势。

1 个中心：智慧运营决策中心（见图 7-39）集成了 CIM、IoT、AI、大数据等技术手段，整合了园区内空间数据、物联网感知数据、业务数据等，以多源数据融合为驱动，打造园区全域 CIM 应用场景，支撑运营业务开展。

3 个中台：包含 IoT 中台、数据中台、管理中台。其中 IoT 中台通过轻量化数据集成、设备集成、消息集成、服务集成能力，提供面向应用系统边界交互场景的松耦合、可插拔式的入口服务平台，实现数据全量汇聚、应用互联互通；数据中台通过提供目录管理系统、数据集成平台、数据资产管理平台、数据治理平台等，实现消除数据孤岛、规范数据标准、提高数据质量、推动数据流通、挖掘数据价值的目标；管理中台提供一套轻量级的、具有良好伸缩性的、便于多个项目在架构设计上对用户权限管理进行拓展的系统。中建星云智慧园区平台架构如图 7-40 所示。

6 大态势：即安全、设备、能源、环境、服务、运营 6 大态势板块。

图 7-39　智慧运营决策中心

图 7-40　中建星云智慧园区平台架构

3 建设内容

围绕园区各业态特点，根据不同用户对园区平台的管理、服务和运营需求，我们按照应用场景划分为"安全、设备、能源、环境、服务、运营"6大态势板块（见图7-41）。在6大态势框架下，通过搭建强大的中台并接入全部微观场景，为园区运营提供丰富的"智慧+"应用，具体建设内容可按场景分为以下6个方面。

图7-41 6大态势板块

3.1 园区管理安全化

安全是园区运营好的基本要素，智慧园区通过智能化手段赋能园区人员安全、消防安全、资产安全管理，为园区安全提供了科技化的解决方案。安防态势板块如图7-42所示，基于传统监控+AI算法，对园区"人、车、消防、资产"四大基础要素进行管理，实现多系统联动、一体化调度。

（1）电子巡更：将园区的空间信息接入系统，实现了巡更路线、人员和频次的精准化配置，高效地对园区安全进行管理。通过建立线上巡更复核机制，能够监督巡更的任务执行情况。

（2）人员管理：通过闸机、监控等设备，掌握人员通行的实时数据和园区各个区域人数分布，建立人流模型，便于园区安全管理的异常预警和事后取证。

（3）车辆管理：重点关注车位的使用情况和环比分析情况，在高峰期进行停车引导和分流，均衡不同停车场的负载，减少车辆拥堵，提高车位的利用率；在停车场出入口部署了压感线圈报警机制，如果抬杆出现拥堵等异常情况，运营中心可及时安排安保人员到场处理。

图 7-42　安防态势板块

（4）消防管理：设立专职巡查人员日常巡查，并定期培训和演练。同时打通了各地的消防主机，汇聚两万多个各类消防设备的运行状态和监测数据，通过"技防＋人防"相结合的方式，快速定位并消除隐患。确保万一发生火灾的事故，消防设备高效联动、消防通道畅通无阻。

（5）资产管理：采用电子标签技术，对重点关注的固定资产建立了资产台账，一方面便于大量资产的管理，另一方面通过出入口安装读卡器，实现资产越界告警和资产追踪管理。

（6）立体监控：通过建立了"地面人员巡查＋低空视频监控＋高空无人机巡飞"的立体监控体系（见图 7-43），高效覆盖园区的各个角落。同时借助 AI 识别算法，实现通道人数统计、人员聚集、区域进出侦测、占道经营、非机动车乱停放等人、车、行为、事件的智能识别，并联动事件统一分拨系统，快速调配处置力量，实现业务闭环。

图 7-43　无人机空中飞巡

3.2　设备管理可视化

基于物联网技术，打造设施态势管理板块（见图 7-44），实现设施设备"运行状态可视、运维作业可管、运行风险可控"。

图 7-44　设备态势管理板块

设备房监测：在传统物业管理的基础上加装了传感器，并对设备房机电设备建模，实时获取设备运行数据。一旦超过阈值系统就会自动报警并推送工单，降低了巡查频次，大大节约了物业人员的成本。

3.3　能源管控最优化

构建能源态势管理板块，提供"监 – 控 – 管"能源态势管理服务，降低能源消耗，节能减排（见图 7-45）。

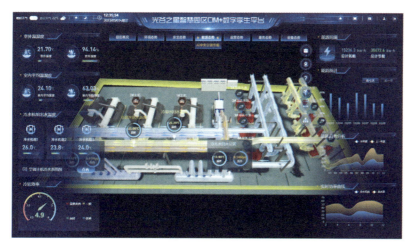

图 7-45　能源态势管理板块

（1）智慧光伏：在商街的屋顶安装了太阳能光伏发电板，实现自发自用，余电上网。同时为保障发电效率，智慧光伏系统（见图 7-46）对光伏的状态数据进行实时采集，包括发电量、发电效率、告警信息等，在面板出现损坏、积灰等因素导致发电效率下降时，可自动发起工单进行处理。

图 7-46　智慧光伏系统

（2）中央空调 AI 节能：在酒店部署中央空调节能系统，通过"智能按需供应策略"，实施按需冷（热）量控制模式，实现系统的节能运行。相比传统空调控制系统，每年节能约 20%，进一步实现了园区节能降碳。

（3）能耗监测：对园区用电、用水和使用空调情况进行统计，为企业输出能耗账单，为企业能耗分析提供依据，助力企业节能减排；同时进行环比分析，辅助判断企业运行情况，提前预判退铺等不良风险。

3.4 园区环境舒适化

为营造宜业宜居舒适园区环境，构建了环境态势管理板块（见图 7-47），致力于在环卫精细化管理的同时实现环卫一体化作业降本增效，打造干净整洁的园区。

图 7-47 环境态势管理板块

（1）智慧灌溉（见图 7-48）：通过各类传感器，实时掌握水量、天气、土壤等数据，系统结合监测数据和植被类型，自动按需生成和完成养护任务，提高园林养护效率，减少因灌溉造成的水资源浪费。

（2）垃圾溢满监测：垃圾清运方面，通过智能环卫垃圾桶实时监测垃圾满溢状态，对满溢垃圾桶自动生成清运任务，降低环卫工人的垃圾清运工作量。同时借助大数据分析垃圾桶满溢频次，实现垃圾桶布置点位的动态调优，提高利用率。

（3）日常清洁：在园区内部道路和公共空间采用不同的养护等级，为清扫保洁人员配备定位工牌，并引入无人环卫车，实现人员、车辆的作业动线优化和过程实时监管，保障环卫工作的安全和质量。通过人机协同作业，提高清扫保洁的工作效率。

图 7-48 智慧灌溉

3.5 服务线上便捷化

园区以事件为驱动，实现了发现上报、受理派遣、处置反馈到考核评价的事件闭环处置机制。园区内所有的公共设备均配置了统一的识别码，园区用户可以通过识别码进行一键报事报修。借助可视化的报事报修体系，系统中汇集了自动生成的各项预警工单和用户端上报的所有待处理事件，跟踪事件的处理进展、监督事件的完成情况，而不再像传统物业里大家通过电话不停去追问物业有没有解决；同时研发满意度调查功能，定期要求业主进行评价，促进物业管理服务品质的不断提升。服务态势管理板块如图 7-49 所示。

图 7-49 服务态势管理板块

3.6 运营管理高效化

运营态势管理板块（见图 7-50）提供园区各业态各经营活动业务基础服务，汇集服务过程产生的数据智能分析，研判园区经营趋势，为园区运营提供决策支撑。

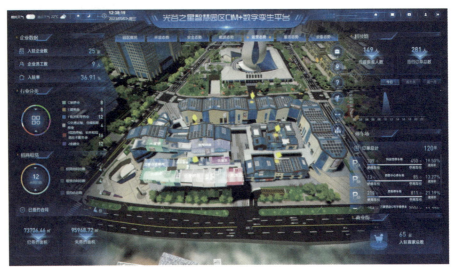

图 7-50 运营态势管理板块

（1）产业招商：在招商运营内部管理方面，移动 App 为园区招商人员提供客户管理与招商情况跟进工具，自动生成招商日报，大大地降低了招商人员的时间成本。此外，系统还可以为企业提供签约、入驻 / 退租、装修申请、缴费全流程全周期的线上综合服务，简单高效。

（2）商业运营：系统记录园区各业态分布与商户基本信息，结合园区日常经营数据形成算法模型，量化体现园区运营情况，针对不对经营情况的企业提供个性化的服务，促使园区不断提高管理水平、运营活力。

（3）智慧场馆：园区实现全场景线上预约功能，包括服务中心、科技馆、博物馆等，园区用户可以随时随地查看各类场馆的使用情况和预约消费。同时，园区还组织了各类丰富的线下活动，可通过线上活动报名，满足园区用户生活娱乐方面的需求（见图 7-51）。

（4）智慧停车：将多个停车位统一接入平台进行集中化运营，支持跨停车场月卡服务、月卡线上自助办理，实现园区停车自动计费、自动缴费的全自动运转。同时，系统提供停车优惠券、线上开票等服务，为园区用户提供便利的出行环境。

图 7-51　智慧场馆

4　关键技术及创新点

4.1　SaaS 化中台应用

管理中台、IoT 中台和数据中台三大中台界面如图 7-52 所示。

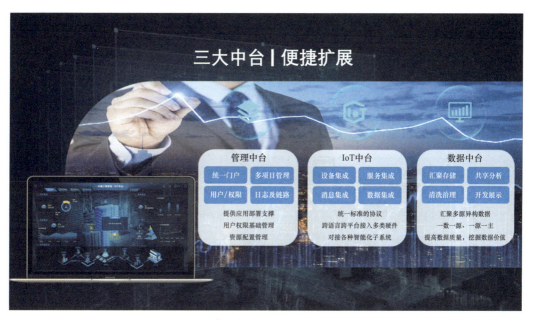

图 7-52　管理中台、IoT 中台和数据中台

（1）IoT 中台。中建星云智慧园区平台 IoT 中台通过轻量化数据集成、设备集成、消息集成能力，提供面向应用系统边界交互场景的松耦合、可插拔式的入口服务平台，实现各类业务数据、设备数据全量汇聚，各类应用系统互联互通，助力应用创新、业

务创新。同时，IoT 中台与数据中台、管理中台等基础平台打通，支撑新业务的快速开发部署，提升应用开发效率。

数据集成：针对实际项目中复杂的、异构的数据环境，实现结构化、非结构化、接口服务等多种数据源之间无侵入式集成，同时，针对数据的预处理需求，可实现数据清洗、转换、标准化等预处理操作。

设备集成：使用 MQTT 标准协议连接设备，同时提供厂商系统对接采集、硬件对接采集、SDK 通信采集等多种采集方式，对不同厂商、不同协议类型的设备数据安全采集和远程管控。

运行支撑：负责平台运行所需的公共基础功能、与企业现有平台的服务管控、应用管理和认证等打通。同时提供统一运维、安全审计等常用工具应用集，可视化界面展示各集成组件系统资源运行情况、告警、日志检索等，有效提升系统可维护性。

消息集成：使用统一的消息接入机制，数据提供者和消费者通过发布订阅模式实现消息互通。

服务集成：聚焦在轻量化服务集成，将支持多种协议的后端服务以 API 形式开放数据，实现从 API 开发、测试、管理到发布的生命周期管理和服务调用，简化提供服务的过程。

（2）数据中台。中建星云智慧园区平台数据中台围绕数据资源"汇聚、存储、管理、治理、开发、共享可视化"的发展主线，实现消除数据孤岛、规范数据标准、提高数据质量、推动数据流通、挖掘数据价值的目标，助力数字化创新，推动产业数字化升级。

目录管理系统：旨在为各业务方提供标准的数据梳理方案，形成有效的数据架构分为资源类型管理、资源分类管理、目录编制、目录审核、目录报送及目录上下线。

数据集成平台：是一站式解决异构数据存储互通，消除数据孤岛的同步平台，为各系统和业务方提供了数据集成的高效通道。将业务需求的结构化和非结构化的数据行统一地汇聚集成，落地到目的数据存储组件，并支持数据的预处理、集成过程监控等功能。

数据资产管理平台：基于数据目录盘点数据资源，以统一数据标准为基础，规范元数据和主数据管理。围绕数据资产盘点、数据标准管理、元数据管理、数据资源管理等核心功能，实现"盘点数据资源，规范数据资产，发挥数据价值"的数据管理目标。

数据治理平台：是指规范数据的生成以及使用，发现并持续改善数据质量，从使用零散数据变为使用统一规范数据、从尝试处理数据混乱状况到数据井井有条的一个过程。包括数据质量、数据规整、数据建模、脚本管理、调度管理等方面。

（3）管理中台。中建星云智慧园区平台管理中台是一套轻量级的、具有良好伸缩性的、便于多个项目在架构设计上对用户权限管理进行拓展的系统，可方便实现对业务系统的用户、权限进行管控，对访问用户的身份认证、功能调用的业务鉴权、业务角色的划分管理等。

客户端 SDK：提供用户权限、认证服务接口的统一封装，便于外部应用系统集成和接口数据调用。它包含的功能有权限过滤器、数据缓存、应用信息接口、用户信息获取接口、用户权限信息接口、资源信息接口、角色信息接口、令牌获取接口、用户登录验证接口调用等。

认证服务系统：为系统使用者提供统一的登录界面和登录认证功能，满足系统用户的登录认证和单点登录功能需要，达到不同的业务系统间一次登录、多系统间漫游的特性。

后台管理系统：统一认证平台的核心控制部分，提供可视化的操作界面，为系统管理员和用户提供维护管理功能。比如用户信息管理、角色权限信息管理、访问授权、系统属性设置等功能的操作。

4.2　可视化引擎革新

中建星云智慧园区平台搭建全域城市信息模型（CIM），并接入智慧园区全部应用场景，形成园区运营的 CIM 三维可视化引擎，充分利用前期园区规划、建筑规划、机电安装等模型数据，最大限度地实现数据复用，赋能全生命周期运营。

作为平台的重要组成，CIM 三维可视化引擎包括空间大数据的存储管理、空间分析、流数据处理与可视化等功能，让更多用户能够轻松管理与挖掘空间大数据"金矿"。

（1）提高园区工作效率。通过引擎整合事件等级、发生地点、处理进度、应急人员、应急物资、应急预案等信息，串联事件处置全人员、全物资、全过程，可加强事件处置中的信息共享与部门协作，更加直观、清晰地展示事件处置进展，提高事件处理能力、效率和准确性，为园区降本增效。

（2）展现园区服务优势。通过 CIM 高精度还原、精确定位和三维呈现能力，可直观、立体化展示园区总体情况、区位情况、招商资源、招商政策、园区配套设施、入驻企业信息等，全面展现园区服务优势。

（3）奠定智慧城市运营基础。园区是城市的最小单元，CIM又是实现城市运营管理的支撑底座，因此通过在园区中应用CIM，可实现宏观与微观、室内与室外、静态与动态的一体化，为公司未来布局智慧城市运营提供数据支撑和模型底板，同时将成为未来元宇宙的细胞单元。

4.3 数字化赋能园区发展

基于泛在感知设备，利用IoT中台，实现真正的万物互联，汇聚多源数据，实现数据的融合、数据价值的深度挖掘，消除信息孤岛和应用孤岛。

基础设施设备管理数字化：通过数字化的手段保障园区人员设备安全，提高园区人员通行效率，同时降低整体能耗、优化办公环境，实现状态全可视、事件全可控、业务全可管。

企业服务数字化：通过数字化企业服务，为入园企业提供全生命周期的综合服务。收集日常运营数据形成算法模型，量化体现园区运营情况，为针对性地调整运营策略提供参考，促使园区不断提高管理水平、运营活力，完善服务深度。

产业资源数字化：通过对园区产业链、产业人口以及产业空间进行分析，明确园区的发展需求，进行针对性的招商引资。同时依托中建三局产业资源共享平台，通过跨区域的产业合作与招商服务体系，构建产业生态，形成招商、养商、营商良性循环，为产业升级提供强劲的动力。

5 应用效益与推广

中建科技产业园智慧园区自建设以来，App和小程序累计注册用户24万人，每月活跃用户数量达到1.2万人。通过智慧园区系统，99.5%的工单可以及时处理，客户反馈满意度达到97.32%。园区以综合智慧能源为基础，通过引入光伏发电和AI节能技术，将清洁化、低碳化与数字化、信息化深度融合，实现"能源、管理、服务"多网融合，每年可为园区降低能耗70万kW·h，减少二氧化碳排放550t，节约电费80万元，节约用水800t，具有良好的社会和经济效益。园区同时还获得了武汉设计之都首批示范园区、首批智慧办公建筑试点项目、三星级绿色建筑认证和建筑"奥斯卡"LEED金级认证等多个奖项。

5.1 软硬件有机结合，实现园区信息资源深度开发

通过无线传感器+传输网等多项信息技术应用，实现了对海量数据的实时采集、

传输、存储与运算，强化了辅助决策功能。系统可以更准确、直观地记录显示园区能源运行基础数据、能源负载情况、用电使用情况，与园区的客户管理、电子支付、智能停车等其他信息化系统的互联互通，数据共享，发掘信息资源的内在价值。

5.2　以人为本，打造幸福的园区环境

通过共享公共空间、无感支付通行等应用场景建设，大楼门禁、电梯梯控、食堂和运动场馆等不同场景通过系统实现了统一联动，园区用户可以一码（脸）畅行园区空间，让园区出行以及消费更加便捷。未来智慧园区系统将覆盖更多园区、社区场景，形成智慧运营系列标准，打造"宜居、宜业、宜商"的工作和生活场所。

5.3　以产业为核心，实现产业园区生态发展

通过园区智慧运营，满足政府、企业、个人的不同诉求，延长核心产业链条，创造园区内在的发展动力，实现产业发展生态化、技术创新生态化、员工服务生态化，最终形成完整的园区生态发展体系。

案例五　佛山美的工业城零碳智慧园区

1　项目背景

1.1　项目背景

美的工业园区西区最早建于20世纪90年代，到现在已经过去近30年，而这30年恰恰是信息科技大发展的30年，原有的生产办公条件已不能很好地承载新时期办公和参观接待的需求。2021年，美的楼宇科技事业部决定对原来的园区进行改造。改造的范围包括C栋办公楼和生产车间两大区域，总占地面积约20000m²。目标是将数字化、智慧化、零碳化的理念融入改造建设中，打造一个全新的示范园区。

计划C栋办公楼改造后容纳员工200余人，主要用于楼宇科技6个部门的人员使用，分别为楼宇科技研究院、上海美控公司、制造平台、供应链、品质管理。生产车间则主要用于生产8~36匹大多联室外机产品，目前车间拥有三条现代化总装生产线，年产量15万台，年产值25亿元。

1.2　建设需求

该项目改造的一大难点是要综合考虑西区不同群体的差异性需求。

西区的用户群体多种多样，分为管理者、访客、办公员工三类人群，各自对园区的智能化诉求是不一样的（见图7-53）。这些诉求既有共性又有差异甚至冲突，所以最后如想纳入一套数字化平台来实现三者的统一，还是有难度的。

图 7-53　美的西区工业园用户画像分析

对管理方来说，如何打造零碳建筑，通过数字化运营向外界展示美的零碳文化，是园区管理者比较关心的事情。

对于外来访客，良好的参观体验、便捷的到访服务，是他们比较在意的。

而对于办公员工，办公空间的舒适、办公系统的便捷、组织的认同感，是他们更关心的。

另外，对于园区交付后更为长期的运营方来说，希望此项目能以贯彻事业部愿景和理念为目标保持持续迭代，并通过实际产品设备的实战模拟，为美的对外输出整体智慧零碳解决方案做好训练，逐步形成相对成熟和完整的经验和方法论。

此外，还需要考虑未来有可能不断有新的需求变化发生，如何在保留个性化差异的同时兼顾未来场景扩展的灵活性也需要综合设计考虑。

2　总体思路

以低碳＋智能为核心，共建可持续的智慧空间，从设计初期就综合考虑各种智能化和零碳解决方案的可行性，而且最终的实施方案也遵循这一原则。

项目按照"统一数字基建，统一协调设计、施工交付，一个数据中台，三大基础集成应用，多类组合式智慧场景，数字化运营管理和软硬件一体化运维相结合"的建设模式，按多个层次进行智能与低碳的设计。比如降碳就分为设备级降碳（设备替换）、系统运营降碳（精益数字化管理）、新能源使用降碳（绿色能源）、数字化办公降碳和建造阶段降碳五个维度进行零碳解决方案的具体落实建设。

美的西区工业园智慧园区系统架构图如图7-54所示。

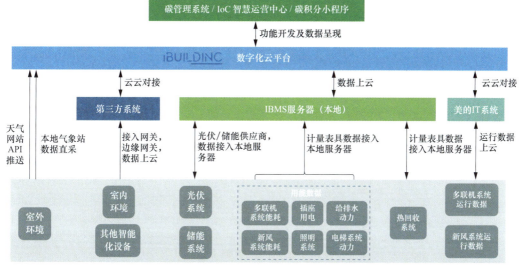

图 7-54 美的西区工业园智慧园区系统架构图

此次西区工业园零碳项目改造对美的集团来说有三个重要的建设愿景：

（1）首先，借此项目楼宇科技研究院向集团事业部展示研究院 2021 年成立初的愿景，即基于 iBUILDING 数字化平台为客户提供全栈的智慧化综合服务，西区就是一次平台化的尝试和落地验证，未来这将成为事业部愿景和理念的展示平台。

（2）美的楼宇科技事业部的核心硬件产品目前还是以暖通设备中的水机和多联机为主，这些产品研发的差异性和组合后的整体解决方案效果可以借助西区项目进一步得到详细的数据支撑和佐证，西区承担了打造事业部产品和智能化解决方案展示平台的目标。

（3）美的上海全球研发中心园区将于 2024 年交付使用，西区零碳智慧园区的建设实践可以作为先行实验的预演区，同时更是集团践行零碳战略的一块试验场。

围绕这三个建设愿景和用户群体画像分析，将建设目标也分为三个：针对管理方的建设零碳示范项目，针对访客提供极致的参观体验，为员工提供舒适便捷的办公空间。

3 建设内容

项目基于 iBUILDING 楼宇数字化平台，实现所有硬件设备、能源系统、场景应用软件的数字化管理，通过清洁能源替代调整用能结构，在能源消费侧优化用能方式实现主动节能，能源管理侧则通过智能化管理手段监测用能流量实现能源的综合优化。

3.1 设备绿色零碳

在能源消费侧，优化用能方式，针对大型耗能排碳设备，围绕暖通、电梯、照明和生产四大系统，综合使用新产品、新技术、新设备，多措并举，通过建筑及设备能耗监测与优化，实现主动节能减排。

对占办公建筑总能耗 30%~50% 的暖通系统，西区采用全新一代 MDV8 无界多联机，通过建筑空间特征识别、系统冷媒温度判断、室内机风量流量自适应三大步骤，打造低碳又舒适的空调系统，达到主动节能效果。通过室外机冷凝热回收多联机的冷凝废热，制取健身房用的生活热水，再存储在蓄热模块中，极大地降低碳排放（见图 7-55）。

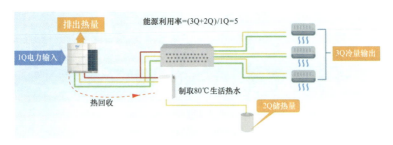

图 7-55　多联机冷凝热回收

在克来维特（Clivet）新风系统中（见图 7-56），通过安装热回收模块，对排风进行主动式的能量回收，降低空调系统冷负荷，回收效率达到 76%。同时通过二氧化碳浓度变频控制，精准控制新风负荷，降低碳排。在室外空气焓值较低的过渡季，该系统还可通过旁通功能，不需开启压缩机，引入室外干爽的空气，充分利用自然冷源进行室内降温，减少空调碳排。

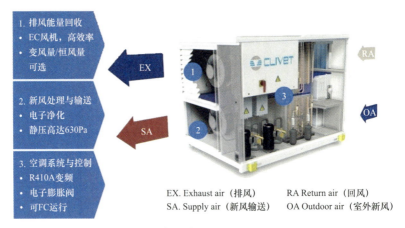

图 7-56　克来维特（Clivet）新风热回收

LINVOL 乘客电梯则采用动能回收技术，通过搭载新一代永磁同步电机，结合能源回馈技术应用，实现电梯势能回收。每次下降都会把势能转化为电能回馈电网，用于下次搭乘，高效节能，大幅降低了电梯的运行成本，节约能耗。

照明是西区仅次于暖通空调的耗能设备。通过更换照明灯具，现有照明灯具的功率可达到原灯具功率的一半，每年碳排放约可减少 70t 的二氧化碳当量。

在生产线中，工厂配套冷媒回收装置，实现冷媒的 99% 循环利用，也大大降低了生产制造环节的碳排放。

3.2　能源绿色零碳

能源清洁化是园区零碳的关键。西区项目积极调整用能结构，探索光伏、风电等绿色清洁替代协调配合。利用建筑屋顶的空间，设置安装了装机容量 300kW 的分布式光伏设施，用以代替原有高排放的化石能源，按广东区域 1 年 1000h 的发电量计算，光伏的年可再生能源发电量约 300000 kW·h。

同时还给光伏配套了一台 100kW·h 的储能系统，在提高供电稳定性的同时，最大化地实现光伏消纳，将日间剩余可再生能源及时地存入储能系统。另外，当晚间进入低电价时段，储能还会进行充电，在电价高的白天储能系统则对楼宇进行供电。通过储能系统，对未消纳的绿色电量实施并入电网，进一步优化建筑的用能曲线。通过这样的电网峰谷价差设计控制充放电策略，削减用电成本，提高电网端稳定性，另外储能电池作为备用电源，还可保障设备的正常用电。

这套新能源加储能系统的"组合拳"有效支撑了"零碳园区"建设，形成了一套绿色低碳的能源系统（见图 7-57）。

图 7-57　屋顶光伏 + 储能系统

西区处于峰谷电价地区，晚间的电价较低。为此，设计方设计了集成式冷站和蓄冷装置，依托峰谷电价差优势，利用相变蓄冷系统优化设备用电曲线，解决小冷量段的蓄冷储能需求。集成冷站搭载美的最高效的磁悬浮变频冷水机组，本身从设备层面是全系列一级能效，大幅降低机组能耗（见图 7-58）。在晚间电价较低时，相变蓄冷系统会对蓄冷装置蓄能，白天电价高时可以暂时停掉冷水机组，用储存的冷量为楼宇供冷，最大限度节省费用，减少外接用电和碳排放。整个园区的蓄冷容量已达到 430kW·h，年节约空调费用 2.6 万元，整体建筑碳排减少达 3% 以上。

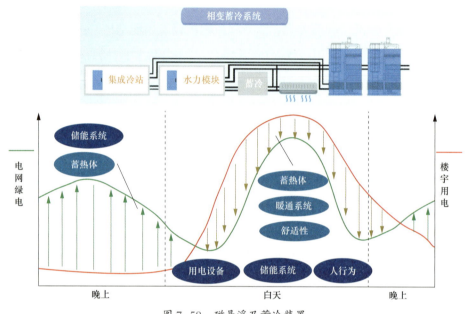

图 7-58 磁悬浮及蓄冷装置

3.3 运营绿色零碳

作为园区的运营管理者，也通过数字化运营管理来减少园区的碳排放。

如图 7-59 所示，iBUILDING 碳管理平台实现了西区办公楼的碳排监测和分析可视化，可直观呈现办公楼的碳排数据、设备减排数据、蓄能系统间接碳排抵消，以及绿色能源的减排数据，并对用能分项、负荷曲线、近三年能源消耗等维度进行分析呈现，为进一步节能减排提供数据支撑。

西区的 IoC 智慧运营中心（见图 7-60），围绕设备空间、设备、环境、能源几个维度进行综合态势管理。管理者在 IoC 指挥中心进行综合态势监控及调度，通过关键指标综合监测对运营态势做到一屏掌握。通过对各个设备能耗进行实时监控，对高耗能设备重点监测并进行控制优化。使用能源分析对能耗数据进行多维统计，实时动态感知发电量、节电量、用电负荷等各类数据，对园区能源进行精细化管理，辅助实现能源的合理调配。对重点管理的事件要素做到实时监测，实现安全态势监测一张图。通过对建筑空间结构的分解展示，实现智慧办公系统在线通览。

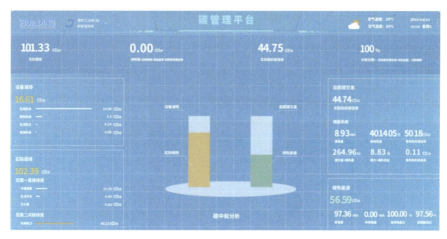

图 7-59　iBUILDING 碳管理平台

图 7-60　IoC 智慧运营中心

IBMS 统一楼宇管理系统依托 IoT、AI、大数据等前沿技术，通过云边端三合一的协同监控，对园区 15000 多台接入设备进行管理，实现楼宇建筑全方位、数字化实时态势感知，在保障高可靠性的同时实现楼宇设备智慧化控制，为楼宇智慧运维、低碳运维赋能。比如结合配置的精密环境传感器，系统可根据二氧化碳浓度自动调节风量，根据访客行程自动控制空调和照明系统的开关，减少碳排放。

3.4　绿色办公

西区办公在一系列的智能化场景应用上下功夫，提高工作效率、简化工作流程，进而实现节能减排的目的。智慧办公应用（见图 7-61）通过智慧无感通行缩短访客过程，减少电梯、照明、新风等耗能设备的碳排放；会议室使用无线一键投屏减少纸张的消耗；工位灵活按需分配降低资产占用的耗能成本；借助智慧储物、智慧卫生间、智慧环境管理等空间应用实现空间管控的实时感知，提高使用效率。

图 7-61　智慧办公应用

除了在大型设备和系统层面下了很多功夫做低碳，也鼓励员工参与到减碳这个大事件上面来，通过碳积分小程序（见图 7-62），记录员工的各种低碳节能行为（例如关灯、关空调、新能源交通工具出行、购买咖啡自带杯、公交出行、骑行、步行），将其累积成碳积分，通过积分兑换礼品，助力园区低碳目标。让每个员工都成为零碳价值链的一环。

图 7-62　碳积分小程序

3.5　绿色建造

项目在建设上也融合低碳化、智能化的思路：依托建设工程及设施的规划、设计、施工以及运营维护阶段全生命周期，创建和管理建筑信息全过程三维、实时、动态的 BIM 模型（见图 7-63）；基于融合分离可视化引擎、低代码平台、Smart Builder 智能资产平台、Smart Server 云渲染平台四大特质的数字孪生技术，融合能源流、信息流、交通流（人流）、体验流（服务流），可实现对虚拟世界楼宇空间精准的数字化复现和全周期的动态监测；提供整体空间全方位展示、实时数据采集和显示、空间管理、设施智能监测、设施运维管理、设施台账管理、环境与健康管理、能源管理等多项功能，提升建筑能耗和碳排放智慧监管的能力及智能运维能力。

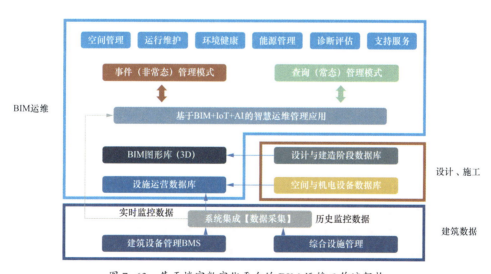

图 7-63　基于楼宇数字化平台的 BIM 运维工作流架构

4 关键技术及创新点

4.1 访客、管理、办公三合一

通过 iBUILDING 统一数字化平台，实现办公、访客、管理三合一的多应用、多场景功能（见图 7-64）：平台实行统一的数据标准，打破行业各家企业的数据壁垒，而且从数据中挖掘价值；通过低代码平台和业务模块化的能力，降低研发成本；支持统一化的设备接入，降低工程部署的成本；提供了数字孪生的能力，实现了数字世界的快速生成和虚实结合的场景化体验；平台的开放能力，将合作各方汇聚到一起，更利于构建开放共赢的生态体系。

图 7-64 iBUILDING 统一数字化平台

4.2 多维组合降碳解决模式

通过多层次多维度来组合实施零碳，技术减排、新能源光伏发电、外购电力交易都在这一方案中有所贡献。园区的 iBUILDING 碳管理系统已链接多个数字化场景，接入数十个信息系统及数百个终端设备，让园区的运营实现了协同到优化，并落地到园区的每一个人；同时，iBUILDING 碳管理也同步着园区每一位员工的零碳行为。通过事无巨细的数字化措施，从优化控制到协同控制升级，使园区的管理变得更加简单统一。如图 7-65 所示为光储柔性能源数字化建设方案。

图 7-65　光储柔性能源数字化建设方案

4.3　虚实结合的数字孪生智能

不同于之前建筑行业常见的 IBMS 楼宇管理系统平台，iBUILDING 新打造了数字孪生平台（见图 7-66），包括分离式的可视化引擎、低代码平台、Smart Builder 智能资产平台和 Smart Server 云渲染平台四大特性，实现了在虚拟世界楼宇空间精准的数字化复现和全周期的动态监测，以数据驱动为管理决策提供依据。

数字孪生将物理世界进行数字化再现，不仅具备极高的实时性，也同样具备高仿真的特点。实时渲染的引擎让实时数据的动画可视化成为可能，这也为数字孪生的落地提供了强大的底层技术支持。iBUILDING 数字孪生平台的分离可视化引擎，通过底层支持多种渲染引擎，保障了制作的高保真画质可以呈现极具质感的数据视觉效果。

Smart Builder 智能资产平台和低代码平台则解决了场景应用搭建时间长、门槛高的问题。

数字孪生可用于智能运维、仿真决策、数字运营等全生命周期的各个阶段，能更好地提升效率。

5　应用效益与推广

西区零碳智慧园区不仅是一个特例，还具备广泛复制推广的前景。通过这一项目，逐步形成建设全生命周期的园区管理新方案和新打法，形成平台 + 智能 + 低碳的综合

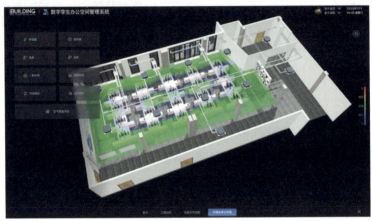

图 7-66 数字孪生平台

运营体系，达到经济价值和示范推广兼容并蓄的目标。西区零碳智慧园区效益示范如图 7-67 所示。

经济效应上，通过减少碳排放，节省电费和运营成本，具体来说社会碳排放减少了 440 多 t，同时使用光伏新能源，每年减少电费 50 万元，这里没有考虑数字化运营的人力开支降低。

效率提升和产出增加方面，表现明显的是员工满意度提升到 90% 以上，尤其是智慧办公带给员工会议、办公、停车的满意度提升，访客等待时长比之前减少 20%，运维故障的响应速度加快 25%，出错概率则下降 15%。

另外，在项目上通过软硬件相结合的方式，构建"终端 + 软件 + 服务"的建筑全产业链商业新模式，形成开放、系统、多样、可持续创新、利益共享的产业生态，以快速扩大用户规模和加快应用平台建设为核心，提高聚合产业链上下游合作伙伴的能力，明确产业链的分工，让产业链各方都能盈利，实现共赢发展，同时探索建设智慧低碳园区的新模式，不断生长，持续拓展和创新。

图 7-67　西区零碳智慧园区效益示范

案例六　国家能源集团北京昌平中心智慧运营园区

1　项目背景

国家能源集团置业有限公司北京昌平中心（以下简称北京昌平中心），由原昌平中心和国华实业公司于 2020 年 1 月整合管理而成，实行"一套人马、两块牌子"的管理模式。北京昌平中心分为创新基地园区和新能源研究院园区，两园区位于北京市昌平区北七家镇东未来科学城内北区，东侧紧邻京承高速公路，毗邻温榆河。北京昌平中心集办公、住宿、餐饮、会议、康体等功能于一体，单个会议室最多容纳 1000 人，共有 1208 间客房。

北京昌平中心日常工作存在较多问题：会议室使用不规范；视频监控系统较为陈旧，部分仍为模拟信号摄像头，且在线率不高，视频实时调取速度较慢；门禁系统、停车场管理及在用信息系统功能性低；工程管理及设备巡查消耗大量人力物力，仍存在部分安全隐患等。为达成"一集中、三提升"的管理建设目标，实现绿色低碳产业发展，国家能源集团置业有限公司为北京昌平中心打造智能化管理的后勤服务建设，以实现能源、人力等有效利用，助力绿色低碳发展。

项目将智慧后勤服务集中运营管控中心作为业务的发起点和核心，数字融合平台和 N 个应用为技术支撑，建立智慧后勤服务体系，以智慧信息部为集中运营管控中心的运营和维护部门，实现由线下到线上的业务、运营模式的改变、人员配置的改变、无纸化的业务流程的改变，达到管理扁平化、高效化以及减员增效资源合理配置的目标，从根本上优化组织架构，提升园区运营服务品质，实现后勤智慧化管理的转型升级。

2 总体思路

2.1 项目建设目标

融合前端感知设备和后台系统，建设智慧后勤服务体系，实现对内组织架构的优化、减员提效的管理提升、对外服务品质的提升，优化服务形态、打造行业生态、培育新兴业态，进而推动后勤服务质量和效率的双提升。利用新技术、新业态打造出后勤服务新场景，为提供更好的全流程服务，更好地履行为园区生产服务安全稳定运营提供后勤保障支撑的职责，最终实现"一集中、三提升"的管理提升、流程优化、减人提效、打造品牌的总体目标，实现标准化、品牌化、智慧化后勤服务体系。

"一集中"：集中打造后勤服务运营管控体系，赋能园区安全、管理、经营和服务环节，促进园区整体服务品质更优、效率更高、成本更节约。

"三提升"：提升体制机制优化水平，组织架构优化、业务协同处理、事务协同服务，实现机制运转高效化、管理水平高标准；提升管理水平，实现流程规范化、管理规范化和业务规范化；提升服务品质管控能力，服务高要求、效率高提升、品质高可靠，实现后勤服务品牌化。

2.2 项目总体设计："1+1+N"架构

通过构建"1+1+N"框架体系，如图7-68所示。

"1个多元化数字融合平台"：集合连接物的物联网基础平台、连接数据的智慧园区数字中台、连接应用的统一应用平台。物联网平台满足海量设备高并发快速接入，支持多种网络接入协议，轻松接入海量设备及终端，实现对"后勤管理服务"的可感、可视、可管、可控。

"1个智慧后勤服务集中运营管控中心"：为园区入驻企业提供一站式服务，为园区管理提供一体化运营、全流程管理服务。

"N个智慧应用"：打造智慧安防、智慧会议服务、智慧餐饮服务、智慧管理、智慧设施设备管理、智慧酒店服务、智慧掌上后勤等多个应用系统覆盖的一体化智慧园区后勤管理服务，助力置业公司实现园区后勤平台化、资源共享化、服务智慧化、管理科学化、运营高效化。

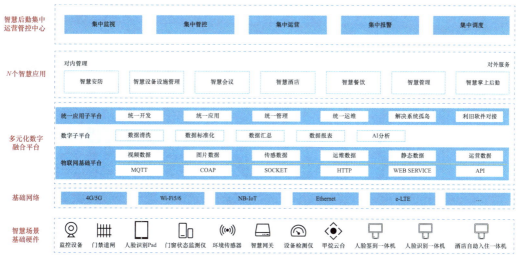

图 7-68　"1+1+N"架构

3　建设内容

3.1　1个多元化数字融合平台

通过引入中国移动 OnePark 智慧园区平台，打造以多元数字融合平台为技术核心的智慧后勤服务体系。向下实现异构多元设备和系统的统一接入，解决底层设备的多样性和复杂性，实现前端新建及部分利旧设备数据接入，构建数据中台，对接入数据进行治理和标准化，建立数据模型形成有价值的数据资产；向上支撑统一应用开发，解决信息孤岛和数据孤岛的问题。多元数字融合平台的建设是智慧后勤服务体系的基础，起到承上启下的作用，实现数据融合、应用融合。

3.2　1个智慧后勤服务集中运营管控中心

利用数据分析及预测等技术实现园区智能化管理，实现管理方对园区运营分析、运维分析、安全状态、能耗状态等进行决策分析辅助。平台的数据沉淀将为园区的建设以及未来发展方向提供坚实的数据支撑。智慧后勤服务集中运营管控中心设计方案如图 7-69 所示，智慧后勤服务集中运营管控中心如图 7-70 所示，现场可查看 IoC 大屏信息，如图 7-71 所示。

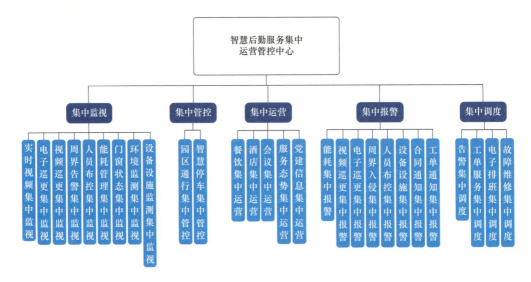

图 7-69　智慧后勤服务集中运营管控中心设计方案

图 7-70　智慧后勤服务集中运营管控中心

五大业务场景如下：

（1）集中监控：视频监控、人员监控、能耗监控、设备设施监控、室内环境监控；

（2）集中管控：人员通行、车辆通行、资产管理、楼宇管理；

（3）集中运营：餐饮、会议酒店、后勤服务、党建；

（4）集中预警：人的不安全行为、物的不安全状态、异常情况报警、业务流程报警；

（5）集中调度：报警处置调度、酒店会议餐饮服务工单派发调度、设备设施故障报警维修、销售订单资源调度、园区后勤服务工作集中排班、应急响应人员集中调度。

图 7-71　IoC 大屏

3.3　N 个应用

基于多元数字融合平台，建设 N 个上层智慧应用，对园区内的各种业态进行业务场景建设提供应用管理服务，并进行联动互通，实现园区内统一管理和一体式后勤服务。建设智慧安防管理系统、智慧设施设备管理系统、智慧会议服务系统、智慧酒店服务系统、智慧餐饮服务系统、智慧管理系统、智慧掌上后勤多个应用系统，覆盖"园区后勤管理服务"智能管理应用服务需求；将传统园区的各个居住、管理环节进行体验升级，提高业主满意度，加强园区安防管理，提升物业经营效益。

（1）智慧安防。智慧安防模块是以维护园区公共安全为目的，在园区周界、出入口、建筑物内、特定场所和区域，部署鹰眼等设备，提供视频巡更、电子巡更的集中管控，实现园区的无人值班、少人值守以及组织架构的优化。借助平台的 AI 分析、态势感知能力对视频流、数据流进行分析，实现园区的非法入侵、人群聚集等人员异常情况检测及火灾触发烟雾传感器告警、有害气体触发甲烷检测传感器告警，同时可以将相关的视频流、信息流上传至调度指挥中心，为中心的决策提供有力支撑。智慧安防模块效果如图 7-72 所示。

图 7-72　智慧安防模块效果

（2）智慧设施。智慧设施设备管理模块基于 IoT 技术、云计算技术、大数据技术，对设施设备档案管理和全生命周期管理智能化改造，对设备设施进行统一整理。通过对设备的统一接入、统一管理、集中监视、集中管控，减少人工巡视，实现无人值班、少人值守，释放物业维修人员到应急保障和日常保养维护的工作，能够有效降低设备故障维修率，延长设备使用寿命，达到园区改变运营管理模式、物业形态，形成新的物业服务模式目标。

（3）智慧会议。基于多元数字融合平台，接入人脸识别签到一体机，建设智慧会议管理模块（见图 7-73），实现对园区内会议组织管理的集中运营，与会人员服务人员的集中调度，由线下通知转到线上预定提醒，线下记录转到线上无感签到，线下提醒缺席转到线上实时参会人员信息统计展示，为园区参会人员提供了便捷性，提升了园区对客服务品质和管理效率，降低了运营成本。

图 7-73　智慧会议模块

（4）智慧酒店。基于多元数字融合平台，接入酒店自助入住一体机，建设智慧酒店管理模块（见图 7-74），实现对园区内酒店服务的集中运营。入住访客通过终端设备了解酒店房间信息，填写人员、时间和相关的入住信息，自助办理酒店入住订单，代替现场线下人工办理入住手续，大大节省了办理时间。联动智慧安防模块实现园区内无感通行，联动智慧餐饮模块实现食堂、餐厅的人脸无感消费、微食堂订餐，为园区入住人员提供了便捷一站式服务。

图 7-74　智慧酒店

（5）智慧餐饮。智慧餐饮服务模块是一套基于 IoT 技术、云计算技术、大数据等技术整合的智能化、数字化综合系统。对接打通餐卡消费系统、食材采购等多系统，实现对食堂快速结算、员工线上订餐、智慧运营等环节的转型升级，同时依托统一的数据管理平台，完成数据的聚合、挖掘和应用，实现食堂的全链数字化，为园区就餐人员提供了便捷一站式服务。同时建设餐饮供销存分析系统，对餐饮服务、外卖业务、食材等供销成本进行统计分析，降低了运营成本。

（6）智慧管理。基于多元数字融合平台建设智慧管理模块，通过对接智慧安防、智慧设施设备管理、智慧会议、智慧酒店、智慧餐饮以及智慧掌上后勤各个子模块，提供集中监控、集中管理、集中处置的一体化物业后勤管理和服务。作为后勤服务体系的基础能力模块，串联各个子系统和子模块，形成统一的业务场景。

建设智慧管理实现了不同层级、不同角色的人员使用系统数据，作为日常管理工作的数据依据，方便其日常办公和分析决策。通过该模块的应用及推广，可有效解决园区业务管理依然依赖传统模式存在的问题。

（7）智慧掌上后勤。智慧掌上后勤模块，后台对接多元数字融合平台以及 N 个应用模块的后台服务，通过消息提醒能够快速准确将服务内容、时间、目标和分工信息推送到具体的后勤工作人员实现集中运营、集中预警，为后勤服务提供便捷信息传递方式。通过工单待办子模块，后勤管理人员可通过移动端对工单任务执行情况、代办工单任务的分派执行进行集中监控、集中调度，为园区管控、调度、工单办理等提供便捷窗口，提供移动端、PC 端、大屏业务的综合联动一体化服务（见图 7-75）。

图 7-75　智慧掌上后勤

4　关键技术及创新点

4.1　关键技术

（1）利用"物联网、云计算、AI"等先进技术，融合前端智能感知设备和后台智慧应用系统，建设具有置业公司独立知识产权的"1+1+N"智慧后勤服务体系，即：

"1个多元化数字融合平台"，集合连接物的物联网基础平台、连接数据的智慧园区数字中台、连接应用的统一应用平台。物联网平台满足海量设备高并发快速接入，支持多种网络接入协议，轻松接入海量设备及终端，实现对"后勤管理服务"的可感、可视、可管、可控。

"1个智慧后勤服务集中运营管控中心"为园区入驻企业提供一站式服务，为园区管理提供一体化运营、全流程管理服务。

"N个智慧应用"打造智慧安防、智慧会议服务、智慧餐饮服务、智慧管理、智慧设施设备管理、智慧酒店服务、智慧掌上后勤等多个应用系统覆盖的一体化"智慧园区后勤管理服务"，助力置业公司实现园区后勤平台化、资源共享化、服务智慧化、管理科学化、运营高效化。

（2）利用新技术、新业态打造出后勤服务新场景，为提供更好的全流程服务，更好地履行为园区生产服务安全稳定运营提供后勤保障支撑的职责，实现"一集中、三提升"的调度运营管控集中、体质机制和组织架构优化提升、服务品质提升和管理效能提升，提供数字化商业服务、数字化园区服务，以及数字化慧采商城服务、数字化亿佰超市服务的基础能力建设，实现公司服务数字化的品牌战略，实现建设标准化、品牌化、智慧化后勤服务体系的总体目标。

4.2　创新点

（1）形式提升：目前管理方式多以人传人、微信同步等方式为主，系统建设后，对记录表、检查表等六部门近150项流程进行线上化电子流处理。

（2）方式提升：抄表工作，解决线下到线上的问题。

代替人工降本减人：由原来每天靠人力去现场抄表计数转变成系统自动采集。

实时获取：按设定频率获取园区水电数据，实时了解园区能耗状态。

数据建模：统计园区内能耗使用情况、变化趋势，结合园内人数、酒店入住人数、访客数量，统计人均能耗。

（3）效率提升：之前是人工巡检，微信或者电话通知，现场处理维修后填纸质的单子，工程部维修接到工单15min内到场算响应及时，没有升级逻辑。

系统建成后安全管理部和工程维修部的人都会巡检，发现问题了手机端生成告警上报，通过手机端拍照填电子表单上报告警（人工或自动），由集中运营管控中心，下发工单派单给维修人员，维修人员接收到工单15min内到达现场算响应及时，到达后，更新工单状态为处置中；系统设计二级告警1h内不响应升级为一级。

（4）量化考核提升：量化考核给出维度，提出权重和分级模式，未来可根据业务需求进行调整。目前有实际统计法、关键事件法、内部业务角度、顾客角度等维度进行考核。

5 应用效益与推广

5.1 经济效益

经济效益方面，可以达到减员提效。统一记录园区内各类基本信息，细化到每座大楼、每层甚至每个房间以及配套的基础设施。结算系统可以直接管理财务收费，进行核算管理等。同时强化了统计分析功效，实现园区信息资源深度开发。提高人员劳动生产率，实现园区价值最大化。

通过智慧后勤服务集中运营管控中心，实现了园区内人、车、设备设施的集中监控，酒店、餐饮由线下转向线上服务的集中运营，告警、工单、绩效联动的集中处置，优化扁平化园区组织架构，实现减员提效的目标。

通过建设智慧化后期服务体系，园区内将人工巡检转型成智慧巡检、智能巡检，将全天候值守转型成无人值班、少人值守，有效减少园区巡逻及中控室管理人员投入的同时，提升了工作效率。设施设备故障及时发现率得到明显提高，定期巡检也大大提升了设备故障、潜在隐患提前发现效率，持续保养使得设备寿命明显提升。根据工作时间的占比分析，可以预估出通过系统发现与人工发现的比例为1∶10，因此预估设备可用率提高10%，设备寿命延长10%，故障维护成本降低10%左右；综合能耗下降10%。园区内采取访客自助线上、人脸识别身份核验等技术手段，大幅提高了接待工作效率，增加了园区安全系数。访客手续办理平均时间由5min缩短至1min，访客预约自助通行不再需要工作人员陪同。

5.2 社会效益

社会效益方面，智慧园区的高质量管理开启了园区服务新模式，打造智慧后勤服务新品牌，将园区通信网络集约管控，实现数据交互和共享，强化个性化、多样化的服务能力水平，为客户提供全方位信息化服务，解决传统园区服务不够人性化的痛点，做到足不出户即可办理业务，展示出园区服务水平智能化。

增强品牌效应，通过全面提高园区信息化、智能化、集成化水平，将园区打造成为安全、高效、互动性强的高科技的一流示范园区，向社会更好地展示园区的高科技形象，为园区管理提供方便高效的管理工具，更好地向园区企业提供一流的服务。

依靠科技大数据力量，加快节能减排技术产业化示范和推广，加快建立节能减排技术服务体系，推进环保产业健康发展以及产业低碳生产化，推动传统行业产业数字化转型升级，推广线上会议、办公、信息消费等应用。提升园区服务绿色低碳供给，助力园区绿色智慧发展和员工绿色生活，达到优质的示范效应。

5.3 项目推广价值

一方面，响应国家号召，实现服务业数字化和品牌化建设。建设智慧园区平台，打造智慧园区生态圈，适应社会形态、打造行业生态、培育新兴业态，最终实现"领域示范、行业标杆、标准制定、能力输出"。

另一方面，通过智慧化建设，跨越式地提高园区的创新性、有序性和持续性，形成以智慧产业发展和智慧技术为核心的智慧园区生态圈，构建智慧园区发展的新形态。遵循低碳发展理念，交付完成后，北京昌平中心范围内实现的碳达峰、碳中和的示范效应，可以直接复制推广至其他园区，加强资源共享、产业驱动、绿色共享，让智慧园区真正变成"智慧大脑"，助力智慧城市建设。

案例七　杭州萧山紫光智能制造园区

1 项目背景

1.1 政府战略指引，积极投身产业数字化和数字产业化

当前全球新一轮科技革命和产业变革深入发展，5G、人工智能等新一代信息技术不断突破并加速向制造业融合渗透，推动制造业生产方式、组织形态、商业模式等变革与重塑，持续向数字化方向跃迁升级。2020 年 6 月 30 日，中央全面深化改革委员会第十四次会议审议通过《关于深化新一代信息技术与制造业融合发展的指导意见》，为

加快融合应用指明了方向，对推动制造业数字化转型具有重要意义。2020 年 11 月 14 日，习近平总书记在全面推动长江经济带发展座谈会上的讲话强调，要强化企业创新主体地位，打造有国际竞争力的先进制造业集群，打造自主可控、安全高效并为全国服务的产业链供应链。围绕国家战略，浙江省全面推进数字化改革，在企业侧，以产业大脑 + 未来工厂为抓手，为数字中国探索路径提供样板。紫光股份智能工厂为拓展产业发展空间、融绘数字未来，积极参与数字化改革实践的试点。

1.2 行业痛点驱动，提升网络通信产业链整体数字化水平

当前虽然浙江省处于国内网络通信行业的第一梯队，但仍然面临市场竞争日趋激烈、产业链布局相对单一、光通信领域大而不强、产业链整体数字化水平较低的问题，亟待政府牵头规划，以行业龙头企业（链主企业）为支撑来做大做强整个产业。

紫光集团作为信息通信产业的"链主"，通过提升自身数字化水平，能够带动产业链整体提升。

1.3 践行国家"双碳"目标，打造零碳智慧园区样板

2020 年 9 月，在第 75 届联合国大会期间，中国提出将提高国家自主贡献力度，采取更加有力的政策和措施，二氧化碳排放力争于 2030 年前达到峰值，努力争取 2060 年前实现碳中和。2021 年 3 月，政府工作报告将"扎实做好碳达峰碳中和各项工作"列为重点工作之一，并指出将制定 2030 年前碳排放达峰行动方案，优化产业结构和能源结构，大力发展新能源。碳达峰碳中和战略目标的提出将我国的绿色发展之路提升到新的高度，成为我国未来数十年内社会经济发展的主基调和基本国策。

在"双碳"战略目标的要求下，紫光智能制造园区依托零碳智慧园区解决方案，构建园区双碳数据底座，引领园区绿色变革。

2 总体思路

"智能制造"建设是提升制造业企业数字化水平的重要路径，打造企业智能制造园区的过程，也是驱动业务流程再造和要素资源重组，以及组织形态重构的过程，在提升企业数字化、智能化的同时，助力企业提质增效。

在紫光智能制造园区我们打造以"云""管""端"三层架构为主体的智慧园区总体架构：

云：包含智慧应用、绿洲数字平台（见图 7-76），以及云平台。

管：园区网络层，包含有线网、无线网、物联网，以及交换机。

端：基础的园区弱电子系统。

在"双碳"战略目标要求下，新华三在自研绿洲数字平台之上构建零碳智慧园区套件，沉淀业内首个零碳全链条能力支撑平台—零碳操作系统，并基于"1+4"的设计理念，即一个零碳操作系统和"源""探""管""服"四大模块，构建园区双碳数据底座，覆盖园区全链条服务（见图7-77）。实现紫光智能制造园区内数据流、能源流、碳流的融合打通，赋能园区业务创新及零碳升级。

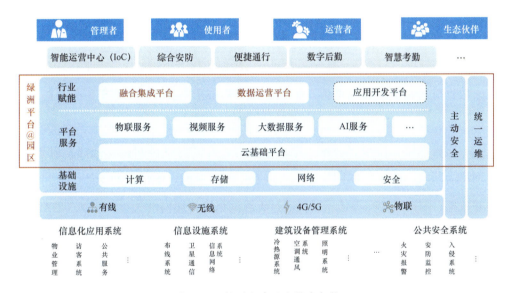

图 7-76　绿洲数字平台技术架构

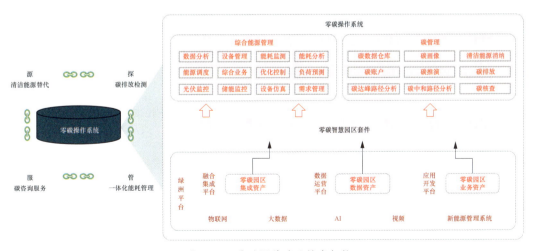

图 7-77　零碳操作系统技术架构

3 建设内容

紫光智能制造园区搭建以绿洲数字平台为核心的云、管、边、端的智慧园区技术架构，以及与智慧园区技术架构所匹配的智慧园区标准体系框架，形成"一底座全融合""一平台全管控""一张图全可视"的数字化园区，打造智能、高效、数据驱动的新型智慧园区，满足访客、员工、管理者和运营者的不同需求，提供极致服务体验和高效运营管理。

园区主要建设内容：

（1）绿洲数字平台：绿洲数字平台是智慧园区解决方案的核心，包括新ICT（物联、视频、大数据、AI等）、融合集成平台、数据运营平台和应用开发平台，提供数据接入、数据分析存储、通用工具、业务逻辑服务和开发服务。达成汇聚公共能力、支撑上层业务能力、支撑水平业务扩展能力的目标。

（2）园区网络：由园区专网、电信公网等。园区专网由园区办公网、视频专网、无线网络等组成。园区物联网物理上可以复用园区专网、电信公网，如：视频专网传输视频数据；资产、空间等传感器，通过无线网络接入通信网。

（3）终端设备、子系统：包括安防子系统，如视频监控系统、门禁系统、周界报警等，以及楼宇子系统，如空调、照明等，实现园区子系统的数据融合及协同高效运营；同时执行绿洲数字平台下发的控制指令，实现联动。

（4）统一运维：通过统一的运维能力，对网络设备和IT系统进行统一的运维管理。

（5）主动安全：提供态势感知、终端准入能力，解决园区各类物联、视频终端安全准入问题，多维度、可视化地呈现园区安全风险状况。

（6）智慧运营：面向园区执行层面的管理人员，提供集中的运营管理中心IoC、综合安防、便捷通行、数字后勤、智慧考勤等应用功能。

面向访客、员工，提供集中的安全、舒适的环境和便捷智能化的服务。

面向高级管理者/决策者，通过提供统一的数据显示屏，提供园区总体态势呈现、数字化运营分析服务，业务的关键KPI进行量化呈现。

（7）光伏发电：通过分布式光伏铺设，充分利用可再生能源；储能：通过削峰填谷，合理利用不同来源能量减低园区能源支出，反哺国网源荷均衡。

（8）综合能源管理：通过柔性节能及算法优化，实现数据接入与治理、电源动态调配、多能互补。

（9）碳排放管理体系：通过碳排放连续监测—碳排放分析—碳排放预测循环迭代，提升碳数据服务能力。

4　关键技术及创新点

4.1　绿洲数字平台

绿洲数字平台提供标准化的接入集成方式，打通园区各个业务子系统（安防、管理、新能源、园区能耗等系统），实现各个系统的融合集成，数据共享。形成有效的资产沉淀，从而实现业务赋能。同时利用大数据、AI 等能力，对海量数据进行开发与治理，形成相应的园区运行策略建议，实现管理决策最优。

4.2　智能运维管理中心 IoC

基于数字孪生技术，以园区建筑、设施、设备等管理对象三维重现，通过将绿洲数字平台数据和具象化三维模型的整合对接，实现现实园区与虚拟界面的相互映射，形成面向管理者的统一运营管理中心。

智能运营管理中心包括整体概览、制造运营、零碳运营、安全运营、后勤运营五大主体模块，涵盖 20 多项应用场景的运营状态跟踪、管理。实现应急事件极速响应，跨部门灵活调度运转（见图 7-78）。

图 7-78　智能运营管理中心

4.3 园区低碳管理

践行国家"双碳"战略目标，同时积极响应《浙江省能源发展"十四五"规划》，借助零碳操作系统为园区智能管理提供信息化工具，牢牢把握住"碳达峰"两大抓手——开源、节流，以实现园区绿色化升级。

借助光伏进行新能源改造，实现园区用能源端绿色化；同时利用大数据算法为园区节能减排降耗提供辅助管理决策，提高园区用能效率、降低成本，实现园区低碳排放。

4.4 园区综合安防

紫光智能制造园区建立了一套以云化平台为底座，通过人脸识别、结构化分析、车辆识别等算法能力，充分融合云计算、大数据、视图智能分析等技术，打造出一套立足生产、建设和安全管控立体化防控的安防体系。重点建设方向为智能化、信息化、集成化，集合了视频、门禁、报警等各种感知设备，通过光纤、无线、IP网络等传输手段，统一集中存储，实现在统一平台上综合管理，给园区带来易用性、智能性、高效性的体验，助力于企业安全生产管控、园区综合安防。

5 应用效益与推广

5.1 经济效益

降低运营成本，产能收入大幅增长。作为 2021 年浙江省"未来工厂"试点企业和浙江省"数字经济龙头项目"，紫光智能制造园区致力于打造"黑灯工厂"中的新标杆，从生产测试、仓储物流到园区运营管理，无人化作业覆盖全流程，整体自动化率达到 88%，处于行业领先水平。新技术加持下的全面智能化运营，助力园区实现了降本增效：人员同比减少 60%，人均产出提升了 5 倍，订单交付周期缩短了 65%。

5.2 社会效益

（1）树立高端智能制造方案典型，加速推进杭州数字化进程。紫光智能制造园区作为 3C 制造园区的先行探索，对制造业的智能化发展具有很强的指导和示范作用，从而促进工业、智慧园区的发展。

（2）协同发展上下游供应链，促进浙江省内产业链发展。紫光集团作为网络通信产业"链主"企业，协同省内产业链上下游协同发展，省内参与协同企业数超 150 家，在浙渠道的合作伙伴 370 多家，从研发 – 采购 – 生产 – 销售 – 服务全方位助力浙江建设网络通信产业高地。

（3）带动制造业与服务业两业融合，形成新的产业增长极。紫光智能制造园区制造业与大数据、云计算、人工智能、5G、数字孪生等新技术的融合，能够提供集设计、生产、销售、服务于一体的全生命周期服务，同时不断向业界输出完善的可复制的智能制造解决方案，具备强大的产业服务供给能力，实现制造业的垂直整合、横向跨界融合发展，形成浙江省新的产业增长极。

（4）对外输出智能制造解决方案，引领制造业高质量发展。紫光智能制造园区通过运用最先进的理念和技术，形成一整套智慧制造园区的解决方案，未来可赋能其他企业。

参考文献

［1］ 全国智能建筑及居住区数字化标准化技术委员会.中国智慧园区标准化白皮书 [R/OL].
2019.

［2］ 王文利.智慧园区实践 [M].北京：人民邮电出版社，2020.

［3］ 《智慧园区应用与发展》编写组.智慧园区应用与发展 [M].北京：中国电力出版社，2020.

［4］ 2021 年国家级经济技术开发区主要经济指标情况 .2022.05.23. http：//wzs.mofcom.gov.cn/
article/ezone/tjsj/nd/202205/20220503313451.shtml.

［5］ 宋刚，白文琳，安小米，等 .创新 2.0 视野下的协同创新研究：从创客到众创的案例分析
及经验借鉴 [J].电子政务，2016（10）：68–77.DOI：10.16582/j.cnki.dzzw.2016.10.009.

［6］ Robert A, Michael M. Collaborative Public Management：New Strategies for Local Governments [M].
Georgetown University Press: 2004–01–01.

［7］ 王若禹 .关于智慧园区的设计与规划的研究 [J].智能建筑与智慧城市，2023，318（5）：32–
34.DOI：10.13655/j.cnki.ibci.2023.05.009.

［8］ 梁鹏 .大数据时代化工园区的智慧化建设分析 [J].中国石油和化工标准与质量，2023，43
（9）：58–60.

［9］ 张一贤，沈轶群，郭晓平 .浅谈智慧科技园区建设技术规范 [J].软件产业与工程，2016，
41（5）：5–8.

［10］ 杜琳，李金生，刘坦 .基于物联网的智慧园区信息化顶层设计思路 [J].智能建筑，2016，
192（8）：15–17.

［11］ 徐艳艳 .物联网时代智慧化园区建设方案的研究 [D].西安：长安大学，2014.

［12］ 崔一澜，孙成 .基于数据中台的科技型产业园区能效管理平台研究与应用 [J].全球能源互
联网，2023，6（2）：216–224.DOI：10.19705/j.cnki.issn2096–5125.2023.02.012.

［13］ 王龙，李丙辰，刘文捷 .智慧园区统一平台接口研究 [J].绿色建造与智能建筑，2023，272
（4）：86–91.

［14］ 周明升，张雯 .一种面向多源数据的智慧园区管理平台 [J].计算机与现代化，2023，333
（5）：68–74.

［15］ 谢鹏志，杨威，司守钰 .分布式高可用工业消息中间件数据采集模型 [J].计算机集成制造
系统，2023，29（2）：372–384.DOI：10.13196/j.cims.2023.02.002.

［16］ 赵连强，张烨华，任欢欢，等 .基于实时物联网通信协议的智能配电终端即插即用与互操
作测试 [J].浙江电力，2022，41（12）：21–29.DOI：10.19585/j.zjdl.202212003.

［17］ 黄清茂 .基于物联网的智慧园区信息平台设计研究 [J].网络安全技术与应用，2023，266

（2）：50-52.

[18] 伍健民.面向物联制造的底层装备互联互通及适配技术研究 [D].南京：南京航空航天大学，2021.DOI：10.27239/d.cnki.gnhhu.2021.000202.

[19] 方文.基于新型城域物联专网的感知终端测评方法及其应用 [D].南京：南京邮电大学，2021.DOI：10.27251/d.cnki.gnjdc.2021.001623.

[20] 刘尚钦，张福浩，仇阿根，等.基于城市信息单元的多源时空数据融合框架 [J].集成技术，2023，12（3）：34-47.

[21] 潘燕.改进多维关联规则算法在多源异构数据挖掘中的应用 [J].内蒙古民族大学学报（自然科学版），2023，38（3）：214-219.DOI：10.14045/j.cnki.15-1220.2023.03.005.

[22] 田冬迪.基于中台模式的园区 IoC 平台架构设计研究 [J].电子技术与软件工程，2021，200（6）：19-21.

[23] 尹航.浅谈机器视觉在数据中心发展应用 [J].智能建筑与智慧城市，2022，305（4）：18-20.DOI：10.13655/j.cnki.ibci.2022.04.004.

[24] 管菁，管清宝.融合物联网及边缘计算技术在智慧城市智能建筑中的应用和发展 [J].智能建筑与智慧城市，2022，312（11）：168-172.DOI：10.13655/j.cnki.ibci.2022.11.053.

[25] 卫岳歌.从技术到生态缘计算为制造业发展注入新动能 [J].自动化博览，2022，39（8）：18-19.

[26] 叶新.5G 边缘计算技术及应用展望分析 [J].中国新通信，2022，24（12）：4-6.

[27] 赵瑞旺."区块链+"边缘计算技术赋能新型智慧城市构建 [J].中外企业文化，2022，629（4）：103-104.

[28] 张俊.智慧园区云计算服务建设和运管模式研究 [J].产业创新研究，2022，97（20）：31-33.

[29] 薛凯.PaaS 模式下的工业物联网可视化管理系统的研究与设计 [J].电子设计工程，2023，31（3）：58-62.DOI：10.14022/j.issn1674-6236.2023.03.012.

[30] 边超，贺虎，易广军.云计算 SaaS 模式在安全监测平台建设中的应用探索 [J].中国水能及电气化，2022，206（5）：53-58.DOI：10.16617/j.cnki.11-5543/TK.2022.05.11.

[31] 梅乐，李嘉琪，李军锋，等.基于数字孪生的智慧低碳园区管理平台设计——以佛山市佛中人才灯塔产业园为例 [J].智能建筑与智慧城市，2023，316（3）：14-17.DOI：10.13655/j.cnki.ibci.2023.03.003.

[32] 李瑾.全国智标委首个"CIM+智慧园区标准应用示范项目"落地武汉 [J].中国建设信息化，2023，185（10）：58-59.

[33] 刘玉建，张龙亮，杜喆，等.BIM 技术在保定深圳园智慧园区全过程应用研究 [C]// 中国图学学会土木工程图学分会，《土木建筑工程信息技术》编辑部.《第九届 BIM 技术

国际交流会——BIM 助力新城建》论文集.《土木建筑工程信息技术》编辑部（Journal of Information Technology in Civil Engineering and Architecture），2022：7.DOI：10.26914/c.cnkihy.2022.037231.

[34] 郭巍，吴开达，吕令聪，等.基于 CIM 平台的多项目智慧园区应用模式分析 [J]. 中国新通信，2021，23（19）：88–89.

[35] 倪三红，顾哲航.基于人工智能的智慧园区安全应急一体化管理系统 [J]. 信息与电脑（理论版），2022，34（3）：144–146.

[36] 赵桂杰.基于深度学习的步态识别算法及系统实现 [D]. 杭州：浙江大学，2022.DOI：10.27461/d.cnki.gzjdx.2022.000193.

[37] 康煜新.智慧园区智能化系统的规划及设计研究 [J]. 房地产世界，2022，371（15）：42–44.

[38] 何衍辉.智能园区平台建设中系统接入与应用集成研究 [J]. 信息通信，2015，150（6）：128–129.

[39] 全国智能建筑及居住区数字化标准化技术委员会（SAC/TC426）.从智慧城市到智慧园区、智慧社区，探析 CIM 平台建设与应用 .2021.03.24.http：//www.icfw.com.cn/wisdom_info.php?id=1002327.

[40] 金程，沙默泉，郭中梅，等.基于 CIM 的智慧园区建设探析 [J]. 信息通信技术与政策，2020（11）：34–38.

[41] 李宗跃.智慧园区信息化建设 [J]. 中国科技信息，2022（5）：2.

[42] 杨俊，赵惠英，钟炜，等."互联网 +"环境医院智慧信息管理系统研究与设计 [J]. 电子技术与软件工程，2022（3）：203–206.

[43] 住房城乡建设部.被动式超低能耗绿色建筑技术导则（试行）[R]. 北京 . 住房城乡建设部，2015.

[44] 中国联通 .5G 超智能园区白皮书（2019）[R]. 北京：中国联通，2019.

[45] 陈晓明.智慧商圈的建设思路和体系架构 [J]. 上海商业，2018（3）：14–15.

[46] 李想 . 中国智慧园区标准白皮书 [J]. 智能建筑与智慧城市，2019（10）：11.

[47] 白殿一，刘慎斋 . 标准化文件的起草 [M]. 北京：中国标准出版社，2020.

[48] 《团体标准管理规定》（国标委联〔2019〕1 号）.2019.01.

[49] 全国信标委智慧城市标准工作组 . 城市大脑标准体系建设指南（2022 版）[R]. 北京：全国信标委智慧城市标准工作组，2022.

[50] UK Government Property Agency. Sustainability and Net Zero: Design Guide‐Sustainability Annex [R]. London UK Government Property Agency, 2022.

[51] United Nations Climate Action. For a livable climate: Net‐zero commitments must be backed by credible action. 2022. 11. https://www.un.org/en/climatechange/net‐zero‐coalition.

[52] United Nations Environment Programme. Consumer Information, including Ecolabeling. https://www.unep.org/explore-topics/resource-efficiency/what-we-do/sustainable-lifestyles/consumer-information-including.

[53] HM Government. Net Zero Strategy: Build Back Greener. [R]. London: HM Government, 2021.

[54] Hollands R G. Will The Real Smart City Pleasestand Up? Intelligent, Progressive Or Entrepreneurial?[J]. City: Analysis of urban trends, culture, theory, policy, action, 2008(3): 12. DOI: 10.4324/9781315178387-13.

[55] Townsend A M.Smart cities: big data, civic hackers, and the quest for a new utopia[M]. W.W. Norton & Company, Inc, 2013.

[56] Breuer J, Walravens N, Ballon P. Beyond Defining the Smart City. Meeting Top-Down and Bottom-Up Approaches in the Middle[J]. Tema Journal of Land Use Mobility & Environment, 2014, 17(6): 753 - 763. DOI: 10.6092/1970-9870/2475.

[57] Ryan B, Preston W. Interstitiality in the smart city: More than top-down and bottom-up smartness[J]. Urban Studies, 2023, 60(2).

[58] Vanolo A. Is there anybody out there? The place and role of citizens in tomorrow's smart cities[J]. Futures, 2016, 82.

[59] Atkinson R.Smith, N. The New Urban Frontier: Gentrification and the Revanchist City[M]. University of Notre Dame Press, 1995.

[60] Organisation W H.Ambient air pollution: a global assessment of exposure and burden of disease[J]. Working Papers, 2016.

[61] Fang C F, Ling D L. Investigation of the noise reduction provided by tree belts. Landscape and urban planning, 2003, 63(4): 187-195.

[62] Robin L. Chazdon, Beyond Deforestation: Restoring Forests and Ecosystem Services on Degraded Lands. Science320, 1458-1460(2008). DOI: 10.1126/science.1155365.

[63] Glendenning C J, Van Ogtrop F F, Mishra A K, et al. Balancing watershed and local scale impacts of rain water harvesting in India—A review[J]. Agricultural Water Management, 2011, 107(10): 1-13. DOI: 10.1016/j.agwat.2012.01.011.